Holger Sonnabend

Götterwelten

Holger Sonnabend

Götterwelten

Die Religionen der Antike

▶ Abbildung S. 2: Auferstandener Christus: Detail eines frühchristlichen, römischen Sarkophagreliefs aus Marmor, um 350.

Die Deutsche Nationalbibliothek verzeichnet diese Publikation in der Deutschen Nationalbibliografie; detaillierte bibliografische Daten sind im Internet über http://dnb.d-nb.de abrufbar.

Der Konrad Theiss Verlag ist ein Imprint der WBG

Lizenzausgabe 2014 für die WBG (Wissenschaftliche Buchgesellschaft), Darmstadt
© Palmedia Publishing Services GmbH, Berlin, 2014.
Die Herausgabe des Werkes wurde durch die Vereinsmitglieder der WBG ermöglicht.
Lektorat: Dr. Heide Reinhäckel
Gestaltung und Satz: Felgner & Zierke, Berlin
Einbandabbildung: Statue der Göttin Isis. Rom, Vatikanische Museen (Vatikan)
© akg / Bildarchiv Steffens
Einbandgestaltung: Stefan Schmid Design, Stuttgart
Gedruckt auf säurefreiem und alterungsbeständigem Papier

Besuchen Sie uns im Internet: www.wbg-wissenverbindet.de

ISBN 978-3-8062-2635-5

Inhalt

Blaupause d. Christentums (handschriftliche Notiz)

Vorwort

Das Wort »Religion« kommt vom lateinischen Begriff »religio«. Für den Römer Cicero bedeutet dieser Begriff die »ehrfürchtige Verehrung der Götter«. Damit ist ohne Zweifel ein wichtiger Aspekt dessen erfasst, was unter Religion zu verstehen ist. Doch verbirgt sich dahinter noch viel mehr: Denn Religion betrifft nicht nur die Objekte des Glaubens, sondern auch die Organisation von Kulten durch Priesterschaften. Dazu kommen Rituale, Zeremonien, heilige Texte, Bauten, Feste und Tage. Alles zusammen formiert sich zu einem äußerst komplexen Gebilde namens Religion.

Religion selbst ist so alt wie die Menschheit. Der Glaube an überirdische Mächte gab Sicherheit und Orientierung. Erst waren diese Mächte anonym, dann gab man ihnen Namen und Gestalt. Bevor die Juden damit begannen, einen einzigen Gott zu verehren, waren die Religionen ausschließlich polytheistisch: Man schuf sich eine vielfältige, hierarchisch geordnete Götterwelt mit bestimmten Zuständigkeitsbereichen für die einzelnen Götter. Besonders einfallsreich waren in dieser Hinsicht die alten Ägypter, die so viele Götter anbeteten, dass es selbst für die Menschen am Nil nicht immer einfach war, den Überblick zu behalten. Nicht viel anders war es bei den Griechen und den Römern. Zu den Besonderheiten der Griechen gehörte es, dass die auch heute noch bekannte Götterfamilie mit dem Göttervater Zeus an der Spitze ein genaues Abbild der griechischen Adelsgesellschaft der archaischen Zeit war. Die Römer indes hatten zur Religion ein äußerst nüchternes Verhältnis. Für sie galt das einfache Prinzip, dass die Götter dazu da waren, ihnen zu helfen – dafür erhielten sie als Opfer bezeichnete Geschenke. Es verwundert daher nicht, dass viele Menschen sich in einer solchen, von pragmatischen Überlegungen geleiteten religiösen Welt bald nicht mehr heimisch fühlten. So konnten sich jene, aus dem Orient stammenden Mysterienreligionen auch im Westen ihren Weg bahnen, zu denen auch, trotz seiner Herkunft aus dem religiösen Milieu der Juden, das Christentum gehörte. Vom Rand des römischen Imperiums trat es seinen Siegeszug an, der ihm den Status einer Weltreligion verschaffte.

Dieses Buch schlägt einen großen zeitlichen Bogen von den Ägyptern, den Sumerern und den Babyloniern über Griechen, Römer, Kelten und Germanen bis hin zum Christentum. Dargestellt werden die verschiedenen Religionen in ihrem jeweiligen Kontext, aber auch in ihren gegenseitigen Bezügen. Auf diese Weise können überraschende Verbindungen aufgedeckt werden. Denn Religion ist nichts Statisches, sondern entwickelt sich vielmehr und verändert sich. Ziel des vorliegenden Buches ist es, Informationen und Einsichten in diese Zusammenhänge zu liefern. Aber auch die Unterhaltung kommt nicht zu kurz, vor allem dort, wo es den Reichtum an Fantasie zu bewundern gilt, den antike Religionen im Hinblick auf Götter, Mythen und Kultgeschichten zu bieten haben. Die Beschäftigung mit den so vielgestaltigen und unterschiedlichen religiösen Vorstellungen der Antike kann schließlich ein Schritt auf dem Weg zur heute so viel beschworenen, gleichwohl so häufig missachteten religiösen Toleranz sein. Denn welcher Religion auch immer man sich heute zugehörig fühlt – historisch gesehen ist sie nur eine von unzähligen Religionen.

Die Religion der Griechen

Die Götterfamilie auf dem Olymp

Den obersten Repräsentanten der griechischen Götter kennt wohl jeder: Zeus, den Göttervater, der mit seiner großen Familie auf dem Olymp thront. Und einigermaßen geläufig sind auch die Namen der anderen elf Götter. Poseidon, Apollon, Ares, Hermes und Hephaistos bilden die männliche, Hera, Hestia, Demeter, Athene, Aphrodite und Artemis die weibliche Linie. Jeder dieser Götter und jede dieser Göttinnen war für einen bestimmten Bereich zuständig, viele übernahmen gleich mehrere Aufgaben. Poseidon war der Gott der Erdbeben und hatte sich dazu um die Meere zu kümmern. Apollon hatte viele Talente, er sorgte sich um die Künste und die Wissenschaften, insbesondere um die Musik und die Medizin. Ares war Experte in allen Fragen des Krieges, Hermes, der geflügelte Götterbote, schützte die Reisenden, die Kaufleute und die Diebe. Hephaistos hat-

te die Oberaufsicht über das Feuer und die Kunst des Schmiedens.

Im Gegensatz zu Apollon war Hephaistos ein äußerlich unansehnlicher Gott, hatte dafür aber in Aphrodite, der Liebesgöttin, die attraktivste Ehefrau, die ihn allerdings auch sehr häufig betrog. Hera war als Gattin des Zeus leidgeprüft, weil der göttliche Ehemann sich häufig auf amouröse Abwege begab. Die bekannteste Aktion dieser Art ist die Entführung der Europa, jener phönizischen Königstochter, der er sich in der Gestalt eines Stieres näherte und die er schließlich nach Kreta entführte, wo sie zur Ahnherrin der minoischen Kultur und der europäischen Zivilisation wurde.

▶ Persephone, die Tochter des Zeus und der Demeter, musste ein Drittel des Jahres in der Unterwelt an der Seite des Hades verbringen. Diese griechische Plastik aus der ersten Hälfte des 5. Jahrhunderts v. Chr. zeigt das thronende Götterpaar. Gemeinsam mit Demeter wurde Persephone im antiken Griechenland in Mysterienkulten verehrt.

Hestia oblag die Aufsicht über das Herdfeuer, Demeter war für die Fruchtbarkeit, insbesondere des Getreides und des Ackerbaus zuständig. Athene war ähnlich vielseitig einsetzbar wie

Religion in den griechischen Kolonien

Im Zuge der großen griechischen Kolonisation, die in der Mitte des 8. Jahrhunderts v. Chr. einsetzte, entstanden auch rings um das Schwarze Meer griechische Siedlungen, in die die Religion des Mutterlandes einzog. Die bedeutendste Stadt auf der Krim war Chersonesos, die mehrere Tempel olympischer Götter besaß. Im 19. Jahrhundert begann man, das antike Vorleben der Stadt, die das »russische Pompeji« genannt wurde, zu erforschen. Eine wichtige Rolle spielte auch die antike Stadt Pantikapaion, die von Milet aus als Kolonie gegründet worden war. 480 v. Chr. entstand hier das Bosporanische Königreich. Die Herrscher förderten den Handel, das Handwerk und die Landwirtschaft, sodass sich Pantikapaion zu einer blühenden Stadt entwickelte. Zugleich standen Kunst, Kultur und Bildung hoch im Kurs. Von der griechischen Religion zeugen bis heute die archäologischen Hinterlassenschaften der Kolonisatoren, wie auf der Agora und der Akropolis von Pantikapaion Tempel der Demeter, der Kybele und des Dionysos.

▶ Diese Stater genannte griechische Goldmünze mit dem Porträt des Hirtengottes Pan wurde im 5. Jahrhundert v. Chr. in der griechischen Kolonie Pantikapaion geprägt.

Apollon: Ihr Verantwortungsbereich erstreckte sich auf die Weisheit, auf die Künste, auf das Handwerk sowie auf den Krieg. Außerdem war sie noch die Schutzgöttin der Stadt Athen. Artemis, Apollons Zwillingsschwester, fungierte im Konzert der olympischen Götter als die Göttin der Jagd und des Bogenschießens.

Die Welt der Griechen

Nach der Vorstellung der antiken Griechen thronten die Götter zwar auf dem Berg Olymp, mit knapp 3000 Metern die höchste Erhebung in Griechenland. Doch ihr Wirkungskreis war sehr viel weiter. Griechen lebten in der Antike nicht nur im griechischen Mutterland. Schon früh trieb es sie in die weite Welt hinaus. Um 1000 v. Chr. fand die »Ionische Wanderung« statt, in deren Verlauf sich Griechen an der Westküste Kleinasiens niederließen. Um 750 v. Chr. erfolgte eine weitere Auswanderungswelle, die man allgemein als die große griechische Kolonisation bezeichnet. Mangel an Siedlungsplätzen und Versorgungsengpässe sowie politische Auseinandersetzungen sorgten dafür, dass viele Griechen die Heimat verließen, um in der Ferne ihr Glück zu finden. So entstanden nun auch im westlichen Mittelmeerraum viele neue griechische Städte, vor allem auf Sizilien, in Süditalien, in Südfrankreich und auch im Süden Spaniens. Gleichzeitig wurde auch das Schwarzmeergebiet kolonisiert, sodass, nach einem viel zitierten Wort Platons, die Griechen nun wie »Frösche um den Teich« saßen.

Auch und gerade in der Fremde waren die Auswanderer darauf bedacht, die heimatlichen Traditionen zu pflegen. Dazu gehörte als ein sehr wichtiger Bereich die Religion. Tempel zu bauen und die olympischen Götter zu verehren, gehörte zu den ersten Maßnahmen der Siedler in Syrakus, Paestum, Massilia (Marseille) und all den anderen Städten, die sie an den Küsten gründeten. Die herkömmliche griechische Religion erreichte auf diese Weise einen großen geografischen Radius.

Erweitert wurde dieser Radius später dadurch, dass die Griechen sich auch in Richtung Asien orientierten. Dafür waren die Feldzüge des makedonischen Königs Alexander verantwortlich, dem die Römer den Beinamen »der Große« gaben. In knapp zehn Jahren unterwarf er, bis zu seinem Tod 323 v. Chr., das riesige Reich der persischen Achämeniden. Der griechische Kulturkreis endete nun am Indus. Das folgende Zeitalter des Hellenismus war politisch geprägt von großen, monarchisch regierten Territorialreichen, die aus den Diadochenkämpfen, in denen die Generäle Alexanders um dessen Erbe stritten, hervorgegangen waren. Mit den Eroberungen gelangte auch die griechische Religion bis weit nach Asien hinein. Gleichzeitig wirkte sich auch die Begegnung mit der religiösen Welt des Ostens auf die kultischen Vorstellungen und Praktiken der Griechen aus. Bis weit in die römische Kaiserzeit hinein gab es in der Religion der Griechen also

eine bemerkenswerte Vielfalt. Erst durch das Christentum wurde die polytheistische Religionslandschaft der Griechen durch eine einheitliche, monotheistische Religion ersetzt.

Frühe religiöse Vorstellungen und die Entstehung der Götterwelt

Zeus und seine olympischen Mitstreiter spielten nicht von Anfang an jene herausragende Rolle, die sie über Jahrhunderte hinweg bei den Griechen einnahmen. Sie sind vielmehr erst in einem längeren Prozess in eine gewissermaßen kanonische Form gebracht worden. Am Anfang war auch die griechische Religion, wie die meisten anderen Religionen, eine Naturreligion gewesen. Entsprechend der überwiegend agrarischen Struktur der Gesellschaft verehrten die Bauern Flüsse, Bäume und Haine, in denen sie göttliche Wesen präsent sahen.

Der Wandel zu einer Religiosität, die sich die Götter anthropomorph, also in Menschengestalt und mit Namen versehen, vorstellte, ist spätestens zur Zeit des Dichters Homer vollzogen, der nach traditioneller Sichtweise in der zweiten Hälfte des 8. Jahrhunderts v. Chr. lebte. Diese Datierung ist wichtig, um die vielen religiösen Bezüge in den beiden Epen »Ilias« und »Odyssee« in den richtigen zeitlichen Rahmen einzufügen. Diese Epen reflektieren weniger die Zustände des heroischen mykenischen Zeitalters (14. bis 12. Jahrhundert v. Chr.), das von Krieg, Kampf und Beutezügen aristokratischer Herren geprägt gewesen ist, wie sie Homer in der »Ilias« beschrieben hat. Vielmehr beziehen sie sich auf Zustände, wie sie in den sogenannten dunklen Jahrhunderten (11. bis 9. Jahrhundert v. Chr.) und vor allem in Homers eigener Zeit vorherrschten. Die religiöse Welt, die Homer in seinen Epen entwirft, ist die Welt der olympischen Götter, die nur wenig Ähnlichkeit mit den Naturkulten der Bauern aufweist. Erfunden hat Homer diese Religion indes nicht, er greift lediglich die religiösen Vorstellungen des in seiner Zeit herrschenden Adels auf. Die prägenden Merkmale der Götterwelt auf dem Olymp, die in dieser Phase der griechischen Geschichte ihren Siegeszug antrat, waren Polytheismus und Anthropomorphismus – also eine Vielzahl von Göttern (genauer: zwölf miteinander verwandte olympische Götter), die man sich in Menschengestalt dachte und in dieser Form auch modellierte und porträtierte. Neben Homer ist Hesiod die wichtigste Quelle für die Rekonstruktion der frühgriechischen Religion. Nicht lange nach Homer, um 700 v. Chr., veröffentlichte der Dichter aus Böotien seine »Theogonie«, auf Deutsch: die »Entstehung der Götter«. In 1022 Versen beschreibt Hesiod hier, wie sich die Griechen das Zustandekommen der Welt und der Generationen der Götter vorstellten. Pate standen bei dieser Konstruktion altorientalische Mythen, bei denen die Aufeinanderfolge von Göttern und deren Familien eine wichtige Rolle spielten. Fast 300 Götter werden in der »Theogonie« genannt. Die Kette der Generationen endet bei Zeus. Dem Göttervater vorausgegangen sind Uranos und Kronos, die Urahnen der Olympier. Die Geschichten, die sich die Griechen von diesen Protogöttern erzählten, waren ebenso fantasievoll wie blutrünstig. Uranos (der »Himmel«), der Urvater des Geschlechts der Titanen, war mit seinen Kindern unzufrieden, deshalb schickte er sie

zurück in den Schoß seiner Frau Gaia (die »Erde«). Daraufhin veranlasste Gaia ihren Sohn Kronos, den Vater zu beseitigen. Dieses Werk vollbrachte er dank einer Sichel, mit der er Uranos entmannte. Kronos wurde nun zum neuen Weltherrscher, ausgestattet mit einer Grausamkeit, die ihn dazu bewog, seine Kinder, die er mit Rhea hatte, zu verschlingen. Doch Zeus, der Sohn des Kronos, überlebte, weil Rhea dem tyrannischen Ehemann statt seiner einen in Windeln gewickelten Stein zum Verspeisen überreichte. Später nahm Zeus Rache an dem Vater, übernahm selbst die Herrschaft und verbannte Kronos in den Tartaros, wie die Griechen den finsteren Strafort in der Tiefe der Erde nannten. Die Griechen lokalisierten später die turbulente Frühgeschichte des Göttervaters auf der Insel Kreta, wo man auch in historischer Zeit noch eine Höhle zeigte, in der Zeus geboren worden sein soll. Schon in minoischer Zeit, also in der Mitte des 2. Jahrtausends v. Chr., war die Grotte von Psychro oberhalb der Lassithi-Hochebene eine bedeutende Kultstätte. Dort muss zu dieser Zeit der Mythos von dem Kampf der Götter folglich bereits lebendig gewesen sein.

Religion des Adels in archaischer Zeit

Wenn diese mythisch-religiösen Erzählungen auch eine lange Tradition hatten, so war die olympische Götterfamilie letztlich eine Kreation des Adels der archaischen Zeit und in dieser Eigenschaft Abbild der politischen und sozialen Verhältnisse innerhalb dieser Eliten. Sie schufen sich Götter, die genauso waren wie sie selbst. Sie lebten in ihren Palästen, wie es die

Götter auf dem Olymp taten – patriarchalisch organisiert, abgehoben, alles bestimmend. Die Götter waren unsterblich, gaben sich aber ganz menschlich: Auch bei ihnen herrschten Liebe und Hass, Streit und Harmonie, Eifersüchteleien und Rivalitäten, Kampf um Macht und Einfluss. Das Verhältnis der Adligen zu den Göttern, die ihnen so ähnlich waren, gestaltete sich demzufolge auch pragmatisch und geschäftsmäßig: Man ehrte sie durch Op-fer, dafür halfen die Götter den Menschen und schütz-ten sie vor Unglück und Un-heil. Die Götter wurden auf diese Weise entdämonisiert und vermenschlicht, verlo-ren in gewisser Weise auch ihren Schrecken, auch wenn Poseidon beispielsweise immer mal wieder Erdbeben schickte oder zornige Götter, bevor

▶ Dieses römische Relief aus dem Jahr 130 v. Chr. zeigt den Mythos von Zeus' Rettung: Rhea überreicht Kronos anstelle des Kindes einen Stein zum Verschlingen. Die Römer verehrten den Göttervater unter dem Namen Iuppiter.

sie sich durch Opfer und Gebete wieder besänftigen ließen, allerlei Unheil über die Erde brachten. Aber gerade die Opfer waren die ideale Gelegenheit, um sich mit den himmlischen Mächten zu arrangieren. Man opferte ihnen Speisen, Flüssigkeiten oder Tiere, gemäß dem späteren lateinischen Grundsatz »do ut des«: Ich gebe, damit du gibst.

Diese relativ einfache Religion hatte jedoch auch zwei nicht unerhebliche Nachteile. Zum einen handelte es sich um eine Glaubenswelt, die in erster Linie den Adel, nicht aber die Masse der einfachen, zumeist ländlichen Bevölkerung ansprach. Für den einfachen Bauern blieb die Welt der olympischen Götter, ein Abbild der aristokratischen Gesellschaft, fremd. Sie war zu rational für einen Landmann, der, wie alle seine Vorfahren, in einem Baum, einem Strauch, einem Tier, einem Bach oder einer Quelle göttliche Erscheinungsformen sah. Er war sich dabei nicht sicher, ob in der Natur gute oder böse Mächte am Wirken waren. Und so bediente er sich seit Generationen tradierter, magischer Rituale, um die bedrohlichen Kräfte zu zähmen oder zu besänftigen.

Der zweite Nachteil der Adelsreligion lag darin, dass sie ganz auf das Leben zugeschnitten war. Der Tod hatte in ihr keinen Platz. Man lebte in den oberen Kreisen in der Gewissheit, dass die Menschen nach dem Tod ein trauriges Dasein im Hades erwartete. Wenn es einem ganz übel erging, dann musste man ein schreckliches Schicksal im Tartaros, dem tiefsten Teil des Hades, erleiden. Der Begriff »Hades« erhielt bei den Griechen allerdings erst im Laufe der Zeit eine räumliche Dimension. Ursprünglich verstanden sie darunter den finsteren Herrscher der tristen Unterwelt, den Sohn des Kronos und der Rhea und Gatten der Unterweltsgöttin Persephone. Aus dem Reich des Hades gab es kein Entrinnen. Keinem, der hierher gelangte, gestattete er die Rückkehr in die Welt der Lebenden. Nach Möglichkeit grenzten die Adligen das Thema Tod daher aus. Homer lässt seinen Helden Achilleus sagen, er wäre lieber Tagelöhner auf Erden als Herrscher über das Reich der Toten. Der Adlige konnte seine Furcht vor dem Tod durch die Gewissheit kompensieren, durch die Heldentaten, die er als Lebender vollbrachte, für immer im Gedächtnis der Menschen zu bleiben. Diese Möglichkeit hatten die einfachen Menschen nicht. So gab es bei den Griechen der archaischen Zeit zwei getrennte religiöse Welten. Neben der rationalen, entdämonisier-

▶Fund aus einem römischen Schiffswrack: griechisches Zierstück von der Lehne eines Bettes mit Pferdekopf und Büste der Göttin Athene aus dem 1. Jahrhundert v. Chr.

ten Welt der gehobenen Kreise hielten sich der alte, einfache Volksglaube und eine ganz private Frömmigkeit. Quelle für diese Einstellung sind mit den »Werken und Tagen« das zweite Werk Hesiods. Es führt in den Mikrokosmos der Masse der Bauern in der Zeit um 700 v. Chr. ein und beschreibt dabei auch, wie diese Menschen im Einklang mit der Natur lebten und wie es um ihr Verhältnis zu den überirdischen Mächten bestellt gewesen ist.

Die Polis-Religion der klassischen Zeit

Ein grundlegender Wandel in der Religiosität der Griechen setzte im Laufe des 7. Jahrhunderts v. Chr. mit dem Übergang von der archaischen Adelsgesellschaft zur Bürgergemeinschaft der Polis ein. Sowohl im Mutterland als auch auf den Inseln sowie in den kolonialen Gebieten im westlichen Mittelmeer- und im Schwarzmeerraum entstanden Hunderte solcher politischer Gebilde, die nun zum Bezugsrahmen allen Denkens und Handelns der Griechen wurden. »Polis« lässt sich am besten definieren als ein autonomer Personalverband mit einem städtischen Zentrum und einem umliegenden Territorium. Jede Polis war ein Staat für sich mit eigenen Gesetzen, eigener Währung, eigenem Kalender und eben auch mit eigenen Göttern, eigenem Kult und eigenem Kultpersonal. Viele dieser Poleis waren Kleinstaaten mit manchmal nicht mehr als 1000 oder 2000 Einwohnern. Die Polis Athen, in der im 5. Jahrhundert v. Chr. fast 300 000 Menschen lebten, war in dieser Hinsicht eine große Ausnahme. So wie

sich in archaischer Zeit die Religion in eine Religion des Adels und eine Religion der einfachen Menschen geteilt hatte, so gab es nun eine Differenzierung in die einzelnen Polis-Religionen, über denen, als gemeinsames und verbindendes Element, die Götterwelt der Olympier schwebte.

Mit der Ausbildung und der Entwicklung der Polis wurde die Religion nun zu einer Sache des Staates. Der Kult wurde von zuständigen Polis-Instanzen organisiert und koordiniert. Im Mittelpunkt stand meist eine zentrale Haupt- oder Schutzgottheit, wie in Athen die Athene mit dem Beinamen Polias. Daneben verehrte man eine Reihe weiterer Götter, nicht nur aus dem Kanon der olympischen Götter: So gab es in vielen Stadtstaaten eigene, lokale Traditionen, die nun offiziell gepflegt wurden.

Reichlich gefüllt war der religiöse Festkalender. Es verging kaum ein Tag, an dem in der Polis nicht eine der Schutzgöttinnen oder einer der Schutzgötter gefeiert wurde. Das bedeutendste, in seinen Rahmenbedingungen und seiner Ausgestaltung auch für die anderen Zeremonien repräsentative Fest waren die Feiern zu Ehren der Stadtgöttin Athene. Sie wurden alljährlich am 28. des athenischen Monats Hekatombaion, also im Juli oder im August, ausgerichtet. Die Panathenäen, wie sie offiziell hießen, waren Feiern, mit denen die Athener des Geburtstages ihrer prominentesten Göttin gedachten. Bei diesen Feierlichkeiten war ganz Athen auf den Beinen, denn keiner wollte sich das Spektakel entgehen lassen, und außerdem legten die Politiker und die Priester Wert darauf, dass möglichst alle an dem Fest teilnahmen. Im Mittelpunkt der Panathenäen stand, neben opulenten Opferhandlungen, der große

Die Religion der Griechen

Festzug zur Akropolis, an dessen Ende der Göttin der Peplos, ein besticktes Gewand, überreicht wurde. Das berühmte Parthenon-Fries von der Akropolis in Athen gibt einen instruktiven Einblick in diese wichtige Zeremonie im öffentlichen Leben der Athener. Seit der Mitte des 6. Jahrhunderts v. Chr. wurden die Panathenäen noch insofern aufgewertet, als sie alle vier Jahre als die Großen Panathenäen begangen wurden. Dabei gesellten sich zu den religiösen Feiern auch Veranstaltungen anderer Art. Beispielsweise wurden musische oder sportliche Wettbewerbe populär, bei denen es attraktive Siegerpreise zu gewinnen gab. Das Religiöse trat im Laufe der Zeit immer mehr in den Hintergrund und wurde somit profanisiert.

Eine ähnliche Entwicklung hatte sich bereits zuvor in Olympia gezeigt. Eigentlich eine zentralgriechische Verehrungsstätte für den obersten Gott Zeus, gewannen dort zunehmend jene sportlichen Wettkämpfe an Bedeutung, die an sich nur als Beiwerk gedacht waren. Aus diesen Agonen zu Ehren von Zeus wurden vom religiösen Kontext gelöste Veranstaltungen, die den Siegern großen Ruhm einbrachten. Ähnliches vollzog sich bei den Pythischen Spielen in Delphi, das sich über die gesamte Antike hinweg des Rufes einer gesamtgriechischen Orakelstätte erfreuen durfte.

Das Orakel von Delphi

Das Orakel von Delphi war jenes Heiligtum in der griechischen Welt, das am häufigsten von Besuchern und Pilgern frequentiert wurde. Es war für viele die intensivste Begegnung mit dem Göttlichen, jedenfalls viel intensiver, als es bei den starren Prozeduren im Rahmen der Polis-Religion der Fall war. Hoch erhebt sich die dem Apollon geweihte Stätte in der Landschaft Phokis auf einer Hochterrasse am Südhang des Parnass. Spätestens seit dem 8. Jahrhundert v. Chr. hatte sich hier eine gut gehende Auskunftsagentur etabliert. Den Menschen, die hierherkamen, ging es um die Lösung privater Probleme, doch auch hohe Politik kam in Delphi auf die Tagesordnung. Um von Apollon, dem Gott der Künste und der Wissenschaften, eine Auskunft zu erhalten, war eine langwierige Prozedur notwendig, die sich die mächtigen Priester des Apollon ausgedacht hatten. Wer eine Weissagung haben wollte, musste zunächst dem Apollon ein Opfer darbringen. Dann wurde die Frage, die man hatte und auf die man sich eine Antwort erhoffte, in schriftlicher Form auf einer Bleitafel verzeichnet und einem Priester gegeben. Dieser reichte sie an die wichtigste Person im ganzen Komplex Delphi weiter – die Pythia, die als Medium als Einzige den Willen und die Worte des Gottes Apollon entschlüsseln konnte. Diese rätselhafte Figur war eine Frau, eine Bäuerin aus der Umgebung, die mindestens 50 Jahre alt sein musste. Diese Altersbestimmung hängt nicht, wie gelegentlich behauptet wird, damit zusammen, dass es vorher, bei jüngeren Pythien, zu sexuellen Übergriffen vonseiten zügelloser Pilger gekommen sein soll. Die Besucher bekamen die Pythia gar nicht zu sehen, sondern hatten geduldig zu warten, bis der Priester mit der Auskunft zurückkehrte. Vielmehr spielte dabei die Ansicht eine Rolle, dass ältere Frauen jenen Grad von Reife und Erfahrung besaßen, der sie dazu qualifizierte, von dem Gott angesprochen zu werden. Der Arbeitsplatz der Pythia war im

Adyton, im Inneren des Apollon-Tempels. Bevor sie als Medium wirken konnte, musste sie sich körperlich reinigen, dann aus einer Quelle klares Wasser trinken und schließlich ein Lorbeerblatt essen. Anschließend setzte sie sich auf einen Dreifuß, der über einer Erdspalte positioniert war. Aus dieser drangen in ihrer Konsistenz bis heute nicht exakt identifizierte Dämpfe, die die Pythia in eine Art von Trance versetzten. In diesem Zustand gab sie auf die Anfragen der Ratsuchenden, so wie sie auf den Bleitafeln formuliert waren, Antwort.

Ihre Worte, die sie vom Gott empfing, waren für jeden Außenstehenden jedoch völlig unverständlich. Nur der diensthabende Priester war, so wurde behauptet, in der Lage, das zu verstehen, was die Pythia in ihrer ekstatischen Entrückung äußerte.

▶Der Gott Apollon nähert sich der Phytia in der Orakelstätte Delphi, die eines der berühmtesten Heiligtümer der Antike war. Diese Szene ist auf einem griechischen Vasenfragment aus dem 4. Jahrhundert v. Chr. festgehalten.

▶ Der Wagenlenker zählt zu den berühmtesten Weihgaben, die im Heiligtum von Delphi gefunden wurden. Die Bronzestatue war ein Weihgeschenk des Polyzalos von Gela.

Er übersetzte das Gehörte, brachte es, wenn gewünscht, in eine schöne, aus Hexametern gestaltete Versform und überreichte es, ebenfalls in schriftlicher Form, den Auskunftssuchenden. Nicht völlig abwegig ist der Gedanke, dass es überhaupt erst die Priester gewesen sind, die unabhängig von der Pythia die Antworten formulierten. Sie verstanden es darüber hinaus, aus der Orakelstätte ein lukratives Unternehmen zu machen. Zwar waren die Sprüche der Pythia eine Gratisleistung, jedoch wurde erwartet, dass sich die Ratsuchenden mit einer Gegenleistung bedankten. Die zahlreichen Schatzhäuser in Delphi zeugen noch heute davon, dass die Rechnung der geschäftstüchtigen Priester aufging.

Schädlich für den Ruf der Orakelstätte wären falsche Auskünfte gewesen. So äußerten sich die Pythia und die Priester gerne in zweideutiger Weise, was den Vorteil hatte, dass die Treffersicherheit dadurch deutlich erhöht wurde. Klassisch ist der Fall des Lyderkönigs Krösus – oder besser Kroisos, um jene Namensform zu wählen, unter der der König, der im 6. Jahrhundert v. Chr. lebte und regierte, bei den Griechen be-

kannt gewesen ist. Kroisos durfte sich zu den reichsten Herrschern der Antike rechnen, dank vieler Tribute, die in seine Kassen flossen, aber auch deswegen, weil Lydien, jene Landschaft in der heutigen Westtürkei, damals über umfangreiche Ressourcen an Bodenschätzen, insbesondere an Edelmetall, verfügte. Kroisos und seine Gesandten besuchten regelmäßig das Orakel in Delphi. Der König zeigte sich für die Dienstleistungen der Pythia dankbar und hinterließ üppige Weihgaben. Doch dann wurde er zum berühmtesten Opfer der in Delphi praktizierten Doppelstrategie. Unter ihrem König Kyros hatten die Perser einen massiven militärischen Vorstoß Richtung Westen unternommen. Wie sollte man darauf reagieren? Der bedrohte Kroisos hielt es für besser, beim Orakel nachzufragen. Die Antwort lautete: »Wenn du den Halys überquerst, wirst du ein großes Reich zerstören.« Kroisos hielt dies für eine Ermunterung dazu, über den Halys, den östlichen Grenzfluss seines Reiches, gegen die Perser zu ziehen. Das Unternehmen endete mit der Niederlage der Lyder. Das Orakel rechtfertigte im Nachhinein seinen Spruch folgendermaßen: »Das große Reich, das zerstört würde, war dein eigenes« – und nicht das der Perser. Die Lyder mochten danach an den prognostischen Fähigkeiten und der Seriosität des Orakels von Delphi zweifeln: Der Popularität der Institution tat dies jedoch allgemein keinen Abbruch. Bis in die Spätantike hinein blieb die Orakelstätte in Betrieb und behauptete ihre Führungsposition gegenüber aller Konkurrenz, die es in vielen anderen Teilen der griechischen Welt gab.

Religion ohne Tiefgang

In Delphi hatten die Menschen einen direkten Draht zum Gott. Das kann jedoch insgesamt nicht darüber hinwegtäuschen, dass die Religion der klassischen Polis, wie auch bereits die archaische Adelsreligion, eine Religion ohne wirkliche Frömmigkeit und Spiritualität war. Wenn die Athener die Panathenäen veranstalteten, ging es mehr um Spektakel als um Substanz. Für die Polis war der offizielle Kult keine religiöse Herzenssache, sondern eine Möglichkeit, sich zu präsentieren. Auf der Akropolis von Athen standen so berühmte Bauwerke wie der Parthenon, das Erechtheion und der Nike-Tempel. Entstanden sind sie in der Mitte des 5. Jahrhunderts v. Chr. aus den Ruinen, die der persische Angriff 480 v. Chr. hinterlassen hatte. Ihr Initiator war Perikles gewesen, über Jahre hinweg der führende Kopf der athenischen Demokratie. Mit den veruntreuten Geldern der im Attischen Seebund vereinten Partnerstädte hatte er die Tempel hoch über den Dächern der Stadt errichten lassen, jedoch weniger als marmorne Dokumente von Religiosität und Frömmigkeit, sondern als Visitenkarten athenischer Größe und Bedeutung sowie als Schaufenster der demokratischen Ordnung. Nach der Überführung der Bundeskasse von Delos nach Athen fungierte der Parthenon – offiziell der jungfräulichen Athene geweiht – zudem auch als Bank.

Ebenso wurden die Panathenäen, zu denen Menschen aus ganz Griechenland nach Athen strömten, zu einem Forum der Selbstdarstellung der Athener. Die Bewohner selbst sahen das Fest als eine willkommene Gelegenheit an, sich zu amüsieren und sich auf staatliche Kosten satt zu essen. Denn bei der Opferung der Tiere fiel nicht nur für die Götter, sondern auch für die Besucher etwas ab. Das ging so weit, dass man schließlich die besten Stücke vom Opferfleisch selbst verspeiste und den Göttern den trostlosen Rest überließ. Ebenfalls aus kulinarischen Gründen beliebt waren in der gesamten griechischen Welt die Feste zu Ehren des Gottes Dionysos, denn aus diesem Anlass floss, wie es sich für einen Gott gehörte, in dessen Zuständigkeitsbereich auch der Wein fiel, der edle Rebensaft in Strömen. Die Athener begingen in jedem Jahr die Großen Dionysien. Eigentlicher Höhepunkt der Feierlichkeiten waren indes nicht die Kulthandlungen für den Gott, sondern die angeschlossenen Tragödien-Wettbewerbe, bei denen die Dichter und die Schauspieler um die Gunst des zahlreich anwesenden Publikums wetteiferten. Überhaupt sind die Tragödie und das griechische Theater aus dem Dionysos-Kult hervorgegangen. Szenische Darbietungen im Rahmen des Kultes, die auf die Kultgeschichte des Gottes und seiner aus Satyrn, Silenen und Mänaden bestehenden Begleitung Bezug nahmen, verselbstständigten sich mehr und mehr und standen bald im Mittelpunkt der Feierlichkeiten. Topografisch zeigt sich diese Entwicklung auch in der in Griechenland häufig anzutreffenden Nachbarschaft von Theatern und Dionysos-Heiligtümern.

Religion mit Tiefgang: Die Mysterienkulte

Wenn die offizielle Religion in der Glanzzeit der griechischen Polis immer stärker verweltlicht wurde, so heißt dies jedoch nicht, dass die Menschen in dieser Zeit kein Bedürfnis nach einer durch Religion garantierten Sicherheit gehabt hätten. Zwar beschäftigten sich die Griechen mit Philosophie – sie waren diejenigen, deren Intellektuelle das Prinzip der Rationalität erfunden hatten, indem ein Thales von Milet, der Begründer der ionischen Naturphilosophie, eine weitgehend götterfreie Interpretation der Welt vorgelegt hatte. Ein Thukydides übertrug das Prinzip auf die Geschichtsschreibung, und der berühmte Komödiendichter Aristophanes machte sich über die Götter in ganz respektloser Weise lustig.

Doch dürfen diese Tendenzen nicht den Blick darauf versperren, dass auch die so fortschrittlichen und innovativen Griechen eine Sehnsucht nach Geborgenheit in der Religion verspürten. Jenseits aller intellektuellen Diskussionen und formalisierten Prozeduren im Rahmen der Polis-Religion suchte auch der griechische Mensch in der Religion nach Antworten auf die ihn existenziell und persönlich angehenden Fragen. Oder anders ausgedrückt: Die Religion blieb immer ein relevantes Medium, wenn es darum ging, sich in der Welt zurechtzufinden. Das gilt besonders für Zeiten, in denen es den Menschen schlecht geht. Es gehört zu den Grunderkenntnissen der Religionssoziologie, dass der Mensch gerade in Krisen- und Umbruchszeiten für religiöse Ideen empfänglich ist, die ihm in einer als unüberschaubar und heikel empfundenen Welt Sicherheit und Perspektiven aufzeigen können. Dazu bedurfte es im antiken Griechenland dann auch tieferer Inhalte, als sie die herkömmliche, vom Adel und Staat propagierte Religion zu bieten vermochte.

Diese Lücke in den religiösen Bedürfnissen des antiken Menschen wurde, sowohl bei den Griechen als auch später bei den Römern, von den Mysterienkulten geschlossen. Das Wort mysteria ist griechischen Ursprungs und bedeutet so viel wie »Geheimnis«. Im Gegensatz zu den offiziellen Kulten und der Religion der olympischen Götter waren die Mysterienreligionen nur für Eingeweihte, d. h. Anhänger, die durch Initiation in die Gemeinschaft und den Glauben eingeführt worden waren. Für alle anderen waren sie ein Buch mit sieben Siegeln. Mysterienreligionen stammten allesamt aus dem Vorderen Orient oder aus Ägypten und wurden von den Griechen, später von den Römern, in die Mittelmeerwelt importiert. Jedoch gab es bei den Griechen auch bereits frühe Religionen dieser Art, die sogar einen offiziellen Charakter erhielten.

Die Demeter-Kultstätte in Eleusis

Zu den frühesten und zugleich bekanntesten Mysterienkulten in Griechenland zählte, neben den Mysterien von Samothrake und den vielerorts beheimateten Dionysos-Mysterien, derjenige um das Demeter-Heiligtum von Eleu-

Akropolis Athen

»Die« Akropolis befindet sich in Athen. Dabei hatte jede griechische Stadt »ihre« Akropolis, einen Burgberg, auf dem sich die Tempel und auch weitere öffentliche Gebäude befanden. Doch die Akropolis von Athen war unter allen anderen die prächtigste. Die ältesten Gebäude waren 480 v. Chr. von den Persern zerstört worden. Unter dem Staatsmann Perikles entstanden jene Bauten, die auch heute noch von den Touristen bewundert werden: die Propyläen, der Tempel für die Siegesgöttin Nike, das Erechtheion, nach 421 v. Chr. entstanden, benannt nach einem alten mythischen König namens Erechtheus. Die Krönung war der Parthenon, der Tempel der jungfräulichen Stadtgöttin Athene. Ihn zierten jene berühmten Friese, von denen sich heute die meisten im Britischen Museum in London befinden und die sich zu einem dauernden Zankapfel zwischen der britischen und der griechischen Regierung entwickelt haben. Große Teile der Akropolis-Bauten wurden schwer in Mitleidenschaft gezogen, als im 17. Jahrhundert die Venezianer Athen belagerten und die damals türkischen Verteidiger die Akropolis als Pulvermagazin benutzten.

▶ Der Anblick der Akropolis mit dem Parthenon prägt bis heute das Stadtbild Athens.

sis. Dieses befand sich in der Nähe von Athen und war mit der Stadt durch eine »Heilige Straße« verbunden. Auch heute noch ist es eine viel besuchte archäologische Stätte. Demeter war eine in Griechenland sehr populäre Göttin, die zur Kernriege der olympischen Götter gehörte. Sie hatte eine wichtige Aufgabe als Garantin der Fruchtbarkeit, als Göttin speziell des Getreides und des Ackerbaus. Das waren elementar wichtige Dinge, die ihr auch den für einen Mysterienkult stets charakteristischen Naturbezug verliehen. Grundlage des Kultes, der bei den eleusinischen Mysterien gefeiert wurde, war die handlungsreiche Mythologie der Göttin, wie sie mündlich oder schriftlich tradiert wurde oder wie sie auch als populäres Motiv auf den Vasendarstellungen zu finden war. Im Mittelpunkt steht zuerst ihre Tochter Persephone.

Diese wird von dem finsteren Unterweltskönig Hades entführt und in seinem Reich versteckt gehalten. Verzweifelt sucht Demeter nach der verlorenen Tochter, neun Tage und neun Nächte lang. Dann kommt ihr der Sonnengott Helios zu Hilfe: Er, der alles weiß und alles sieht, erzählt Demeter, was vorgefallen ist, und verrät ihr ebenso, dass auch Zeus seine Hände im Spiel gehabt hat. Daraufhin tritt Demeter in einen fatalen Streik, indem sie sich von der Welt nach Eleusis zurückzieht und keine Saat mehr wachsen lässt. Beharrlich weigert sie sich, die Boten des Göttervaters Zeus zu empfangen, die sie umstimmen sollen. Doch schließlich einigt man sich auf einen Kompromiss: Ein Drittel des Jahres soll Persephone in der Unterwelt verbringen, den Rest bei den Göttern im Olymp. Wie jeder Mythos hat auch die Geschichte von Demeter und Persephone, die auch Kore, also »Tochter«, genannt wird, einen realen Hintergrund. Durch sie wollten sich die Griechen erklären, wie der Wechsel der Jahreszeiten zustande kam. In der Erzählung von dem Raub der Persephone spiegelt sich die Vorstellung von dem periodisch eintretenden Wechsel des Aufblühens und des Absterbens in der Natur wider, ebenso der Rhythmus von Aussaat und Ernte. Weil Demeter eine so wichtige Funktion hatte, wurde sie nicht nur in Eleusis, sondern überall in Griechenland verehrt. Natürlich hatte sie auch ihr eigenes Fest, das die Griechen Thesmophorien nannten. Es fand jeweils im Herbst statt, dauerte in der Regel drei Tage und wurde ausschließlich von Frauen begangen, entsprechend dem dabei zelebrierten Gedanken der Fruchtbarkeit.

Einmal im Jahr statteten die Athener der Demeter von Eleusis einen Besuch ab. Im September machte sich eine große Prozession auf den 20 Kilometer langen Weg, um die großen Mysterien zu feiern.

Konkreter Anlass des Feierns war die Wiedervereinigung der beiden Göttinnen Demeter und Persephone. Viele Menschen säumten den Weg, viele marschierten auch nach Eleusis mit. Die Teilnahme an dem eigentlichen Gottesdienst aber war allein Eingeweihten erlaubt, also Menschen, die sich der umständlichen Prozedur der Initiation durch einen der Demeter-Priester unterzogen hatten. Und wer eingeweiht war, unterlag der strengsten Schweigepflicht. Deswegen ist über Details der Mysterienfeiern, bei denen die Gläubigen die Kultgeschichte der beiden Gottheiten in für Außenstehende geheimnisvoller Weise präsentiert bekamen, meistens nicht so viel bekannt. Jedoch verließen die Gläubigen einen Gottesdienst im Rahmen eines Mysterienkultes meist in gehobener Stimmung. Denn ganz entscheidend war auch die Komponente, den Menschen eine positive Jenseitserwartung zu vermitteln. Diese ergab sich aus der dem Demeter-Kult immanenten Periodisierung von Vergehen und Erwachen der Natur, aber auch aus dem Umstand, dass es Persephone gelungen war, aus dem Todesreich des Hades zu den olympischen Gefilden der unsterblichen Götter zurückzukehren. Die Entwicklung einer Perspektive für ein attraktives Leben nach dem Tod war überhaupt eine der großen Stärken der antiken Mysterienkulte. Sie war allemal tröstlicher als die Aussicht auf einen Dauerplatz im traurigen Reich des Königs Hades. Die direkte Begegnung mit der als göttlich – und nicht wie in der Religion der archaischen Adelsgesellschaft primär als mensch-

▶ Hades und Persephone sind das Motiv dieser griechischen Vasenmalerei aus dem Jahr 330 v. Chr.

lich – empfundenen Gottheit konnte die Gewissheit eines neuen und anderen Lebens nach dem Tod vermitteln. Diese Gewissheit war für die Griechen auch bereits zu jener Zeit wichtig, als religiös noch der Adel den Ton angab. Dies belegt der Demeter-Hymnos im Rahmen der Homerischen Hymnen, der auf das späte 7. oder frühe 6. Jahrhundert v. Chr. zu datieren ist und in dem es heißt: »Selig der Erde bewohnende Mensch, der solches gesehen! Doch wer die Opfer nicht darbringt oder sie meidet, wird niemals teilhaftig solchen Glücks; er vergeht in modrigem Düster.«

Ekstase und Enthusiasmus

In Eleusis fanden die Menschen jene unmittelbare Nähe zu den Göttern, die sie ansonsten vermissten, wenn von den Olympiern die Rede war und wenn in der Polis wieder einmal offiziell und religionsfern kultisch gefeiert wurde. Zentrale Bedeutung kam bei den Mysterienkulten der Ekstasis und dem Enthusiasmos zu. Beide Begriffe werden in der heutigen Alltagssprache in einer Weise benutzt, die ihren religiösen Ursprung nicht mehr erkennen lässt. Ekstasis oder Ekstase war ein Ritual, das dazu diente, dass der Myste (so nannte man die Eingeweihten der Mysterienreligionen) aus sich selbst heraustrat, gewissermaßen den Zustand der eigenen Körperlichkeit verließ. Dies war die Voraussetzung dafür, um sich unter den Anleitungen der Priester kollektiv in den Zustand des »Enthusiasmus« versetzen zu lassen, wörtlich: »im Gott zu sein« (in dem Begriff steckt das griechische Wort theos für »Gott«). Ganz im Gegensatz zu den formalisierten Kulten der offiziellen Polis-Religionen ging es bei Demeter und anderen Mysteriengöttern also sehr turbulent zu, was dazu führte, dass viele Kritiker von orgiastischen, unwürdigen Veranstaltungen sprachen. Doch die Gläubigen waren begeistert, weil sie hier jene intensive, auch spirituell fundierte Religiosität fanden, die sie ansonsten vermissten. Man war ganz nahe bei seinem Gott, auch deswegen, weil die Priester als Höhepunkt des Gottesdienstes die Illusion zu erzeugen vermochten, die Gottheit sei persönlich erschienen. Der entsprechende zeitgenössische Begriff für die Vorstellung vom leibhaftig präsenten Gott war Epiphanie. Diese »Erscheinung« spielte später in der Zeit des Hellenismus und vor allem auch beim Christentum eine wichtige Rolle.

Die Intensität der Verbindung zwischen Mensch und Gott fand bei den Mysterienkulten auch darin seinen Ausdruck, dass sich die Gläubigen dabei in einem geschlossenen Raum versammelten. Aus dem Christentum heraus ist man heute an diese Praxis gewöhnt und kann sich vielleicht auch nur schwer vorstellen, dass sich dies auch einmal anders verhalten hat. Tatsächlich aber versammelten sich die Menschen im Rahmen des Polis-Kultes nicht im Tempel der Gottheit selbst. In das Allerheiligste, wo die Statue der Göttin oder des Gottes stand, durften nur die Priester, Normalsterbliche jedoch nur in Ausnahmefällen eintreten – etwa, wenn es mit der Zeus-Statue im Tempel von Olympia, einem Werk des Pheidias, eines der Sieben Weltwunder zu bestaunen gab. Die Gemeinde versammelte sich üblicherweise außerhalb des Tempels vor dem Altar, an dem die Priester die Kulthandlungen zelebrierten und wo die Opfer durchgeführt wurden. Auch dies

Klassizistische Architektur

Seit dem 18. Jahrhundert begeisterte sich Europa für altgriechische Architektur. Insbesondere dienten die griechischen Tempel, deren Fresken oft mit Göttern verziert waren, mit ihrem charakteristischen Stufenbau, ihren Säulen und ihrem Gebälk als Vorbilder. Ein bekanntes Beispiel für diesen Baustil, der vom Streben nach Monumentalität, aber auch von dem Wunsch nach Klarheit geprägt war, ist das Brandenburger Tor. Das 26 Meter hohe Tor aus Sandstein entstand in den Jahren 1788 bis 1791 nach Plänen von Carl Gotthard Langhans. Dieser hatte sich bei dem Entwurf an den Propyläen der Athener Akropolis orientiert, einer repräsentativen Durchgangshalle, die in den heiligen Tempelbezirk führte. Auch für Leo von Klenze, der in München die Glyptothek sowie die Alte Pinakothek baute, waren die Propyläen ein Vorbild bei der klassizistischen Gestaltung Münchens. So baute er ein gleichnamiges Ensemble am Münchner Königsplatz. Auch die Neue Wache, das Schauspielhaus und das Alte Museum in Berlin zählen zu den bekanntesten Gebäuden der klassizistischen Architektur.

▶ Der Bildhauer Gustav Bläser schuf die Figurengruppe aus Marmor auf der Berliner Schlossbrücke nach einem Entwurf von Karl Friedrich Schinkel.

war nicht dazu angetan, ein besonders enges, ehrfurchtsvolles Verhältnis zwischen den Menschen und den Göttern herzustellen. Anders verhielt es sich bei den Mysterienkulten. In Eleusis versammelten sich in dem sogenannten Telesterion fast 3000 Menschen, um infolge von Ekstase den direkten Weg zur präsenten Göttin zu finden. Eleusis erweist sich in dieser Hinsicht tatsächlich als einer der Vorläufer der christlichen Sakralarchitektur, die ebenfalls dem Gedanken Rechnung trug, dass die Gemeinde im Haus Gottes – und nicht davor – zusammenkommen sollte.

Eleusis war zwar ein offizieller Kult der Polis Athen, doch nahm er wegen seines Charakters als Mysterienreligion eine Sonderstellung ein. Bereits Anfang des 7. Jahrhunderts v. Chr. hatte Athen die Kontrolle über die Kultstätte übernommen. Damals befanden sich Staat, Gesellschaft und Wirtschaft in einem Krisenzustand, bewirkt durch den Übergang von der archaischen Adelsgesellschaft zur Bürgergesellschaft der Polis – ein Prozess, der für viele schmerzlich verlief, weil er soziale Probleme hervorrief, und der

▶ Die um 200 v. Chr. entstandene griechische Plastik zeigt eine junge Frau, die vor einem Gefäß mit Opfergaben kniet.

deswegen wohl auch dafür verantwortlich war, dass sich damals so viele Menschen in die Obhut der Demeter drängten.

Religion und Identität

Überblickt man den Zustand und die Entwicklung der griechischen Religion in der Zeit von Homer bis zur klassischen Epoche, so lässt sich also insgesamt eine bemerkenswerte Vielfalt feststellen. Nach wie vor spielte die schon früh kreierte, in der archaischen Zeit besonders vom Adel gepflegte olympische Religion eine wesentliche Rolle. Zentrale Kultplätze wie Olympia oder Delphi waren dabei geeignet, in der disparaten und zersplitterten griechischen Polis-Welt so etwas wie eine übergreifende religiöse Identität herzustellen. Überhaupt war die Religion neben der Sprache jenes Element, das den Griechen das Gefühl gab, Griechen zu sein. So formulierte der berühmte griechische Historiker Herodot im 5. Jahrhundert v. Chr. als die Essenzen, die die Griechen zusammenhielten, das »gleiche Blut, die gleiche Sprache, die gleichen Heiligtümer und Opfer, die gleichen Sitten und Gebräuche«. Abgesehen davon bestand immer auch die Tendenz, in fremden, »barbarischen« Göttern Varianten ihrer eigenen Götter zu sehen. Mittels der Interpretatio graeca, der Übertragung griechischer Götter auf andere Gottheiten, war der antike Grieche, wie auch später der antike Römer, in der glücklichen Lage, sich die polytheistische Welt überall als von den gleichen Göttern gelenkt vorzustellen. Weiterhin ging der Grieche auch seiner häuslichen Frömmigkeit nach, er nahm, wie es erwartet wurde, an den traditionellen Staatskulten teil, und er widmete sich, vor allem, wenn er die Nähe der Götter spüren und eine tröstliche Jenseitsperspektive vermittelt bekommen wollte, den Mysterienkulten, die außerdem persönliches Glück und persönliche Zufriedenheit verhießen. Offenkundig ist dabei eine deutliche Trennungslinie, die geeignet ist, das Verhältnis des antiken Griechen bis zum Ende der klassischen Zeit zu charakterisieren: Die staatlich verordnete Polis-Religion konnte die religiösen Bedürfnisse des Einzelnen gar nicht oder nur unzureichend befriedigen. So sah der Normalgrieche in den offiziellen Göttern übergeordnete Wesen, die für den Schutz der Stadt und der Gemeinschaft der Bürger sorgen sollten und die ihm darüber hinaus die Gelegenheit zu Fest, Geselligkeit und zum kostenlosen Speisen verschafften. Antworten auf die ihn existenziell und ganz persönlich betreffenden Fragen suchte der Grieche lieber außerhalb der überkommenen, in Ritualen und Formen erstarrten Kulte.

Das Zeitalter des Hellenismus

Erhebliche Bewegung kam in die religiöse Welt der Griechen im Zeitalter des Hellenismus. Durch die Eroberungen Alexanders des Gro-

ßen, jenes Königs der Makedonen, den die antiken Griechen nur zögerlich als einen der ihren anzusehen bereit waren, erstreckte sich der politische und kulturelle Horizont der Griechen nun von Spanien bis nach Indien. Nach dem Tod Alexanders 323 v. Chr. entstand aus der Erbmasse seines riesigen Reiches die hellenistische Staatenwelt mit drei großen monarchischen Territorialstaaten (Makedonien mit Griechenland, Ägypten, Syrien und der weitere Vordere Orient) sowie einigen kleineren Reichen wie Pergamon. Der Name »Hellenismus« stammt von dem deutschen Historiker Johann Gustav Droysen (1808–1884), der sich dabei von einer Passage in der Apostelgeschichte leiten ließ. Politisch endet die Zeit des Hellenismus mit der Integration des ägyptischen Ptolemäerreiches in das Imperium Romanum im Jahre 30 v. Chr. – insofern ein geeigneter Schlusspunkt, als damit das letzte der Nachfolgereiche Alexanders seine Unabhängigkeit verlor. Inhaltlich sind die etwa 300 Jahre zwischen dem Tod Alexanders und der Eroberung Ägyptens durch die Römer durch eine intensive Kulturbegegnung zwischen den Griechen und der Welt des Orients geprägt. Von den epochalen Umwälzungen dieser Zeit ist auch die Religion der Griechen in massiver Weise betroffen gewesen, und dies vor allem in zweierlei Hinsicht. Zum einen lernten die Griechen in der Zeit des Hellenismus eine Fülle von neuen Kulten sowohl orientalischer als auch ägyptischer Provenienz kennen. Damit wurde die herkömmliche Götterwelt in beträchtlicher Weise erweitert. Zum anderen nahm in dieser Zeit die Religiosität bei den Griechen in einem ganz erheblichen Ausmaß zu. Das lag im Wesentlichen daran, dass der Hellenismus für viele Menschen das Ende vertrauter Bezugsrahmen bedeutete, wodurch die allgemeine Sehnsucht nach Orientierung und Sicherheit enorm anstieg. Gegenüber der klassischen Zeit war das Land in vielerlei Hinsicht nicht mehr wiederzuerkennen. Die große Zeit der Polis, in der sich die Menschen gesellschaftlich gut aufgehoben gefühlt hatten, war vorbei. Arrangieren musste man sich nun mit den regierenden Königen, die über große Territorien herrschten. Viele waren gezwungen, ihre Heimat zu verlassen und in der Fremde ihr Glück zu versuchen. Gewohnte menschliche und soziale Bindungen gingen verloren. Häufig war der Einzelne auf sich allein gestellt. Das war eine Atmosphäre, in der die Religion eine gute Chance hatte.

Religiosität und Religionen im Hellenismus

In den Städten des Mutterlandes hielt man zunächst noch an den überkommenen Formen der Religion fest – d.h. konkret: an der alten Polis-Religion. Sie bedeutete den Politikern, den Priestern und den Bürgern eine Brücke zur »guten alten Zeit« und war auch geeignet, um in einer veränderten Welt ihre Identität zu wahren. Zugleich aber gewann in den griechischen Städten mehr und mehr eine Gottheit an Bedeutung, die die alten olympischen Götter ohnehin, mitunter aber auch die zunehmend populärer werdenden Mysterienreligionen, in den Schatten stellte. Dabei handelte es sich um Tyche, gleichermaßen Zufalls-, Glücks- und Schicksalsgöttin, je nachdem, welcher Instanz die Menschen die Ereignisse auf der Welt zuzuschreiben bereit waren. In den wechselvollen

Verhältnissen des Hellenismus hatte der Glaube an das unberechenbare Walten des Schicksals Hochkonjunktur. So kam es darauf an, jene göttliche Instanz gnädig und mild zu stimmen, die nach der Meinung der Zeitgenossen das Rad der Geschichte dirigierte. Viele Statuen und Weiheinschriften legen Zeugnis davon ab. In den bildlichen Darstellungen erscheint Tyche meist mit einem Füllhorn, dem Behältnis des Glücks, das sie, wie die Griechen glaubten, über sie ausschütten würde. Andere Attribute sind Flügel und Steuerruder, auch eine Kugel oder ein Rad, womit die Unberechenbarkeit der launischen Göttin symbolisiert werden sollte. In vielen hellenistischen Städten wurde Tyche sogar in den Rang einer Stadtgöttin erhoben, so in den Metropolen Antiochia und Alexandria. Dort erschien sie in den Darstellungen dann mit der Mauerkrone. So wurde Tyche überall dort, wo Griechen siedelten, verehrt; von einzelnen Menschen, die an ihr persönliches Schicksal dachten, und von Städten und Staaten, die sich um das allgemeine Wohlergehen zu kümmern hatten. Bei den Römern fand Tyche später ihr Pendant in der personifizierten Glücksgöttin Fortuna.

Auf der anderen Seite wurde die Götterwelt der Griechen im Hellenismus internationaler. Die gegenseitige Durchdringung von griechischen und orientalischen Elementen brachte neue Inhalte und neue Formen der Religiosität hervor. Medien der Verbreitung waren Händler und Soldaten, dazu griechische Auswanderer in den Orient und orientalische Einwanderer, die nach Griechenland kamen.

Besonders populär waren Götterimporte aus Kleinasien, Syrien und Ägypten. In Kleinasien lernten die Griechen die Muttergottheit Kybele kennen, in Syrien und Phönizien Baal und Astarte, in Ägypten Isis. Isis genoss besonders hohe Wertschätzung, war ihr Mythos – die Wiedererweckung ihres von dem Wüstengott Seth getöteten und zerstückelten Mannes Osiris zum Leben – für die nach einer positiven Jenseitsperspektive suchenden Menschen doch von großer Anziehungskraft.

Künstlicher Gott aus Ägypten

Ein typisches Produkt des hellenistischen Zeitalters war der Kunstgott Sarapis, auch Serapis genannt. »Kunstgott« war Sarapis nicht in dem apollonischen Sinne, dass er für die Künste und die Wissenschaften zuständig gewesen wäre. Vielmehr handelte es sich um einen künstlichen Gott, der das Werk des Ptolemaios I., des ersten Königs im hellenistischen Ägypten, war. Viele Griechen waren nach Ägypten eingewandert, wo sie vor allem die Hauptstadt Alexandria, die Gründung Alexanders des Großen, bevölkerten. Sie brachten ihre einheimischen Götter mit, ganz so, wie es auch Jahrhunderte zuvor während der großen griechischen Kolonisation der Fall gewesen war. Doch Ptolemaios I. war daran gelegen, griechische und ägyptische Glaubensvorstellungen zu kombinieren,

▶ Tyche von Antiochia mit dem Flussgott Orontes: Eine römische Kopie der griechischen Bronzeplastik (um 300 v. Chr.) wird im Pariser Louvre ausgestellt.

und so schuf er aus diesem Antrieb heraus den Gott Sarapis, als eine Mischung aus dem Unterweltsgott Osiris und dem in Memphis beheimateten Apis, den die Ägypter in der Gestalt eines Stieres verehrten. Die Griechen wiederum identifizierten Sarapis mit Zeus, Helios oder auch Hades. Damit hatte Ptolemaios mit der Religion ein verbindendes Element zwischen zugewanderten Griechen und einheimischen Ägyptern geschaffen. Bei Ersteren genoss der neue Gott eine recht hohe Akzeptanz, auch deswegen, weil sie an der Tradition festhielten, fremde Götter als anders

gestaltete Varianten ihrer eigenen Götter anzusehen.

Überhaupt war die griechische Religion in der Zeit des Hellenismus von einer ausgeprägten Tendenz zum Synkretismus gekennzeichnet. Unter diesem religionssoziologischen Phänomen versteht man die Vermischung bestimmter Religionen bzw. bestimmter religiöser Elemente zu einer neuen Einheit, etwa indem die Anhänger unterschiedlicher Religionen ihre eigenen Götter mit fremden Göttern gleichsetzen oder Teile fremder Kulte und Mythen übernehmen. Sarapis ist ein Paradebeispiel für diesen Trend.

Der Seleukidenherrscher Antiochos I., der in der Zeit zwischen 281 und 261 v. Chr. über das in kultischer Hinsicht außerordentlich aktive und vielfältige Syrien herrschte, war in Sachen Religionspolitik nicht weniger eifrig als zuvor sein königlicher Kollege Ptolemaios in Ägypten. Gleiches gilt für seine Ehefrau, die den melodischen Namen Stratonike trug und auf deren religiöser Agenda die folgenden Einträge standen: Stiftung für Apollon in Delphi, Erneuerung des Tempels der syri-

▶ Antike Malerei mit dem Kopf des Sarapis. Der Sarapis-Kult hatte vor allem unter den griechischen Bewohnern Ägyptens viele Anhänger.

schen Göttin Atargatis in Hierapolis, Eintritt in eine kultische Gemeinschaft in Smyrna, die sich der Verehrung des ägyptischen Gottes Anubis verschrieben hatte. Die Motive der Stratonike sind im Einzelnen nicht mehr zu rekonstruieren, doch darf angesichts dessen, was über die religiösen Praktiken und Einstellungen im Hellenismus bekannt ist, davon ausgegangen werden, dass sie bei all diesen Aktivitäten die Empfindung hatte, in Apollon, Atargatis und Anubis nichts anderes als verschiedene Ausformungen ein und derselben Gottheit (bzw. ein und desselben göttlichen Prinzips) zu verehren. Einige Zeit später gravierte ein Priester in Ägypten mit dem griechischen Namen Isidoros (»Geschenk der Isis«) am Isis-Tempel in Medinet-Madi im Faijum den folgenden hymnischen Text ein: »Die Syrer nennen dich Astarte-Artemis-Nanaia, die Stämme der Lykier Leto, die Thraker rufen dich die Mutter der Götter und die Griechen die mächtig thronende Hera und die Aphrodite und gute Hestia und Rhea und Demeter, die Ägypter aber Thiouis, weil du in deiner eigenen Person allein bist all die anderen Göttinnen, die von den Völkern benannt werden.«

In archaischer und klassischer Zeit gab es bei den Griechen viele Götter, in hellenistischer Zeit gab es bei ihnen durch die Begegnung mit dem Orient noch mehr Götter, doch wurden die große Anzahl gleich wieder dezimiert, gelegentlich sogar, wie die Beispiele der Stratonike und des Isidoros zeigen, auf ein einheitliches göttliches Prinzip reduziert. Insofern sind jene Meinungen nicht übertrieben, die davon ausgehen, dass im Hellenismus bereits wichtige Weichenstellungen für den späteren Siegeszug des Christentums vorgenommen wurden. Das

war auch insofern der Fall, als in dieser Phase der griechischen Geschichte die Mysterienreligionen Hochkonjunktur hatten. Diese waren attraktiv und intensiv, boten das Gefühl der Gemeinschaft und – durch die Rituale der Initiation – auch jenen Menschen das Gefühl der Exklusivität, die im realen Leben nicht auf der Sonnenseite standen. Auch in dieser Hinsicht wurde dem Christentum der Boden bereitet, denn die Menschen im Osten des Mittelmeerraumes waren durch die hellenistischen Mysterienreligionen bereits auf wichtige Elemente der christlichen Lehre und des christlichen Ritus vorbereitet.

Die Abenteuer des Herakles

Götter sind Götter, und Menschen sind Menschen. Lange Zeit hatte diese klare Kategorisierung als Maxime bei den Griechen gegolten. Allenfalls gab es Halbgötter, Heroen, die in der Grenzsphäre zwischen Menschen und Göttern wirkten. Zeus hatte beispielsweise als Folge seiner zahlreichen amourösen Abenteuer mit weiblichen menschlichen Wesen zahlreiche Heroen produziert, wie der Mythos der Griechen wissen wollte. Der berühmteste Heros der Antike war zweifellos Herakles, der noch von den Römern als Hercules verehrt wurde. Der Held war der Sohn des Zeus, entstanden aus einer Verbindung, die der Göttervater mit Alkmene eingegangen war. Entsprechend dem Reichtum an Fantasie, von dem der griechische Mythos stets geprägt gewesen ist, hatte man sich den Akt der Zeugung so vorgestellt, dass Zeus die Gestalt von Amphitryon, dem Ehemann der Alkmene, angenommen hatte. Geboren wurde Herakles zusammen mit seinem Zwilling Iphikles, dessen Vater wiederum Amphitryon gewesen ist – eines jener biologischen Wunder, mit denen die Mythen der Griechen so üppig ausgestattet gewesen sind. Schon im Alter von acht Monaten war Herakles so stark, dass er seinem Bruder das Leben rettete, als er zwei Giftschlangen erwürgte, die von der rachsüchtigen Hera gesandt worden waren.

Berühmt und in der Antike viel erzählt und dargestellt sind die zwölf Taten, die Herakles im göttlichen Auftrag zu erfüllen hatte. Diese absolvierte er in der folgenden Chronologie: 1. der Kampf gegen den Nemeischen Löwen, 2. der Kampf gegen die Lernäische Hydra, 3. der Kampf gegen die Keryneische Hirschkuh, 4. der Kampf gegen den Eber auf dem Berg Erymanthos, 5. die Ausmistung der Ställe des Augias, 6. die Vertreibung der Stymphalischen Vögel, 7. das Einfangen des Stieres des kretischen Königs Minos, 8. der Kampf gegen die Stuten des Diomedes, 9. die Affäre um den Gürtel der Amazonen, 10. der Kampf gegen die Rinder des Geryon, 11. die Äpfel der Hesperiden und 12. der Besuch in der Unterwelt.

Die einzelnen Mythen, die sich um den Heros Herakles ranken, sind nicht etwa Geschichten gewesen, die der Erbauung und der Unterhaltung dienten. Mythen sind für die Griechen generell ein Weg gewesen, um zu erklären, warum die Welt so ist, wie sie ist. So waren die zwölf Taten des Herakles auch ein Teil dieser aitiologischen Bestrebungen – die Aitiologie, d. h. das Ausforschen von Ursachen, war bei den Griechen außerordentlich beliebt. So dienten die Taten Nr. 10 und 11 etwa dazu, eine Begründung dafür zu liefern, dass bereits den archaischen Griechen die

Welt des westlichen Mittelmeeres alles andere als unbekannt gewesen ist. Doch statt wie in der (heute bekannten) Wirklichkeit ließen sie dies nicht als das Werk von Seeleuten und Händlern erscheinen, sondern sie schickten ihren populären Heros Herakles auf die Reise. Dieser bekämpfte die dreiköpfigen Ungeheuer des Königs Geryon und errichtete bei dieser Gelegenheit die »Säulen des Herakles«, wie die Griechen die Meerenge von Gibraltar nannten. Der Besuch bei den Hesperiden war die mythische Referenz auf die geografische Erschließung des westlichen Nordafrika.

Doch nicht nur für die aitiologischen Bestrebungen der Griechen war die Figur des Halbgottes Herakles bedeutsam. In ihn projizierten die Menschen, insbesondere die Adligen, ihre Hoffnungen und Wünsche, was Kraft und Kampferfolg anging. Außerdem symbolisierte der Held, der halb Gott, halb Mensch war, die Praxis, die Götterwelt auf dem Olymp und deren Umgebung nach den eigenen, irdischen Kategorien zu gestalten. In der griechischen Frühzeit wäre allerdings niemand auf die Idee gekommen, einem Menschen göttliche Qualitäten und Eigenschaften zuzuschreiben. Das war geradezu ein Tabu. Allenfalls war es erlaubt, einen Kult der Ahnen zu pflegen, dies jedoch nicht, indem man die Vorfahren vergöttlichte. Göttlichkeit war das Privileg der Unsterblichen, und Unsterblichkeit war das Vorrecht der Götter.

Menschen als Götter

Im Hellenismus, in dem sich so viel wandelte, wurde die strenge Unterscheidung zwischen

Göttern und Menschen aufgegeben. Der Hellenismus war die Zeit, in der der Mensch die Unschuld verlor, sich niemals in göttliche Sphären erheben zu lassen. Mit dem Ende der klassischen Polis kam die Epoche der Monarchen, und mit den Monarchen begann der Herrscherkult zu blühen – sei es in der Weise, dass die Könige für sich selbst göttliche Ehren reklamierten, sei es, dass die Untertanen in ihre Herrscher göttliche Erwartungen projizierten. Angedeutet hatte sich diese Tendenz bereits gegen Ende des Peloponnesischen Krieges, den Athen und Sparta 27 Jahre lang, zwischen 431 und 404 v. Chr., gegeneinander geführt hatten. Am Ende siegten die Spartaner, und einen großen Anteil an diesem Ausgang des »griechischen Weltkrieges«, wie man ihn heute manchmal nennt, hatte der spartanische Feldherr Lysandros. 405 siegte er in der Seeschlacht von Aigospotamoi. Das beeindruckte die vom langen Krieg ermüdeten Menschen so sehr, dass sie ihn, was damals völlig neu und ungewohnt war, in eine Sphäre wenn nicht mit Zeus und Apollon, so doch wenigstens mit Herakles hoben. Speziell waren es die Adligen von der Insel Samos, die ihn als ersten Griechen überhaupt göttlich ehrten. Sie dankten ihm auf diese Weise speziell dafür, dass er sie nach politischen Unruhen in die Heimat zurückgeführt hatte. Dazu heißt es bei dem antiken Biografen Plutarch (Lys. 18,3): »Lysandros war der erste Grieche, [...] dem die Städte wie einem Gott Al-

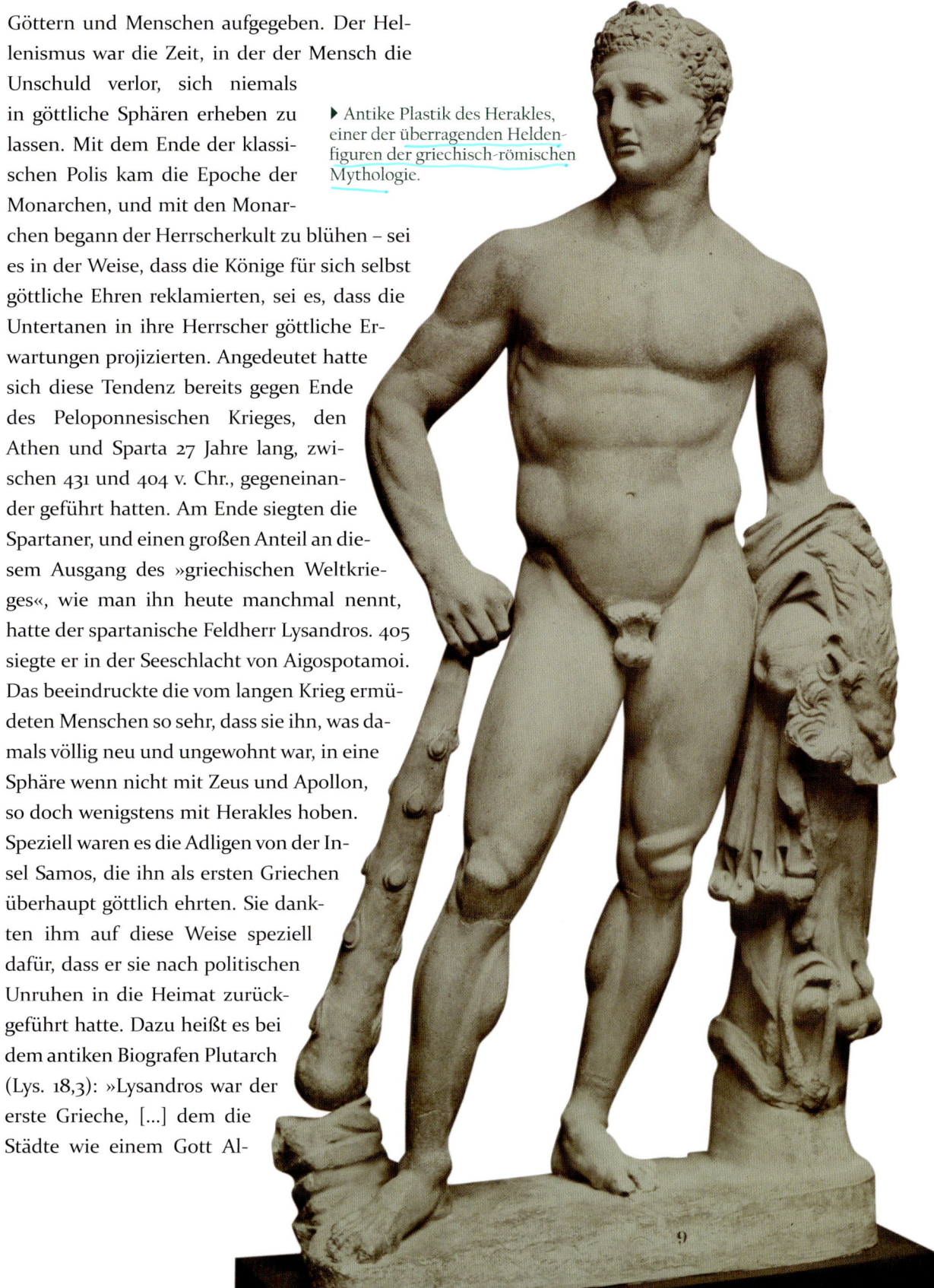

▸ Antike Plastik des Herakles, einer der überragenden Heldenfiguren der griechisch-römischen Mythologie.

Antike und moderne Münzen

Antike griechische Münzen waren sehr häufig mit religiösen Motiven versehen. In der klassischen Polis-Zeit bildeten die einzelnen Städte darauf ihre speziellen Stadtgottheiten ab. Auf Münzen aus Athen war die Athene zu sehen, auf Münzen aus Syrakus die Quellnymphe Arethusa, während die Korinther das geflügelte Ross Pegasos zeigten. In hellenistischer Zeit ließen sich die Könige auf den Vorderseiten der Münzen selbst abbilden, während auf den Rückseiten ihre jeweiligen Schutzgottheiten erschienen. Auf modernen Münzen kommen religiöse Motive seltener vor als bei den Griechen oder auch bei den Römern. Jedoch zieren Emissionen des Vatikans auf den Rückseiten christliche Symbole wie die Taube. Und die modernen Griechen beweisen eine bemerkenswerte Anhänglichkeit an ihre eigene antike Tradition, denn auf den 2-Euro-Münzen ist das Bild der Europa, wie sie von Zeus nach Kreta entführt wird, zu sehen. Vergangenheit sind Münzen aus dem alten Königreich Bayern, auf denen das Bild der Madonna mit dem Kind ein beliebtes Motiv gewesen ist.

▶ Prägestempel für eine Tetradrachme aus Athen aus dem 4. Jahrhundert v. Chr.: Auf der antiken Silbermünze waren auf der Rückseite die Eule der Athene und ein Ölzweig abgebildet.

täre errichteten und Opfer darbrachten, und der erste, auf den Paiane [Gesänge speziell zu Ehren des Apollon] gesungen wurden. Der Anfang eines dieser Gesänge lautete: Des heiligen Griechenlands/Feldherren aus dem weiträumigen/Sparta lasst uns besingen,/O Paian! Die Samier fassten den Beschluss, ihr Hera-Fest in Lysandros-Fest umzubenennen.«

Das Neue und eigentlich Unerhörte an diesem Vorgang war, dass Lysandros zu diesem Zeitpunkt noch am Leben war. Das war ein ganz anderer Fall als bei dem Spartaner Brasidas, der ebenfalls im Peloponnesischen Krieg seine militärischen Meriten erworben hatte. Dieser war erst gestorben, dann hatte man ihn in heroischer Tradition geehrt. Sein Grab in Amphipolis wurde zu einer Wallfahrtsstätte, wo die Menschen Heroenopfer darbrachten, Wettspiele und jährliche Festopfer veranstalteten und ihn als »Gründer der Stadt« bezeichneten.

Im Hellenismus wurde die Ausnahme dann zur Regel. Die Könige in den Nachfolgereichen Alexanders des Großen waren mehr oder weniger alle Götter. Man brachte ihnen wie den echten Göttern Geschenke, Stiftungen, Weihungen und Opfer dar. Die Monarchen selber nannten sich, wie zum Beispiel bereits der erste Ptolemäerkönig, Soter, also »Retter« – ein Attribut, das die Christen später für Jesus Christus adaptiert haben, von Luther im Neuen Testament mit »Heiland« übersetzt. Eine andere an die göttliche Sphäre reichende Bezeichnung war Euergetes mit der Konnotation »Wohltäter«, aber auch »Heilsbringer«.

Wie konnte es dazu kommen, dass lebende Menschen im Hellenismus zu Göttern erhoben wurden? Dafür gab es mehrere Gründe. Erstens spielte das Vorbild Alexanders des Großen eine wichtige Rolle. Zeitlebens hatten ihn als irrationale Seite seines Charakters, der auch noch eine rationale Variante bereithielt, die Themen »Götter« und »Göttlichkeit« immer wieder beschäftigt. Nach Asien war er auf den Spuren des Dionysos und des Herakles aufgebrochen. In der Oase Siwah in Ägypten hatte er sich im dortigen Tempel des Amun (Ammon), den die Griechen gemäß des Verfahrens der Interpretatio graeca mit ihrem Zeus gleichsetzten, den Status der Gottessohnschaft bestätigen lassen – eine Episode aus seinem Leben, die sich in ihrer authentischen Gestaltung aus den Quellen jedoch nur schwierig rekonstruieren lässt. Zweitens hatte die Vergöttlichung des hellenistischen Herrschers politische Gründe. Bei vielen Herrschern stand die Legitimation der Macht auf schwachen Füßen, bei den Ptolemäern in Ägypten, aber auch bei anderen Herrschern waren Intrigen und Komplotte an der Tagesordnung. Sich eine göttliche Aura zu verschaffen und sich mit kultischen Ehren ausstatten zu lassen, konnte vor diesem Hintergrund zu einer Art von königlicher Lebensversicherung werden. Drittens war die kultische Erhöhung des Herrschers eine Anpassung an die vorgefundenen Verhältnisse. Die hellenistischen Könige stammten aus Makedonien oder aus Griechenland, aber sie regierten in ihren Reichen eine orientalische oder eine ägyptische Einwohnerschaft. Diese waren traditionell daran gewöhnt, in ihren Herrschern auch Götter zu sehen. So kam der Herrscher gar nicht umhin, wollte er von den Einheimischen respektiert werden, seine Person mit einem religiösen Nimbus zu umgeben. Und viertens sehnten sich auch große Teile der Bevölkerung, zumal im griechischen Mutterland, die keine Erfahrungen mit göttergleichen Menschen hatten, nach starken, sakralisierten Persönlichkeiten. In einem berühmten Hymnus aus Athen auf König Demetrios Poliorketes vom Anfang des 3. Jahrhunderts v. Chr. heißt es: »Oh Sohn des allmächtigen Gottes Poseidon und der Aphrodite, heil dir! Denn die anderen Götter sind weit fort oder sie haben keine Ohren oder sie sind gar nicht vorhanden oder sie achten nicht auf uns. Dich aber sehen wir ganz leibhaftig, nicht in Holz und nicht in Stein, sondern in Wirklichkeit.«

Diese Worte reflektieren das Gefühl eines religiösen Vakuums, das in der Frühphase des Hellenismus von vielen Menschen empfunden wurde und das als eine weitere wichtige Quelle des Herrscherkultes bei den Griechen anzusehen ist. Man wünschte sich einen nahen, sichtbaren Gott, nicht aus Holz oder Stein wie die Götterstatuen in den Tempeln, sondern aus Fleisch und Blut. Dafür nahm man auch gern in Kauf, dass die Distanz zwischen dem König in seiner Eigenschaft als Herrscher und dem Volk umso größer wurde – und dies, obwohl man sich davon gerade eine größere Nähe versprochen hatte.

Am Ende seines langen religiösen Weges war das antike Griechenland also bei der Göttlichkeit von Menschen angelangt. Damit, wie auch mit den olympischen Göttern und den Mysterienkulten, die sie nach Europa geholt hatten, schufen die Griechen ein religiöses Erbe, das von den Römern aufgenommen und weiterentwickelt wurde. Ab dem 2. Jahrhundert v. Chr. kamen Griechenland und die hellenistischen Königreiche nach und nach unter die Herrschaft der neuen Führungsmacht vom Tiber. Und so wie die Griechen früher fremde Götter in ihren eigenen religiösen Horizont einzuordnen pflegten, wurden nun griechische Götter im römischem Gewand im Imperium Romanum heimisch.

Religion kontra Philosophie

399 v. Chr. wurde der später so berühmte Philosoph Sokrates in einem Prozess zum Tode verurteilt und starb durch das Gift eines Schierlingsbechers. Einer der Anklagepunkte hatte gelautet: Asebie, meist übersetzt als »Gottlosigkeit« oder »Unglaube«. Im griechischen Recht war klar definiert, welche Tatbestände als Asebie geahndet wurden: Wenn man sakrale Gesetze verletzte und beispielsweise einen heiligen Ölbaum fällte oder Tempeleinrichtungen beschädigte; wenn man neue Kulte in die Stadt einführte, ohne die Stadtväter zu fragen; wenn man sich gegen die Götter stellte oder sie gar in ihrer Existenz negierte.

Von diesen drei Punkten konnte allenfalls der dritte gegen Sokrates verwendet werden. Zu den Göttern hatte der unruhige Geist, der alles und jedes hinterfragte, ein etwas distanziertes Verhältnis, aber auch nicht wieder in dem Maße wie einst Anaxagoras, der Philosoph aus Klazomenai, der ein älterer Zeitgenosse des Sokrates gewesen war und wegen Asebie aus Athen verbannt wurde. Grund war seine Behauptung gewesen, die Sonne sei nicht Helios oder irgendein anderer Gott, sondern bloß ein glühender Stein. Wie bei Sokrates war auch bei Anaxagoras der Asebie-Vorwurf ein Alibi gewesen, um andere Rechnungen zu begleichen: Der Gotteslästerer Anaxagoras war ein enger

Klassizistische Skulptur

»Edle Einfalt und stille Größe« bewunderte Johann Joachim Winckelmann (1717–1768), der Schöpfer der Disziplin der Kunstgeschichte, an den alten griechischen Kunstwerken, die er allerdings meist in Form römischer Kopien sah. Besonders faszinierte ihn der Torso von Belvedere, eine nach ihrem Ausstellungsort im Vatikan benannte Skulptur eines nackten, auf einem Felsblock sitzenden Mannes ohne Kopf, Arme und Unterschenkel. Sie war vom athenischen Bildhauer Apollonius angefertigt worden. Bereits Michelangelo hatte die versehrte Skulptur bewundert. Winckelmann hielt den Torso fälschlicherweise für eine Darstellung des Herakles. Eine weitere berühmte Skulptur ist der marmorne Apoll von Belvedere, eine römische Kopie einer griechischen Bronzeplastik. Johann Wolfgang von Goethe (1743–1832) war von dieser Darstellung des Gottes tief beeindruckt. Das Interesse an antiken Skulpturen war wesentlicher Teil der Antikenbegeisterung des 18. und frühen 19. Jahrhunderts und trug wesentlich zu der in dieser Zeit formulierten Ästhetik des Klassizismus bei.

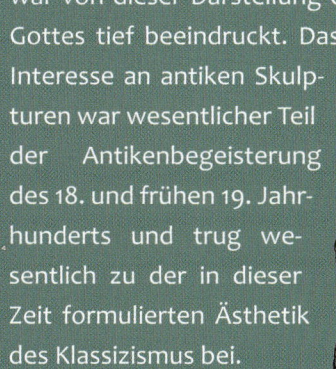

▶ Johann Joachim Winckelmann auf einem Holzschnitt von Carl Christian Vogel nach einem Gemälde von Anton von Maron aus dem Jahr 1768.

Malerei

Wie die Architektur der Griechen die Baumeister, so begeisterte in der Moderne die Malerei der Griechen die Künstler. Vor allem widmeten sie sich dabei Stoffen aus dem so reichen Angebot der griechischen Mythologie. Diese Art der Antikenrezeption wurde zu einem bevorzugten Sujet in ganz Europa. El Greco beeindruckte die Kunstwelt des 17. Jahrhunderts mit seinem Laokoon-Bild. In Frankreich lieferte Henri Matisse seine künstlerische Interpretation des Mythos vom hybriden, unglücklichen Ikarus. Auch Pablo Picasso bediente sich des Motiv-Reservoirs der antiken Griechen. Zu seinen berühmtesten Arbeiten gehört in dieser Hinsicht die »Minotauromachie«. Der Kampf des Theseus gegen den Minotauros, das Ungeheuer aus dem Palast von Knossos, gehörte bereits in der Antike zu den beliebtesten Darstellungen. Picasso machte daraus 1935 eine Radierung. Er bediente sich auch in anderen griechischen Mythen, um daraus seine eigene Mythologie zu formen.

▶ »Der Tod des Sokrates«: Jacques Louis Davids berühmtes Historiengemälde aus dem Jahr 1787 zeigt den antiken Philosophen mit dem Schierlingsbecher und gilt als ein Meisterstück des Klassizismus.

Freund des Perikles, den man auf diesem Wege treffen wollte, und Sokrates brachte mit seiner vielen Fragerei Unruhe in ein Athen, das sich gerade von den Folgen des Peloponnesischen Krieges erholen musste.

Jedoch kann kein Zweifel daran bestehen, dass es im antiken Griechenland ein stetiges Spannungsfeld zwischen Religion auf der einen und Philosophie auf der anderen Seite gab. Das Problem bestand im Wesentlichen darin, dass sowohl die Philosophie als auch die Religion zum einen danach strebten, die Welt samt dem Himmel zu ergründen, und zum anderen bemüht waren, dem Menschen Orientierungsmaßstäbe für sein eigenes Leben zu verschaffen. Begonnen hatte der Dissens mit den ionischen Naturphilosophen um Thales von Milet im 6. Jahrhundert v. Chr. Für Thales war das Wasser das Urelement, das die Welt zusammenhält, und um auf diese Idee zu kommen, brauchte er keine Götter. Ein Erdbeben, so belehrte er die irritierten Zeitgenossen, entstehe, wenn es auf dem Weltmeer, dem Okéanos, einen Sturm gebe, der die Erdscheibe zum Erzittern bringe. Das wollten die meisten Menschen aber nicht glauben, für sie waren Erdbeben ein Werk des Poseidon, des »Erderschütterers«, und sofort machten sie sich daran, den erzürnten Gott durch Bittzeremonien und Opferhandlungen wieder zu versöhnen.

Philosophen standen seit Thales und seinen ionischen Mitstreitern in dem permanenten Verdacht, in religiöser Hinsicht wenn nicht Agnostiker, so doch wenigstens Skeptiker zu sein. Und dies nicht zu Unrecht. Protagoros, einer der prominentesten Vertreter der Sophisten – so nannte man bereits zeitgenössisch jene philosophischen Aufklärer, die ständig auf der Wanderschaft waren und ihren Zuhörern gegen Geld verrieten, wie es in der Welt zugeht –, brachte das Blut der Anhänger der Götter mit den Worten zum Wallen: »Was die Götter betrifft, so bin ich nicht in der Lage festzustellen, ob sie existieren oder nicht oder wie sie aussehen, denn es gibt viele Hindernisse für die Erkenntnis, das Thema ist dunkel und das menschliche Leben kurz.« Nicht weniger beunruhigend für Menschen, die an die Götter glaubten, hörte sich an, was der Politiker und Dichter Kritias, ein Onkel Platons, im intellektuell rationalisierten 5. Jahrhundert v. Chr. in seinem Drama »Sisyphos« zu Protokoll gab: »Als die Gesetze die Menschen davon abhielten, offen Gewalttaten zu begehen, sie diese aber insgeheim weiter begingen, hat, so glaube ich, ein cleverer und kluger Mann die Furcht vor den Göttern erfunden, damit es etwas gab, das die Bösen schreckte, selbst wenn sie im Verborgenen gehandelt, gesprochen oder gedacht hatten. Aus diesen Gründen hat er die Vorstellung von der Gottheit eingeführt. Es gibt, sagte er, ein Wesen, das ewig lebt, das mit seinem Sinn hört und sieht, das außerordentlich weise ist und alles beobachtet, Träger einer göttlichen Natur. Dieses Wesen hört alles, was unter den Menschen gesprochen wird, und es kann alles sehen, was getan wird. Wenn man im Stillen Unheil anrichtet, wird es den Göttern nicht verborgen bleiben, so weise sind sie. Mit dieser Geschichte hat er eine äußerst verlockende Lehre eingeführt, indem er die Wahrheit mit der Lüge tarnte.« Die Furcht vor den Göttern als etwas, was die Menschen davon abhält, Schlechtes zu tun? Das hätte man für die klassische Zeit, für das 5. und 4. Jahrhundert v. Chr., sicher unterschreiben können, auch wenn dies nicht der Meinung der Masse der Menschen entsprochen haben dürfte. Für sie war in dieser Zeit die Religion ein zwar starres, aber doch gewohntes Gerüst, um sich im Leben zurechtzufinden. Das Gerede Intellektueller wie Protagoras oder Kritias schreckte sie eher ab. Und überhaupt: Die Götter infrage zu stellen, war für viele Menschen einfach beunruhigend.

Anleitung zum glücklichen Leben

Die Furcht vor den Göttern als disziplinierendes Instrument? Im 3. Jahrhundert v. Chr. spielte diese Argumentation keine Rolle mehr – zum einen wegen einer allgemein intensiveren Religiosität, zum anderen aber auch wegen eines Paradigmenwechsels in der Philosophie. Aufklärer wie die Sophisten hatten nun keine Chance mehr, auch große Staatsentwürfe wie einst bei Platon waren nicht mehr gefragt. Die Philosophie kümmerte sich nicht mehr um das Wohlergehen von Staaten, sondern um das Glück der einzelnen Menschen. Ein wichtiger philosophischer Vertreter des frühen Hellenismus war Epikur, dessen Lehre bis heute eine so große Wirksamkeit entfaltet hat, dass der Begriff »epikureisch« zum Sinnbild eines bestimmten Lebensstils wurde. Dabei war es Epikur gar nicht so sehr um das gegangen, was man immer noch als hedonistisches, also rein auf Lust und Freude zielendes Leben fehlinterpretiert.

341 v. Chr. wurde Epikur auf der Insel Samos geboren – wenige Jahre, bevor sich Alexander der Große auf jenen Feldzug machte, der die Welt der Griechen so entscheidend verändern sollte. Als junger Mann kam er nach Athen, wo er 306 eine eigene Philosophenschule gründete. Das Haus, in dem seine Eleven zusammenkamen, hatte einen großen Garten, und nach dem griechischen Wort für Garten kannten die Athener die Lehranstalt unter dem Namen Kepos. Hinter den Mauern des Kepos arbeitete Epikur an dem Projekt, die Menschen, die unter den Zeitläufen litten, wieder glücklich zu machen, und vor allem denen, die in der Religion keine echte Befriedigung fanden, eine philosophische Alternative anzubieten. Seine Lösung lautete: Der Mensch muss in den Zustand der ataraxía, der Seelenruhe, versetzt werden, um dauerhaftes Glück, von ihm eudaimonía genannt, zu erlangen. Das Mittel dazu ist die hedoné, die »Freude« oder »Lust«, von ihm aber eben nicht in dem Sinne gemeint, dass man fröhlich in den Tag hinein leben solle. Freude und Glück stellten sich nach Epikurs Vorstellung vielmehr dann ein, wenn man die Furcht, die Quelle allen Übels, beseitige. Wovor aber fürchtet sich der Mensch am meisten? Zum einen vor den Göttern, zum anderen vor dem Tod.

Die Furcht vor den Göttern war bei Epikur, anders als bei den Sophisten des 5. Jahrhunderts v. Chr., kein Mittel, um die Menschen zu einem ordentlichen Lebenswandel zu zwingen, sondern ein Hindernis, das den Weg zum Glücklichsein versperrt. Wie aber soll man es anstellen, vor den Göttern keine Furcht mehr zu haben? Epikur griff eine Lehre des Demokrit von Abdera (460–370 v. Chr.) auf, der das Modell der Atomistik entworfen hatte. Demnach existieren in der Welt nur Atome und leerer Raum, und alle Wahrnehmung und Erkenntnis ist nichts anderes als die Bewegung von Atomen. Wo die Atome regieren, haben die Götter keinen prominenten Platz, es gibt sie zwar, aber sie spielen nur eine untergeordnete Rolle. Sie haben keinen Einfluss auf das Leben der Menschen, sie leben in heiterer Glückseligkeit in einer Zwischenwelt. Opfer und Gebete, um ihre Gunst zu gewinnen, sind also überflüssig. Möglichen Kritikern schrieb der Philosoph ins Stammbuch: »Gottlos ist nicht, wer die Götter der Menge beseitigt, sondern wer die Anschauungen der Menge auf die Götter überträgt.« Mit Epikur konnte ein Grieche nun getrost auf die Götterwelt verzichten. Auch vor dem Tod brauchte er keine Furcht zu haben. Dafür hatte Epikur eine Erklärung von bestechender Einfachheit und Logik parat: »Solange wir da sind, ist der Tod nicht da; ist er aber da, sind wir nicht mehr da.«

Moderne Inszenierung antiker Tragödien

Das griechische Theater entwickelte sich aus Festumzügen zu Ehren des Gottes Dionysos. Später organisierte die Polis Dichterwettbewerbe, bei denen Tragödien und Satyrspiele aufgeführt wurden. Ein charakteristisches Merkmal des antiken Theaters war der Chor. Die großen Drei unter den griechischen Tragödiendichtern der Antike waren Aischylos, Sophokles und Euripides, die im 5. Jahrhundert v. Chr. in Athen viele berühmte Stücke auf die Bühne brachten. Moderne Regisseure ließen sich immer wieder von deren überzeitlichen Stoffen inspirieren. Dabei reicht die Spanne der Neuinszenierungen von einer peniblen Werktreue bis hin zu radikaler Umgestaltung und Anpassung an die Gegenwart. Zu den am häufigsten gespielten Stücken gehören die Dramen »Ödipus«, »Elektra« und »Antigone« des Sophokles. Besonders der legendäre Theaterregisseur Max Reinhardt brachte viele antike Tragödienstoffe neu heraus. Im Theater der Gegenwart wird der Chor wieder verstärkt eingesetzt wie beispielsweise in Inszenierungen von Volker Lösch.

▶ Diese Kreidelithografie von Lovis Corinth schmückt als Titelblatt einen Klavierauszug aus Richard Strauss' Bühnenwerk »Elektra«, das 1909 in Dresden uraufgeführt wurde.

Antikes Judentum

Die Stammväter der Juden

»Ich bin der Gott deines Vaters, der Gott Abrahams, der Gott Isaaks, der Gott Jakobs.« Mit diesen Worten spricht Gott in der biblischen Überlieferung (Ex 3,6) aus einem brennenden Dornbusch zu Moses, einer der wichtigen Gründerfiguren in der Religion der Juden. Mit der Aufzählung von Abraham, Isaak und Jakob werden die großen Stammväter Israels genannt. Der aus der Stadt Ur im südlichen Mesopotamien stammende Abraham steht dabei am Anfang. Er begab sich mit seiner Großfamilie auf die Wanderschaft. In Harran (im Südosten der heutigen Türkei) erhielt er die göttliche Weisung, in das Land Kanaan zu ziehen. Dort angekommen, sprach der Herr: »Deinen Nachkommen will ich dieses Land geben.« (1 Mose 12,7) Der erste dieser Nachkommen war Abrahams Sohn Isaak. Um die Festigkeit seines Glaubens zu prüfen, gab Gott Abraham den Befehl, ihm seinen Sohn Isaak zu opfern. Der Vater leistete der Anordnung Folge. Gerade, als er den gefesselten Sohn töten wollte, griff der Herr ein und lobte Abraham für diesen Beweis seiner Treue zu Gott und seines unerschütterlichen Glaubens. Als dritten Namen erwähnt Gott bei seiner Offenbarung an Moses den Namen Jakob. In der Tradition der Juden ist Jakob der zweite Sohn Isaaks und seiner Frau Rebekka und in dieser Eigenschaft der Enkel Abrahams. Der erste Sohn war Esau, mit dem es zu einem klassischen Bruderkonflikt kam. Gegen eine Linsensuppe tauscht Esau das Recht des Erstgeborenen ein. Daraufhin kommt es zum Zerwürfnis, Jakob muss fliehen, kehrt dann aber in die Heimat zurück und versöhnt sich mit seinem Bruder.

Abraham, Isaak und Jakob gelten in der Religion der Juden als die Stamm- oder Erzväter. Ob sie reale Personen waren, ist zu bezweifeln. Historisch kann man den Namen »Abraham« als Chiffre für eine erste große, vielleicht auf 1900 v. Chr.

▶ Moses und der brennende Dornbusch/Moses empfängt die Gesetzestafeln: Diese französische Buchmalerei aus dem Ingeborg-Psalter, die um 1210 entstand, zeigt Moses als eine der Gründerfiguren der jüdischen Religion.

zu datierende Wanderungswelle semitischer Clans und Sippen aus dem mesopotamischen Raum nach Palästina ansehen. Für diese Nomaden war der Kampf ums Überleben eine tägliche Erfahrung. Denn das Weideland war begehrt und führte zu ständigen, auch gewaltsamen Auseinandersetzungen zwischen ihnen. Ein wichtiger Helfer waren dabei die göttlichen Mächte. Das Alte Testament dokumentiert in zahllosen Episoden, wie die Sippengötter als unterstützende Kräfte zum Einsatz kamen, wie sie »ihrem« Volk zum Sieg verhalfen. Darüber hinaus hatten diese Stammesgötter, denen die Nomaden ihr Schicksal anvertrauten, auch die Funktion von Schwurgöttern, auf die man bei gemeinsamen Unternehmungen einen Eid ableistete. Wichtig war, dass der Gott, den man favorisierte, ein erfolgreicher Gott war. Deswegen nimmt auch der Gott der semitischen Einwanderer aus Mesopotamien immer wieder zerstörerische Züge an – entweder, um die Feinde des Volkes zu vernichten, oder, um Abweichler in den eigenen Reihen zu disziplinieren.

Das »gelobte Land« war zu diesem frühen Zeitpunkt der Zuwanderung und der beginnenden Sesshaftigkeit noch nicht das Land der »Juden«. Dieser Prozess der Selbstfindung dauerte lange und fand seinen Abschluss erst mit dem Babylonischen Exil zu Beginn des 6. Jahrhunderts v. Chr. Die einzelnen zugewanderten Stämme werden als Hebräer oder auch als Israeliten bezeichnet – als Gegensatz zu den einheimischen Kanaanitern. »Israel« ist in der biblischen Überlieferung der Beiname des Jakob und bedeutet so viel wie »Gottesstreiter«. Dieser Beiname ging nach der Bibel als Sammelbezeichnung auf seine Nachkommen über: Die zwölf Söhne des Jakob wurden die Väter der zwölf Stämme Israels. Ihre Namen – Ruben, Simeon, Levi, Juda, Isaschar, Sebulon, Joseph, Benjamin, Dan, Naphtali, Gad und Asser – stehen für eine Phase, in der sich die voneinander separierte Stammeswelt der hebräischen Sippen allmählich zu verfestigen begann.

Die Israeliter und Ägypten

Mit dem Namen Joseph ist zudem untrennbar die enge Beziehung der Israeliten zu Ägypten verbunden. Joseph war der Lieblingssohn Jakobs, was ihn in den Augen seiner Brüder nicht besonders sympathisch erscheinen ließ. Sie verkauften ihn an Händler, und so kam er als Sklave nach Ägypten, wo er im Hause des hohen Beamten Potiphar diente. Dem Pharao tat er einen großen Gefallen, indem er dessen Traum von den sieben fetten und sieben mageren Kühen als göttlichen Hinweis auf eine kommende wirtschaftliche Blüte und eine anschließende Notzeit deutete. Der dankbare Pharao eröffnete dem hilfreichen Sohn Jakobs eine glänzende Karriere, und so starb dieser in hohem Alter und hochdekoriert im Land am Nil.

Auch das Schicksal des Moses – neben Abraham die wichtigste Integrationsfigur in der Religion des antiken Judentums – ist eng mit Ägypten verbunden gewesen. Die Geschichte seiner Aussetzung als Kleinkind ist typisch orientalisch: Sie findet sich in vielen anderen Kulturen des Ostens und hat in dem Mythos von Romulus und Remus auch Eingang in die westlich-europäische Kultur gefunden. Den Juden gilt Moses aber vor allem als derjenige, der sie aus der ägyptischen Knechtschaft be-

freite und mit dem der jüdische Gott den Bund mit seinem auserwählten Volk schloss. Auf dem Berg Sinai empfing er von Gott die Tafeln mit den Zehn Geboten, den zentralen Handlungsanweisungen Gottes an sein Volk, sowie die heiligen Gerätschaften, allen voran den Siebenarmigen Leuchter und die Bundeslade. Danach führte er das versklavte Volk auf einer beschwerlichen, mit vielen Wundertaten versehenen, 40 Jahre dauernden Reise ins gelobte Land der Väter zurück.

Historisch kann die biblische Moses-Wanderung als eine zweite, vielleicht auf die Zeit um 1250 v. Chr. anzusetzende Wanderungs-

welle nach Palästina betrachtet werden. Zweifel sind erlaubt an den antiken Berichten, die den Aufenthalt der Hebräer in Ägypten als eine Zeit der Fron und der permanenten Demütigungen darzustellen bestrebt sind. Sicherlich waren viele von ihnen freiwillig nach Ägypten gekommen, vertrieben von den ärmlichen Lebensverhältnissen in Palästina und angelockt von den Reichtümern der Pharaonen. Sie wurden angezogen von der Aussicht auf üppiges Weideland vor allem in der Gegend des Nildeltas. Dafür wur-

▶ Die Bibelillustration aus dem Jahr 1700 nach einem Stich des niederländischen Künstlers Jan Goeree zeigt mit dem Auszug aus Ägypten ein weitverbreitetes Motiv in der Malerei.

den sie vom Pharao und dessen Bürokraten zu Arbeitseinsätzen bei den prestigeträchtigen Bauvorhaben herangezogen, für die vor allem Herrscher wie Ramses II. bekannt waren. In dem Maße, wie diese Einsätze zunahmen, stieg auch die Unzufriedenheit der Arbeitsmigranten aus dem benachbarten Palästina. Eher wohl in vielen Führungspersonen als in dem einzigen Moses der Bibel fanden die Hebräer Leitfiguren, die ihnen den Rückzug aus Ägypten ermöglichten. Dabei wurden in der späteren Zeit allerlei Wundergeschichten rund um den Exodus der Juden unter Moses erzählt – vor allem, um zu zeigen, dass sie sich auf ihren Gott verlassen konnten, der mit Moses auf dem Sinai einen unverbrüchlichen Bund geschmiedet hatte. In der Gestalt des Moses verdichteten und konzentrierten sich die Anfänge einer Religion, die nun für die Stämme Israels allgemeine Verbindlichkeit erlangte.

Auf dem Weg zum Monotheismus

Bemerkenswert ist der Umstand, dass man sich auf einen einzigen Gott zu einigen verstand. Der Monotheismus hatte weder bei den Hebräern noch in Mesopotamien, der Heimat Abrahams, und erst recht nicht in Ägypten, der Wahlheimat Josephs und des Moses, eine Tradition. Zu Unrecht wird oft ein Zusammenhang zwischen der religiösen Revolution des Pharaos Echnaton (um 1350 v. Chr.) und dem jüdischen Monotheismus hergestellt. Echnaton brachte in die polytheistische Religionslandschaft Ägyptens eine völlig neue Note, indem er seinem favorisierten Gott Aton eine

Monopolstellung verschaffte – allerdings wohl weniger aus religiösen als vielmehr aus politischen Gründen. Offenbar ging es dem Pharao in erster Linie darum, die starken und alles bestimmenden Priesterschaften zu entmachten und sich mit der neu erbauten Residenz Amarna ein eigenes, auch religiös fundiertes Machtzentrum zu errichten. Jedoch waren die Moses-Hebräer zu spät nach Ägypten gekommen, um Amarna noch kennengelernt zu haben. So ist die auch medial immer wieder wirkungsvoll hergestellte Verbindung zwischen dem zeitweiligen (und nach Echnaton schnell wieder abgelegten) Monotheismus der Ägypter und dem Monotheismus der Juden falsch. Auf die Vorstellung von dem einen Gott sind die Juden – bzw. historisch korrekter formuliert: die Hebräer – von alleine gekommen. Dieser Monotheismus ergab sich aus dem Umstand, dass man in der Wander- und Ansiedlungszeit in den einzelnen Stämmen jeweils einem Hauptgott sein Vertrauen geschenkt hatte. Diese Götter trugen identische Züge, sie waren kräftige, mächtige, auch gewaltsame Götter aus der Welt der Zelte der Nomaden. Nach der hebräischen Landnahme, die in zwei Phasen verlief (erst kamen die Abraham-Hebräer, dann die Moses-Hebräer), glichen sich die ohnehin eng miteinander verwandten Glaubensvorstellungen der einzelnen Stämme und Clans in einer Weise einander an, dass sie sich schließlich zu der Vorstellung von dem einen, dem einzigen Gott verdichteten. Wie bei vielen anderen Völkern der antiken Welt herrschte auch bei »Gottes auserwähltem Volk« der Wunsch vor, die Meilensteine bei der Entwicklung ihrer Religion zu personalisieren, d. h. sie mit bestimmten benennbaren Personen zu verbinden. Diese

Funktion erfüllte Moses, der damit, neben Abraham, zum eigentlichen Begründer der jüdischen Religion wurde. Denn er war derjenige gewesen, dem sich der Gott Abrahams, Isaaks und Jakobs offenbart und die heiligen Religionsgesetze ausgehändigt hatte.

Der Gott der Juden

Der Gott der Hebräer war ein Gott, dessen Namen man, jedenfalls in späterer Zeit, nicht aussprechen durfte. Geschrieben lautete die hebräische Bezeichnung JHWH, »Jahve«. Zu Moses sagt er (Ex 20,1): »Ich bin Jahve, dein Gott, der dich aus dem Land Ägypten, aus der Knechtschaft, geführt hat«. Nach jüdischem Glauben würde ein Aussprechen des Gottesnamens ein die Heiligkeit des Namens verletzendes Sakrileg bedeuten. Stattdessen wandte man sich im Gebet an »Adonaj«, was ebenfalls so viel wie »Herr« bedeutet. Der Gott der Hebräer, der gegen Ende des 2. Jahrtausends v. Chr. seine entscheidenden religiösen Konturen gewann, war nach dem Glauben seiner Anhänger ein Gott, der die Welt, die Menschen, die Tiere und die Pflanzen in einem Schöpfungsakt erschaffen hatte. Im 4. Jahrhundert n. Chr. ermittelte der jüdische Patriarch Hillel II. den 6. Oktober 3761 v. Chr. als exaktes Datum der Erschaffung der Welt. Auch wenn diese Berechnung bereits unter dem Defekt leidet, dass sie zum Beispiel nicht erklären kann, warum es die Stadt Jericho nach Ausweis der archäologischen Fundlage bereits um 7000 v. Chr. gegeben hat, gilt das Jahr 3761 v. Chr. bis heute als das Jahr 1 der jüdischen Zeitrechnung. Charakteristisch für den

Gottesglauben der Juden war und ist auch das Verbot der bildlichen Darstellung ihres Gottes. Damit sollte der Versuchung Einhalt geboten werden, das Bild an sich und nicht den Gott anzubeten und zu verehren. Der »Tanz um das goldene Kalb«, der in der Moses-Geschichte als zeitweilige religiöse Verfehlung der Hebräer angeprangert wird, ist dafür ein prägnantes Beispiel, das seine besondere Brisanz dadurch erhält, dass zum gleichen Zeitpunkt Moses die Gaben Gottes auf dem Berg Sinai empfing.

Das altjüdische Königtum

Die Einheit der Religion wurde auch durch die weitere, ebenfalls in Richtung Einheit gehende politische Entwicklung gefördert. Hier profilierte sich in König David eine der großen, bis heute verehrten Lichtgestalten der jüdischen Geschichte. Um 1000 v. Chr. einte er die jüdischen Stämme und schuf unter seiner Führung ein Königreich mit den beiden Landesteilen Israel im Norden und Juda im Süden. Dieser Prozess wäre nicht denkbar gewesen, hätten sich die Stämme und Sippen nicht der existenziellen Bedrohung vonseiten der Philister ausgesetzt gesehen, die sich im Zuge des sogenannten Seevölkersturms an den Küsten Palästinas festgesetzt hatten. Die Philister wurden später zu Namensgebern für das Land Palästina, das diese Bezeichnung von den antiken Griechen erhielt. In der biblischen Überlieferung spiegeln sich die Auseinandersetzungen zwischen den Hebräern und den Philistern in vielen Episoden wider, wie zum Beispiel in der Geschichte von dem starken Hebräer Samson und der intriganten Philisterin Delilah. David

▶ König David, der als Verfasser mehrerer Psalmen gilt, wird oft mit der Leier dargestellt. Die Buchillustration aus der Mitte des 13. Jahrhunderts stellt auch seinen Kampf mit Goliath dar.

nach jüdischem Glauben Moses von Gott empfangen hatte, wurde in der neuen Hauptstadt deponiert, als ein wesentliches Element der religiösen Identität der Hebräer, die durch David auch zu einem Staatsvolk geworden waren.

Noch wichtiger für die religiöse Selbstfindung der Juden aber war Davids Sohn und Nachfolger Salomo, der als bereits letzter Vertreter des altjüdischen Königtums bis 932 v. Chr. regierte. Er galt im allgemeinen Bewusstsein als Inbegriff der Weisheit und war es auch, der auf dem Tempelberg in Jerusalem den Ersten Tempel erbauen ließ. Die Arbeiten an diesem frühesten jüdischen Sakralbau dauerten mehrere Jahre, dann war das mit 50 Metern Länge und 15 Metern Höhe äußerlich eher bescheidene Bauwerk vollendet. In seinem Innersten aber, dem Allerheiligsten, barg der Tempel wahre Schätze mit den hochgeehrten Gerätschaften wie dem Siebenarmigen Leuchter oder mit seiner prächtigen Ausstattung mit Goldblech und Elfenbein. Jetzt endlich hatte der Gott, der als Wüstengott der Nomaden begonnen hatte, seinen festen Platz inmitten der Stadt Jerusalem.

selbst verewigte sich in dieser Erfolgsgeschichte mit seinem sagenhaften Sieg über den Hünen Goliath. Im Kampf gegen die Philister fanden die einzelnen Stämme zu einer politischen und sogar zu einer staatlichen Einheit. Unter David gelang es ihnen außerdem, ihren Einflussbereich über die traditionellen Gebiete zwischen dem See Genezareth und dem Toten Meer hinaus bis jenseits des Jordans auszudehnen. Mit der Hauptstadt Jerusalem schuf David einen repräsentativen urbanen Bezugspunkt für die neue Monarchie. Auch für die Entwicklung der Religion war seine Herrschaft, die bis 965 v. Chr. dauerte, von Bedeutung. Die Bundeslade, die

Die Zerstörung des Ersten Tempels

Nach Salomo war es mit der Herrlichkeit des Königreiches von Israel und Juda aber auch bereits wieder vorbei. Die alten internen Streitigkeiten flammten wieder auf, eine Kluft entstand zwischen den unter David noch geeinten Reichen von Juda im Süden mit der Hauptstadt Jerusalem und Israel im Norden mit der Hauptstadt Samaria. Auch die gemeinsame

Religion geriet auf den Prüfstand: Unter dem Einfluss des benachbarten Phöniziens gewann der Kult des Gottes Baal zunehmend an Einfluss, was zu teils gewaltsamen Auseinandersetzungen um den richtigen religiösen Kurs führte. Gefährlicher aber waren noch die äußeren Bedrohungen. Juda und Israel gerieten in das Visier expandierender orientalischer Großmächte. Erst waren es die kriegerischen Assyrer, dann, zu Beginn des 6. Jahrhunderts v. Chr., die Babylonier unter ihrem ehrgeizigen Herrscher Nebukadnezar II., deren imperialen Ambitionen man sich zu erwehren hatte. 587 v. Chr. musste Jerusalem kapitulieren, als die Truppen Nebukadnezars die Stadt nach einer langen Belagerung erstürmten. Für viele war das Schlimmste die Zerstörung des Tempels, den Salomo einst hatte errichten lassen. Der jüdische Historiker Flavius Josephus, der im 1. Jahrhundert n. Chr. lebte, ordnete – nicht ganz exakt, aber mit scheinbarer Präzision – dieses Ereignis in den chronologischen Rahmen von Höhepunkten der jüdischen Geschichte ein, indem er formulierte: »Der Tempel wurde eingeäschert, 470 Jahre, 6 Monate und 10 Tage nach seiner Erbauung, 1062 Jahre, 6 Monate und 10 Tage nach dem Auszug aus Ägypten, 1957 Jahre, 6 Monate und 10 Tage nach der Sintflut, 3513 Jahre, 6 Monate und 10 Tage nach der Erschaffung Abrahams.«

Das Babylonische Exil

Für die Geschichte der jüdischen Religion sollte es sich als außerordentlich folgenreich erweisen, dass Nebukadnezar Tausende von Juden nach Babylon deportieren ließ. Damit begann das berühmte Babylonische Exil der Juden. Fern der Heimat, an den Ufern des Euphrat, entwickelten sich unter dem Eindruck des Exil-Erlebnisses die spezifische jüdische Lehre und Theologie. In der Religion fanden jene Juden, die mit den neuen Lebensbedingungen auszukommen hatten, eine Stütze und einen Halt. Man besann sich auf die Tradition der Väter, formte sie aus, ergänzte sie, gestaltete sie zu einem in sich geschlossenen Ganzen. Auch wenn die Auffassung, dass viele Geschichten aus dem Alten Testament überhaupt erst in Babylon konstruiert worden sind, zu weit geht, so ist doch als Faktum festzuhalten, dass wesentliche Elemente der jüdischen Religion in dieser Zeit schriftlich fixiert wurden. Ab dem Babylonischen Exil kann man nun von einer jüdischen Gemeinschaft und einer jüdischen Religion sprechen, wobei die Religion eines der wichtigsten Elemente gewesen ist, das den Juden das Gefühl gab, Juden zu sein.

Beendet wurde die Zeit des Exils durch den persischen Großkönig Kyros II., der 539 v. Chr. die Babylonier besiegte. Palästina wurde nun Teil des riesigen Imperiums der Perser. Den in Babylon Exilierten bzw. deren Nachkommen wurde die Erlaubnis erteilt, in die Heimat zurückzukehren. Zudem durften die Juden mit dem Segen des persischen Königs den zerstörten Tempel auf dem Tempelberg in Jerusalem wieder aufbauen. Allerdings dauerte es bis 515 v. Chr., bis der Tempel an seiner alten Stätte wieder in neuem Glanz erstrahlte. Mit dem Zweiten Tempel verfügten die Juden nun wieder über ihr zentrales Heiligtum.

Nicht alle, die einst nach Babylon deportiert worden waren, nahmen das Angebot der Rückkehr an, viele fühlten sich bereits in der Fremde heimisch. Dies führte innerhalb der jüdischen Gemeinschaft, die unter dem Dach der Religion zueinander gefunden hatte, zu erheblichen Konflikten. Den Rückkehrern nach Palästina galten diejenigen, die zurückblieben, als »unrein«, mithin nicht als wirkliche Juden. Auch denen, die das Exil nicht erlebt hatten, sondern in der Heimat geblieben waren, versagten die Heimkehrer das Prädikat »reine Juden«. Ein Dorn im Auge waren den Hütern der reinen Lehre, die sich auf das Moses von Gott überreichte Gesetz beriefen, auch die Ehen zwischen Juden und Nichtjuden. Ordnung in das religiöse und soziale Chaos brachte schließlich der Priester Esra, der selbst lange Zeit in Babylon verbracht hatte. Im Jahre 458 v. Chr. kam er, im Auftrag des persischen Königs und von diesem mit allen Vollmachten ausgestattet, nach Jerusalem, um die jüdische Gemeinde neu zu ordnen. Er veranlasste die Auflösung der zwischen Juden und Nichtjuden geschlossenen Ehen, wobei er als Juden diejenigen definierte, die bereit waren, sich voll und ganz dem göttlichen Gesetz zu unterwerfen. Im Gepäck hatte Esra auch die von ihm redigierte Thora mit den ersten fünf Büchern Mose, die später Eingang in das Alte Testament fanden. Damit war nun auch die nachlesbare Basis für die unumstößliche jüdische Theologie gelegt worden.

Zentrale Schriften und religiöse Feste

Mit dem Babylonischen Exil und dem Wirken Esras hatte die Religion der Juden ihre wesentliche Gestalt gewonnen. Die Thora (wörtlich »Gesetz«) machte die jüdische Religion, wie später das Neue Testament das Christentum und der Koran den Islam, zu einer Buchreligion. Die Thora setzte ein mit der Erschaffung der Welt und endete mit dem Tod des Moses. Sie enthielt außerdem 613 religiöse Vorschriften, an die sich alle zu halten hatten, die zu der Gemeinschaft der Juden gehören wollten. Ergänzt wurde die Thora später, in römischer Zeit, durch den Talmud. Diese Schrift umfasst alle religiösen Lehren und Vorschriften, die in der Zeit nach der Fixierung der Thora entstanden waren. Der erste Teil des Talmud, die Mischna, hielt schriftlich fest, was jüdische Gelehrte im Laufe der Zeit an religiösen Vorschriften festgelegt hatten. Beim zweiten Teil, der Gemara, handelt es sich um Kommentare jüdischer Theologen zur Mischna. Darin wurden wesentliche Ausdrucksformen der jüdischen Religion wie Festtage, Ehegesetze und Speisevorschriften geregelt. Insbesondere die strengen Vorschriften hinsichtlich der Speisen erregten in der nichtjüdischen Welt besondere Aufmerksamkeit, wichen sie doch auffallend von dem ab, was man von anderen Religionen her gewohnt war. Entsprechend den strikten Reinheitsgeboten war den Juden insbesondere der Verzehr von Schweinefleisch verboten, nicht aber der Genuss von Rindern, Schafen und Ziegen, weil es sich um Wiederkäuer mit gespaltenen Hufen handelte. Fische durfte man nur verspeisen, wenn sie Schuppen und Flossen hatten. Die Beschneidung, vollzogen bei Jungen acht Tage nach der Geburt, diente als Symbol des heiligen Bundes, den Gott mit Abraham geschlossen hatte.

Als höchster Feiertag galt und gilt den Juden der Sabbat. Er erinnert an das Ruhen Gottes am siebten Tag nach der Erschaffung der Welt.

Der ewige Zankapfel der Weltgeschichte

Jerusalems Tempelberg

Der Tempelberg in Jerusalem verkörpert wie keine zweite Stätte in der alten Hauptstadt König Davids die wechselvolle Geschichte, der sich die Juden nicht nur in der Antike ausgesetzt sahen. Der Hügel befindet sich im Südostteil der Altstadt von Jerusalem. Im 10. Jahrhundert v. Chr. ließ König Salomo, Sohn und Nachfolger Davids, hier den Ersten Tempel der Juden bauen. Das Allerheiligste war tabu, nur der Hohepriester durfte es einmal im Jahr betreten. Der Zweite Tempel entstand Ende des 6. Jahrhunderts v. Chr., nachdem der Salomo-Tempel von den Babyloniern zerstört worden war. Das gleiche Schicksal bereiteten 70 n. Chr. die Römer der heiligen Stätte der Juden. An der einzig erhaltenen Westseite des alten Tempels, der Klagemauer, beten heute vor allem orthodoxe Juden. Sie klagen über das Schicksal Jerusalems und stecken Zettel in die Spalten der Mauer, in denen sie sich direkt an Gott wenden. Der Zugang zur Klagemauer steht auch Nichtjuden offen.

▶ Über der Jerusalemer Altstadt erhebt sich der Tempelberg mit dem Felsendom, deutlich zu erkennen an der goldenen Kuppel. Im Hintergrund ist der Ölberg zu sehen.

Jedwede mit Arbeit zu vergleichende oder an Arbeit erinnernde Tätigkeit ist an diesem Tag verboten. Daneben kannten die Juden auch schon seit den frühesten Zeiten eine große Anzahl weiterer religiöser Feste. Sie nahmen ihren Ausgang allesamt von besonderen Ereignissen der eigenen Religionsgeschichte. Durch ihre konsequente Anwendung dienten sie zum einen dazu, ein Gefühl von Gemeinschaft zu erzeugen. Zum anderen erinnerten sie immer wieder an prägende Vorgänge in der Vergangenheit, die auf diese Weise zu einem allgemeinen Bewusstseinsinhalt wurden. Unter den offiziellen Festen rangierte das Passah-Fest ganz oben, das auch unter der Bezeichnung Pessach bekannt ist. Nach dem jüdischen Kalender findet das Fest am 14. Nisan statt, also am ersten Vollmond des Frühjahres. In dieser Hinsicht ist es vergleichbar mit dem christlichen Osterfest. Gedacht wird dabei des von Moses initiierten Auszuges aus Ägypten. Wie bei allen Festtagen, so gibt es auch beim Passah-Fest genau vorgeschriebene Regeln und Rituale. So war von Anfang an der Verzehr von gesäuertem Brot verboten. Hintergrund war die biblische Überlieferung, wonach die Juden Ägypten damals so fluchtartig verlassen mussten, dass keine Zeit mehr blieb, den Teig vor dem Backen säuern zu lassen.

In der Hierarchie der jüdischen Feste ist das Laubhüttenfest (Sukkot) ebenfalls eines der wichtigsten Ereignisse des religiösen Kalenders. Dieses jüdische Erntedankfest, gefeiert ab dem 15. Tischri (das ist der 7. Monat im Kalender der Juden), erinnert ebenfalls an Moses, speziell aber an den Marsch durch die

Moderne Synagoge

Der Begriff Synagoge stammt aus dem Griechischen und bedeutet »Ort, an dem sich die Gemeinde versammelt«. Die Juden selbst bezeichnen die Synagoge als »Beth knesset«, was im Prinzip dasselbe (»Haus der Versammlung«) bedeutet. Synagogen entstanden bereits in der Antike überall dort, wo Diaspora-Juden lebten, während in Jerusalem bis zu dessen Zerstörung im Jahr 70 n. Chr. das zentrale Heiligtum der Juden auf dem Tempelberg stand. Nach der Zerstörung des Tempels nahmen Synagogen dessen Funktion ein.

Bis heute ist die Synagoge der Ort geblieben, an dem die Juden Gottesdienste veranstalten, beten oder zum Gespräch und zur religiösen Unterweisung zusammenkommen. Im Gegensatz zu den christlichen Kirchen und den islamischen Moscheen gibt es bei den Synagogen keine

charakteristische bauliche Gestaltung. Sie passen sich in der Architektur vielmehr der Umgebung an, in der sie ihren Platz haben. Nichtjuden ist die Teilnahme an einem jüdischen Gottesdienst in einer Synagoge grundsätzlich gestattet, jedoch ist eine vorherige Anmeldung bei der Gemeinde hilfreich.

▶ »Sei stark wie ein Leopard, leicht wie ein Adler, flink wie ein Hirsch und stark wie ein Löwe, um den Willen deines Vaters zu erfüllen« lautet die Inschrift auf den Türen eines Thora-Schreins aus der Mitte des 17. Jahrhunderts in einer Krakauer Synagoge.

Wüste. Seinen Namen verdankt das Fest den Laubhütten, in denen die Juden damals Zuflucht gesucht haben sollen. Erstmals gefeiert wurde Sukkot im Jahre 445 v. Chr. Natürlich wurde nach dem einschneidenden Erlebnis des Babylonischen Exils auch ein Fest installiert, das an das denkwürdige Ereignis der Übergabe der Zehn Gebote an Moses auf dem Berg Sinai erinnern sollte. Dieses Fest heißt Schawuot und wird im Mai oder im Juni begangen.

Zentrale Glaubensinhalte

Die jüdische Religion ist eine monotheistische Religion. Der Gott Jahve, der keine anderen Götter neben sich duldet, hat die Welt erschaffen, die Juden sind sein auserwähltes Volk. Jahve ist ein allmächtiger Gott, dessen Willen sich die Gläubigen vorbehaltlos zu unterwerfen haben. Den Menschen hat Gott nach seinem Abbild geschaffen. In allem, was er tut, muss er sich von den Gesetzen Gottes, wie er sie Moses übergab und wie sie von Esra in eine kanonische Form gegossen wurden, leiten lassen. Schon früh aber gestanden die Juden dem Menschen die Fähigkeit zu, im Rahmen der göttlichen Gesetze seinen eigenen Willen zur Geltung zu bringen. Festgeschrieben wurde auch in einem frühen Stadium der religiösen Entwicklung, wie es um das Schicksal der Menschen im Jenseits bestellt ist – ein Punkt, dem in allen Religionen eine zentrale Funktion zukommt. Gemäß den endzeitlichen Lehren des Propheten Daniel glaubten die Juden an eine Auferstehung von den Toten.

Einen Kernpunkt der jüdischen Religion stellt bis heute der Glaube an den Messias dar. Die Hoffnung auf das Erscheinen dieses »Gesalbten« war und ist für die Juden ein zentraler Faktor. Wenn der Messias auftaucht, werden die Menschen von allen Sorgen und von allen Übeln erlöst werden. Hierin besteht der große Konflikt mit den Christen, die davon ausgehen, dass mit dem Erscheinen Jesu die erwartete Ankunft des Messias bereits Wirklichkeit geworden sei. Nach den frühen Prophezeiungen muss der Messias aus dem Geschlecht des Königs David stammen. Bereits der Prophet Micha bezeichnete im 8. Jahrhundert v. Chr. Bethlehem als den mutmaßlichen Geburtsort des Messias. Daran knüpfte die christliche Überlieferung an, indem sie diese Stadt als den Geburtsort Jesu angab.

Griechische Einflüsse

Ein neues Kapitel in der Geschichte des antiken Judentums und der jüdischen Religion wurde mit den Eroberungen Alexanders des Großen aufgeschlagen. Zwischen 334 und 324 v. Chr. eroberte der König der Makedonen ein riesiges Reich, das sich von Griechenland über den Vorderen Orient und das zentrale Asien bis nach Indien erstreckte. Auch Palästina gehörte zum Imperium Alexanders. Als Alexander starb, konkurrierten seine griechischen und makedonischen Generäle um die Nachfolge. In langen, erbitterten Kämpfen bildeten sich schließlich drei neue, von Monarchen gelenkte Großreiche heraus. Die Welt des Hellenismus, wie man diese Phase der antiken Geschichte bezeichnet, stellte die

Juden vor neue Herausforderungen. In den Auseinandersetzungen um Alexanders Erbe hatte sich zunächst die Dynastie der Ptolemäer, deren Kerngebiet Ägypten war, in den Besitz von Palästina gebracht. Wie Flavius Josephus berichtet, machte sich Ptolemaios I., der Gründer der Dynastie, bei der Eroberung Jerusalems die religiösen Besonderheiten der Juden zunutze: »Jerusalem eroberte er durch Betrug und List. Er zog nämlich, als wollte er Opfer darbringen, am Sabbat in die Stadt ein, ohne dass die Juden, die ihn nicht für einen Feind hielten und deshalb nichts Schlimmes ahnten und die auch wegen des Feiertages in Muße und Sorglosigkeit lebten, ihn davon abgehalten hätten. So bemächtigte er sich der Stadt ohne jede Anstrengung und behandelte sie hart und ungnädig.«

Die Ptolemäer herrschten über Palästina bis zum Jahr 198 v. Chr. Durch sie wurden die Juden mit griechischer Kultur und griechischem Lebensgefühl vertraut gemacht. Das Ergebnis war, dass die bis dahin weitgehend homogene jüdische Gemeinschaft schweren Zerreißproben ausgesetzt war. Die Gesellschaft spaltete sich: Auf der einen Seite stand die Gruppe der Traditionalisten, die unter den Bedingungen der Fremdherrschaft umso fester an den tradierten Vorstellungen und insbesondere an den überkommenen religiösen Praktiken festhielten. Diese Juden sahen in der Religion der Väter einen Rettungsanker in einer sich verändernden Welt. Ihnen gegenüber stand die Gruppe der Modernisten, die vor allem von den jungen Gläubigen repräsentiert wurde. Sie waren den Neuerungen der Zeit gegenüber aufgeschlossen und hielten die Gesetze eines Moses oder eines Esra für einen alten Zopf, den es schleunigst abzuschneiden galt. Sie begeisterten sich für griechische Kleidung, griechische Sitten und besuchten regelmäßig die Gymnasien, die die Ptolemäer auch in Palästina eingeführt hatten.

Viele verließen Palästina und gingen nach Alexandria, in jene Hafenstadt im Norden des Nildeltas, die Alexander der Große höchstpersönlich gegründet hatte und die sich unter den Ptolemäern zu einer pulsierenden Millionenmetropole entwickelte. Für abenteuerlustige junge Juden, aber auch für Händler und Kaufleute, wurde Alexandria zur Traumstadt, die das in religiösen Konventionen erstarrte Jerusalem weit in den Schatten stellte. In Alexandria und weiteren Städten des Ostens entstanden jüdische Diaspora-Gemeinden, die so ganz anders geartet waren als einst die Exilgemeinde in Babylon, die von Nebukadnezar gewaltsam zu den Ufern des Euphrat geführt worden war. Viele Juden sprachen kein Hebräisch mehr, sondern Griechisch. Das führte dazu, dass sie nicht mehr in der Lage waren, die Thora zu lesen. Ein Produkt dieser Entwicklung war die Herstellung der Septuaginta. Hinter diesem Namen verbirgt sich die von den ptolemäischen Königen selbst veranlasste griechische Übersetzung der hebräischen Bibel. Der Name »Septuaginta« ist nicht zeitgenössisch, er stammt aus dem Lateinischen und bedeutet »Siebzig«. Einer in ihrem Wahrheitsgehalt nicht über jeden Zweifel erhabenen Überlieferung zufolge hätten 70 Schriftgelehrte 70 Tage lang an der Übersetzung gearbeitet. Die jüdische Geschichte in griechischem Gewand war für orthodoxe Juden eine Schreckensvorstellung, für die Modernisten eine willkommene Anpassung an den Zeitgeist.

Rabbiner

Der Rabbiner ist in der Außenwirkung des Judentums geradezu der Inbegriff eines jüdischen Geistlichen. Der Titel »Rabbiner« bedeutet so viel wie »Meister« oder »Lehrer«. Der Rabbiner muss ein Multitalent sein, denn er ist Schriftausleger, Talmud-Experte, Religionslehrer, Prediger und Seelsorger in einer Person. Berufen wird er von den einzelnen Gemeinden. Dabei spielt die Prozedur der »Semicha«, des Auflegens der Hände, eine wichtige Rolle, begleitet von festen rituellen Formeln. Äußerlich zu erkennen ist der Rabbiner an Bart, Hut und schwarzer Kleidung. Für Rabbiner gibt es kein Zölibat. Im Gegenteil erwarten gerade orthodoxe Juden von den Rabbinern, dass sie verheiratet sind und Kinder haben. Das Rabbinertum ist keine moderne Erfindung. Auch in Judengemeinden der Antike gab es theologisch Gebildete, die die Funktionen der heutigen Rabbiner ausübten. Schon zu Moses' Zeiten sollen sich nach der jüdischen Überlieferung einzelne Persönlichkeiten um das religiöse und seelische Wohl der jüdischen Mitmenschen verdient gemacht haben.

▶ Kupferstich eines jüdischen Hohepriesters aus einer Schrift des französischen Mathematikers und Theologen Bernhard Lamy aus dem Jahr 1699.

Symbole auf Grabsteinen

Antike Grabsteine waren voller Symbole und Zeichen. So war es bei den Römern üblich, den Beruf des Verstorbenen durch Bilder darzustellen, etwa durch handwerkliche Geräte oder, wenn es sich um einen Gelehrten handelte, durch Schriftrollen. Auf Grabsteinen verstorbener Frauen tauchen häufig Motive wie Spiegel und Kamm auf, als Referenz an den kosmetischen Eifer, den man von Frauen erwartete. Religiöse Symbole waren vor dem Aufkommen des Christentums eher die Ausnahme, sieht man einmal von den die Hoffnung auf ein Weiterleben nach dem Tod dokumentierenden Fruchtbarkeitssymbolen ab. Anders verhält es sich beim antiken Judentum. Schon früh etablierte sich die Gewohnheit, auf den Grabsteinen zwei Hände mit ausgebreiteten Fingern abzubilden, als Hinweis darauf, dass der Verstorbene ein in dieser Weise segnender Priester gewesen war. Ein Baum mit frischen Zweigen verweist auf einen jung Verstorbenen hin, einer mit verdorrten Zweigen auf jemanden, der im hohen Alter verstarb. In den Diaspora-Gebieten passten sich hellenisierte Juden nicht selten auch den griechischen Grabsitten an und verwendeten eine dort geläufige Symbolik.

▶ Jüdischer Grabstein aus dem westpolnischen Leszno aus dem Jahr 1801.

Der Aufstand der Makkabäer

Im beständigen Machtkampf zwischen den Ptolemäern und den Seleukiden kam Palästina 198 v. Chr. unter die Herrschaft des seleukidischen Herrschers Antiochos III. Für die Juden war der Wechsel von einer griechischen Fremdherrschaft zur anderen keine glückliche Entwicklung. Die Seleukiden herrschten willkürlich, ohne Sensibilität für die speziellen Gebräuche und Rituale der Juden. Der latente Widerstand gegen die Seleukiden entlud sich schließlich in dem ersten großen Aufstand der Juden. Angeführt wurde er von Judas Makkabäus, laut den apokryphen Makkabäerbüchern »in seinen Taten ähnlich einem Löwen, und wie ein junger Löwe, der sich brüllend auf seine Beute stürzt«. Anlass zu diesem Aufstand waren bewusste Provokationen vonseiten des Seleukiden Antiochos IV. gewesen, der den Tempel in Jerusalem in einen Baal-Tempel umgewandelt und den Juden bei Androhung der Todesstrafe verboten hatte, Sabbat zu feiern und die Beschneidung durchzuführen. Zusätzlichen Zündstoff lieferte der Umstand, dass die Seleukiden unter den Juden Parteigänger hatten. So behielten sie sich das Recht vor, den Posten des Hohepriesters in Jerusalem nach ihren Vorstellungen zu besetzen. Der Hohepriester war seit dem Ende des altjüdischen, von David und Salomo verkörperten Königtums traditionell die oberste Instanz in allen Fragen der Religion und des Glaubens. Die von den Seleukiden eingesetzten Hohepriester taten alles, um ihre königlichen Auftraggeber zufrieden zu stellen. Das Amt des Hohepriesters, das nach den Überzeugungen der Traditionalisten eigentlich ein Hort des religiösen Konservativismus sein sollte, wurde somit zu einem willfährigen Machtinstrument der fremden griechischen Herrscher. So richtete sich der Zorn der gesetzestreuen Kreise nicht nur gegen die Fremden, sondern auch gegen jene Juden, die mit den Fremden kollaborierten. Hinzu kamen die Aversionen der einfachen Leute, der Handwerker und Bauern, die nicht von den Segnungen der hellenisierten Gesellschaft profitierten.

Judas Makkabäus stammte aus der Familie der Hasmonäer, sein Vater Matthathias war Priester. Der Vater tötete einen Juden, der nach den Anordnungen der Seleukiden dem Gott Baal ein Opfer darbrachte. Mit Gewalt ging die fremde Armee gegen die Oppositionellen vor. Die Anhänger der Makkabäer indes griffen ebenfalls zu den Waffen, nachdem Matthathias sie von der Vorschrift des Einhaltens der Sabbat-Ruhe befreit hatte. Nach dem Tod des Matthathias wurde Judas Makkabäus zum Anführer des Aufstandes. 165 v. Chr. gelang es ihm, mit seinen Anhängern die Stadt Jerusalem in Besitz zu nehmen und den Tempel wieder dem jüdischen Gott zu weihen. An dieses denkwürdige Ereignis erinnert bis heute das jüdische Chanukka-Fest. Dieses Fest beginnt am 25. Dezember und dauert acht Tage. An jedem Tag wird am Chanukka-Leuchter ein Licht angezündet – ein instruktives Beispiel für die intensive Erinnerungskultur der Juden, in der Judas Makkabäus nach wie vor einen festen Platz einnimmt, auch wenn er schließlich scheiterte: 160 v. Chr. kam er ums Leben, und mit dem Ausfall der Lichtgestalt fiel auch die ganze Aufstandsbewegung in sich zusammen. In religiöser Hinsicht war das Ergebnis des Makkabäer-Aufstandes eine Festigung der

Position der Traditionalisten. Denn die Schuld an der destruktiven Politik der Seleukiden gab man den Griechenfreunden unter den Juden, die statt auf Konfrontation auf Kollaboration mit den fremden Herrschern gesetzt hatten.

Unter der Herrschaft der Hasmonäer

In der Folgezeit führte eine längere Schwächeperiode der Seleukiden dazu, dass sich in Palästina die Familie der Hasmonäer als Herrscher etablierten konnte. Es war das erste Mal seit den Tagen eines David und eines Salomo, dass eine einheimische Dynastie über fast das ganze Land herrschte. Erst amtierten die Familienmitglieder als Hohepriester, dann nahmen sie den Königstitel an, wonach sie der verführerischen Kraft der griechischen Kultur erlagen. Dies rief abermals die traditionellen Kreise auf den Plan, die einen Ausverkauf überkommener jüdischer Glaubensvorstellungen unter einem Regime befürchteten, deren Repräsentanten aus ihrer Sympathie für das Griechentum keinen Hehl machten. Die Opposition gegen die Hasmonäer führte zum Erstarken zahlreicher religiöser Sondergruppen. An erster Stelle sind die Pharisäer zu nennen. Hervorgegangen waren sie aus den Chassidim, den »Frommen«, die Widerstand gegen die restriktive Religionspolitik der Seleukiden geleistet hatten. Die Pharisäer, deren Mitglieder sich aus dem Kreis der alten Priesterschaften rekrutierten, betrachteten sich als das religiöse Gewissen der Juden. Sie richteten ihr Leben ganz auf die Thora aus und waren bestens organisiert und vernetzt. Auch für die mittleren und unteren Schichten waren

ihre Lehren attraktiv. Neben den Pharisäern waren es die Sadduzäer und die Essener, die unter den Hasmonäern religiös und sozial eigene Wege gingen. Die Sadduzäer leiteten sich von Zadok, einem Hohepriester aus der Zeit König Davids, ab. In gesellschaftlicher Hinsicht waren sie ein Kontrastprogramm zu den volksverbundenen Pharisäern: Ihre Mitglieder stammten im Wesentlichen aus der Oberschicht, insbesondere aus dem Umfeld der Priesteraristokratie von Jerusalem. Sie propagierten ein starkes jüdisches Königtum, jedoch ohne die griechischen Einflüsse, die bei den Hasmonäern eine so große Rolle spielten. Die Essener sind in jüngerer Zeit berühmt geworden durch die spektakulären Handschriftenfunde von Qumran am Toten Meer. Sie geben Einblick in das Leben einer Sekte, die asketisch und abgeschieden, jedoch auch nach strengen Vorschriften lebte. Wie die Pharisäer und die Sadduzäer hielten sie sich für die besseren Juden. Sie pflegten intensiv die Erwartung der baldigen Ankunft des Messias und vertraten eine Lehre von der Unsterblichkeit der Seele.

Die Diaspora-Juden

Im 1. Jahrhundert v. Chr. gärte es nicht nur in Palästina. Auch in den jüdischen Diaspora-Gebieten kam es immer wieder zu Unruhen und Auseinandersetzungen. Das Wort Diaspora stammt aus dem Griechischen und bedeutet Verstreuung. Im engeren Sinne kann zwischen verschiedenen Arten der Diaspora unterschieden werden. Von einer Diaspora wird gesprochen, wenn es sich um ein freiwilliges Verlassen der Heimat handelt – so

wie es bei den Juden der Fall gewesen ist, die in hellenistischer Zeit in Scharen in die ägyptische Wirtschaftsmetropole Alexandria strömten. Galut – das Wort stammt aus dem Hebräischen – bezeichnet eine erzwungene Migration, wie erstmals in großem Stil beim Babylonischen Exil geschehen. In der Zeit des Hellenismus waren neben Ägypten Mesopotamien und Kleinasien bevorzugte Ziele der Diaspora-Juden. Normalerweise waren die Lebensbedingungen der Diaspora-Juden recht komfortabel. Als Händler oder Kaufleute kamen viele von ihnen zu Wohlstand.

Das Leben in Alexandria verlief jedoch nicht ohne Konflikte: Hier kam es bis in die römische Zeit hinein wiederholt zu schweren Auseinandersetzungen zwischen den Juden und den ortsansässigen Griechen. Sie waren allerdings nicht so sehr religiöser als vielmehr wirtschaftlicher und sozialer Natur. Man kann in ihnen auch bereits Ansätze von Antisemitismus sehen, zu dem sich die Gegner der Juden veranlasst sahen, weil die

Juden in allem so anders waren. Dabei spielte dann auch die Religion eine Rolle. In einer vor dem Aufkommen des Christentums durchwegs polytheistischen Welt mussten die Juden mit ihrem exklusiven und vielen Außenstehenden elitär erscheinenden Monotheismus wie Exoten wirken. Auch in Rom gab es bereits seit dem 2. Jahrhundert v. Chr. eine kleine Judengemeinde. Wiederholte Berichte von Ausweisungen deuten darauf hin, dass die Lage der dortigen Juden ebenfalls nicht problemfrei gewesen ist.

Unter der Herrschaft der Römer

Ab 63 v. Chr. übernahmen die Römer die Herrschaft in Palästina und erweiterten das Spektrum fremder Besatzer, die die Juden seit den

▶ Diese Tempelrolle ist eine der längsten Schriftrollen, die bei den archäologischen Ausgrabungen in Qumran am Toten Meer gefunden wurden. Die Funde waren eine Sensation für die Geschichts- und Religionsforschung.

Die Verbreitung des antiken und modernen Judentums

Die frühen Hochburgen des antiken Judentums außerhalb Palästinas lagen in den benachbarten Gebieten Ägyptens, Mesopotamiens und Kleinasiens. In Europa ist erstmals in Rom eine Judengemeinde nachgewiesen (2. Jahrhundert v. Chr.). Im Zuge der Vertreibungen nach den jüdischen Aufständen gegen die Römer breitete sich der geografische Radius der Diaspora immer weiter aus. Im Laufe des 4. Jahrhunderts bildeten sich auch im heutigen Deutschland eine Reihe von jüdischen Gemeinden heraus. Zu den ältesten zählen Köln, Trier und Speyer.

Heute leben Juden in aller Welt. 13 Millionen Menschen bekennen sich global zur jüdischen Religion. 5,5 Millionen davon leben in Israel, die anderen in der Diaspora. Die meisten Juden außerhalb Palästinas gibt es in den USA. Allein im Großraum New York wohnen weit mehr als 1 Million Juden. Hoch ist die Zahl der Juden auch in Russland, England und Frankreich. In Deutschland leben aktuell etwa 100 000 Juden. In den letzten Jahren ist eine rückläufige Tendenz zu beobachten: Viele Juden, insbesondere auch russische, kehren der Diaspora den Rücken und gehen wieder nach Israel.

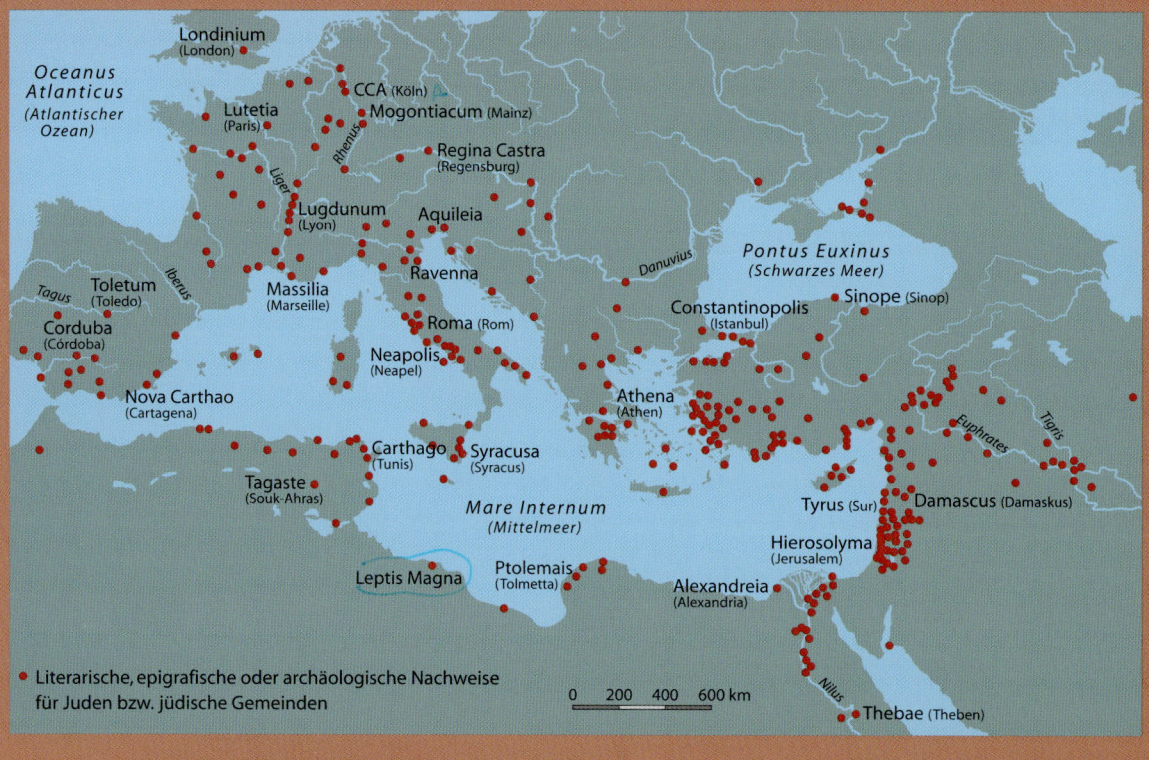

● Literarische, epigrafische oder archäologische Nachweise für Juden bzw. jüdische Gemeinden

0   200   400   600 km

▶ Nachweise für jüdisches Leben im Römischen Reich.

Eroberungen der Assyrer und der Babylonier nahezu kontinuierlich hatten erleben müssen, um die erste Macht, die aus dem Westen kam. Erst ließen die Römer den Idumäer Herodes als Klientelkönig regieren, dann übernahmen sie selbst direkt die Herrschaft. Für die Besonderheiten der jüdischen Religion zeigten die neuen Herren vom Tiber wenig Verständnis und Sensibilität. Zudem sahen sich die Juden bald der Konkurrenz des Christentums ausgesetzt, das aus der jüdischen Religion heraus in ihrem eigenen Land entstanden war und bei dem viele Juden zunächst glaubten, es handele sich um eine weitere jüdische Sekte, wie sie in den Jahrzehnten zuvor überall aus dem Boden geschossen waren. Die Gegnerschaft zum Christentum war teils theologisch, teils aber auch machtpolitisch begründet. Denn viele der Juden wechselten, zum Verdruss des Hohepriesters in Jerusalem, auf die Seite der Christen.

70 n. Chr. eroberte der römische Feldherr und spätere Kaiser Titus Jerusalem. Die Stadt wurde fast dem Erdboden gleichgemacht. Außerdem hatten die Juden die Zerstörung des Zweiten Tempels zu beklagen, den man einst mit Erlaubnis der Perser wiederaufgebaut hatte. Diese Ereignisse waren die Folgen des großen jüdischen Aufstandes gegen die Römer und jüdische Romfreunde, der 66 n. Chr. begonnen hatte. Nach der Katastrophe von Jerusalem leistete die Gruppe der Zeloten auf der Festung Masada erbitterten Widerstand, bevor die »Eiferer«, so die Übersetzung ihres Namens, kollektiven Selbstmord begingen. Masada gehört seitdem zu den herausragenden Erinnerungsstätten der Juden in Israel.

Zwischen 132 und 135 tobte ein weiterer Aufstand der Juden gegen die Römer, benannt nach Simon Bar Kochba, dem »Sternensohn« und selbst ernannten Messias. Er bereitete mit seinen Truppen den römischen Besatzern große Schwierigkeiten, musste sich dann aber geschlagen geben. Kaiser Hadrian gestaltete die Stadt Jerusalem, in der einst das Allerheiligste der Juden gestanden hatte, in eine griechisch-römische Stadt um, der er den provokanten Namen Aelia Capitolina (nach seinem Familiennamen Aelius und dem Capitol in Rom) gab.

Viele Juden waren bei dem Aufstand ums Leben gekommen, noch mehr gingen in die Diaspora, auch wenn sie dort nicht überall willkommen waren. Zum Refugium der Juden, die im Lande blieben, wurde die Landschaft Galiläa. Dazu gab es einzelne religiöse Zentren wie Caesarea und Tiberias. In Tiberias, am See Genezareth gelegen, residierte ab dem 3. Jahrhundert ein von Rom akzeptierter, weil für harmlos gehaltener Patriarch. Durch die konsequente Weiterarbeit am Talmud kam es in dieser Phase sogar zu einer bescheidenen Renaissance der jüdischen Religion in Palästina.

In der Diaspora träumten die Juden davon, nach Jerusalem heimkehren zu können. Doch aus Jerusalem wurde, nachdem Konstantin der Große dem Christentum zum Sieg verholfen hatte, eine christliche Stadt mit christlichen Kirchen und christlichen Pilgerzielen. Auf dem Tempelberg erhob sich nach der arabischen Eroberung im 7. Jahrhundert der islamische Felsendom mit der goldglänzenden Kuppel. Den Juden blieb die Klagemauer – die Westseite des 70 n. Chr. von den Römern zerstörten Tempels.

Die Religion der Ägypter

Gottesfürchtiger als alle anderen Menschen

Einer der besten Kenner Ägyptens in der Antike war der griechische Historiker Herodot. Er beschrieb im 5. Jahrhundert v. Chr. die Kriege, die die Griechen gegen die Perser geführt hatten. Ausführlich widmete er sich dabei auch den Völkern und den Regionen, die von den Persern beherrscht wurden. Dazu gehörte auch das einst ruhmreiche Land der Pharaonen, das nun zu einer persischen Provinz herabgesunken war. Doch Herodot wusste um den alten Glanz des Landes am Nil, und so bot er seinem Publikum eine durch eigene Eindrücke bereicherte Beschreibung dessen, was nach Meinung der Griechen im Laufe der Jahrhunderte die Bedeutung des alten Ägyptens ausgemacht hatte. Besonderen Stellenwert nahm für ihn die Religion ein, die sich gänzlich von der ihm bekannten unterschied. Der Historiker lieferte zahlreiche Beispiele für die Eigentümlichkeiten der ägyptischen Religion und kam dabei zu dem Schluss: »Die Ägypter sind gottesfürchtiger als alle anderen Menschen.«

Als Herodot das Nilland bereiste, blickte Ägypten bereits auf eine 2500-jährige Geschichte als Hochkultur zurück. Um 3000 v. Chr. hatten sich Ober- und Unterägypten zu einem einheitlichen Reich mit Memphis als Zentrum zusammengeschlossen. Das Land regierte ein König, der erst später Pharao, wörtlich »Großes Haus«, genannt wurde. Der Herrscher sicherte seine Macht auch mit sakralen Mitteln: Bereits in den Anfängen der ägyptischen Geschichte stilisierte er sich als Sohn Gottes – erst als Sohn des Osiris, dann auch als Sohn des Amun und des Re. Der König verfügte ebenso über eine gut organisierte und effiziente Bürokratie. Diese hatte sich besonders vor dem Hintergrund der jährlichen Überschwemmung des Nils herausgebildet, auf die sich die Bevölkerung vorbereiten musste.

▸ Die mit Glas und Lapislazuli verzierte Goldmaske des Pharaos Tutenchamun zählt zu den berühmtesten Totenmasken der Welt.

»Ägypten ist ein Geschenk des Nils« – diese berühmte Formulierung Herodots bezog sich auf die an sich segensreiche, alljährlich eintretende Überschwemmung durch den großen Strom, die aber auch eine verheerende Wirkung entfalten konnte. Um zu verhindern, dass die Fluten des Nils die Ernte vernichteten, richtete man ein raffiniertes System aus Kanälen ein, das die Fruchtbarkeit des Landes gewährleistete. Ein wesentliches Element der ägyptischen Hochkultur war weiterhin die Entwicklung einer Schrift, die von den Griechen mit dem Namen »Hieroglyphen« versehen wurde, was so viel wie »heilige eingravierte Zeichen« bedeutet. Der Name trug dem Umstand Rechnung, dass die Schrift vor allem im kultischen Kontext als Inschrift auf den Wänden von Tempeln und Gräbern verwendet wurde.

Die Hauptphasen der ägyptischen Geschichte

Bereits in der Antike kannte man den Wunsch, die vielen Jahrhunderte der Geschichte des Wunderlandes am Nil in eine übersichtliche Struktur zu bringen. So entwarf im 3. Jahrhundert v. Chr. der aus Ägypten stammende Priester Manetho eine Liste aller ihm bekannten Könige, die er in 30 Dynastien einteilte. In der Neuzeit gliederte man die Geschichte Ägyptens vor der Antike nach den Kategorien Altes Reich, Erste Zwischenzeit, Mittleres Reich, Zweite Zwischenzeit, Neues Reich und Spätzeit. Eine genaue Datierung dieser Abschnitte ist aufgrund des Fehlens einer absoluten Chronologie nicht möglich. So fallen die zeitlichen Fixierungen bis heute unterschiedlich aus. Jedoch währte das Alte Reich nach dieser Einteilung etwa von 2850 bis 2050 v. Chr., das Mittlere Reich von ca. 2050 bis 1570 v. Chr. und das Neue Reich von ca. 1570 bis 715 v. Chr.

Im Alten Reich blieb Memphis das politische Zentrum Ägyptens. Unter den Königen der 4. Dynastie entstanden die berühmten Pyramiden als monumentale Königsgräber. Im Mittleren Reich verlagerte sich der Schwerpunkt der Politik nach Theben in Oberägypten. In dieser Zeit betrieb Ägypten eine ausgreifende Außenpolitik, die die Heere des Königs bis nach Phönizien und in das östliche Afrika führte. Um 1650 v. Chr. fielen, infolge massiver Völkerbewegungen, die Hyksos in Ägypten ein, die die Ägypter mit einer neuen Kampftechnik in Form von Pferd und Streitwagen vertraut machten. Diese wurde zur Voraussetzung dafür, dass die ersten Pharaonen des Neuen Reiches die Eroberungspolitik fortsetzen konnten. In dieser glanzvollen Phase der ägyptischen Geschichte zieren die Liste der Herrscher klangvolle Namen wie die der Königin Hatschepsut oder des Pharaos Ramses II., der sich vor allem als Initiator zahlreicher repräsentativer Bauwerke profaner und religiöser Art einen Namen machte. König Amenophis IV., der sich Echnaton nannte, sorgte zwischen 1377 und 1358 v. Chr. für eine politische und auch religiöse Revolution, als er den Regierungssitz nach Amarna verlegte und in der polytheistischen Religionslandschaft Ägyptens mit der Veehrung des Gottes Aton einen monotheistischen Sonnenkult installierte.

Lange Zeit hatte Ägypten seinen herausragenden Status wahren können, bevor es

Pyramiden in Ägypten

Die bekanntesten Pyramiden befinden sich bei Gizeh, südlich von Kairo, und stammen aus der Zeit der 4. Dynastie. Vorläufer waren die aus Ziegel gearbeiteten, flachen, Mastabas genannten Grabstätten sowie die Stufenpyramide des Djoser bei Sakkara, das älteste Steinbauwerk der Welt. »Die« Pyramiden jedoch sind die monumentalen, aus der Mitte des 3. Jahrtausends v. Chr. stammenden Grabbauten der drei Pharaonen Cheops, Chephren und Mykerinos. Diese ins Griechische übertragenen Namen haben sich eingebürgert, weil es die antiken Griechen gewesen sind, die die Pyramiden für die Mittelmeerwelt und den Westen entdeckten. Die Cheops-Pyramide erreichte ursprünglich, als größtes der drei Bauwerke, eine Höhe von 146,6 Metern. Das Ensemble wurde zu den sieben Weltwundern der Antike gezählt. Daneben gab es in Ägypten Hunderte weiterer Pyramiden, sowohl für Könige als auch für Beamte. Aus der Mode kam diese Form der Bestattung im Mittleren Reich. Im Neuen Reich wurde das Tal der Könige bei Theben zur zentralen Begräbnisstätte der Pharaonen. Hinter der Pyramide als sepulkraler Bauform stand wahrscheinlich der Glaube, der Pharao würde beim Übertritt vom diesseitigen ins jenseitige Leben die Pyramide als Himmelsleiter für den Aufstieg zur Sonne benutzen. Er bestieg demnach die Sonnenbarke, die über den Himmel zog, wenn der erste Sonnenstrahl auf die Spitze der Pyramide traf.

▶ Die Pyramiden von Gizeh.

ab dem 8. Jahrhundert v. Chr. in den Strudel machtpolitischer Veränderungen im Vorderen Orient geriet. Eine Serie von Fremdherrschaften begann, angefangen bei den Äthiopiern und den Assyrern bis hin zu den Persern. Ein besonderer Einschnitt war die Eroberung Ägyptens durch Alexander den Großen in den Jahren 332/331 v. Chr. Mit dieser setzte das von Griechen und Makedonen geprägte Zeitalter des Hellenismus ein, im Nilland repräsentiert durch die in der Stadt Alexandria, die von Alexander dem Großen gegründet worden war, residierende Dynastie der Ptolemäer. Diese wurde 30 v. Chr. durch die Römer abgelöst, die dann über mehrere Jahrhunderte über das ehemalige Reich der Pharaonen herrschten.

diese übertriebene Formulierung dennoch eine gewisse Berechtigung. Denn die Ägypter verehrten Hunderte, wenn nicht Tausende unterschiedlicher Gottheiten, und ihr gesamtes öffentliches und privates Leben war von Religion und Kult durchdrungen. Grandiose Tempel zeugten davon ebenso wie die unzähligen Priesterschaften, die eigentümlichen Rituale und Zeremonien, die Gebete, Hymnen und Totenbücher.

Zudem war die altägyptische Religion eine Religion ganz eigener Prägung. Sie bewahrte ihre originäre Gestalt über die Jahrhunderte hinweg, sodass sie immer einen stark konservativen Charakter hatte. Anders als etwa beim Zweistromland Mesopotamien, das aufgrund seiner zentralen geografischen Lage ohne Unterbrechung im Fokus wechselnder

Merkmale der altägyptischen Religion

Wenn Herodot die Ägypter als ein Volk charakterisierte, das unter allen bekannten Völkern das religiöseste sei, so besaß

▶ Dieser Skarabäus-Anhänger aus Gold und Edelsteinen mit einer Höhe von 9 und einer Breite von 10,5 Zentimetern stammt aus dem Grabschatz des Tutenchamun. Der Käfer war ein Symbol der Wiedergeburt.

Herrscherdynastien und auswärtiger Mächte stand, sorgte die durch Wüste und Meer geschützte Lage des Landes am Nil dafür, dass auch die religiöse Landschaft kaum Einflüssen von außen ausgesetzt war. So blieben die ägyptischen Götter weitgehend unter sich – bis zur Spätzeit, als die Herrschaft der Pharaonen mehr und mehr ins Wanken geriet und mit den fremden Eroberern auch neue religiöse Elemente ins Land strömten. Wenn die Ägypter neue Götter in ihrem Pantheon etablierten, so hielt man gleichzeitig an den alten Kulten fest. So wurde die ohnehin schon sehr umfangreiche Palette der ägyptischen Gottheiten ständig vergrößert.

Die Vielzahl der Götter, die nicht nur Herodot, sondern auch andere antike Autoren staunend zur Kenntnis nahmen, auch wenn sie aus ihren eigenen Kulturen eigentlich an polytheistische Religionen gewöhnt waren, hatte noch einen weiteren, entscheidenden Grund. Neben den offiziellen Staatsgöttern, die von den jeweiligen Pharaonen protegiert wurden, verehrte man immer auch eine nahezu unübersichtliche Zahl von Lokalgöttern in den einzelnen »Gauen«. Mit diesem Begriff bezeichnet man die 42 territorialen Einheiten, in die sich das Reich der Pharaonen gliederte und die zunächst von lokalen Fürsten, später von Angehörigen der Familie des Pharaos oder von königlichen Beamten kontrolliert wurden.

Religion im Alltag

Stand bereits das öffentliche Leben intensiv im Zeichen der Religion, so war auch der Alltag der alten Ägypter von der Religion bestimmt. So herrschte in den Städten und Dörfern immer auch eine private Frömmigkeit, die sich in kleinen Götterschreinen in den Häusern ausdrückte oder auch darin, dass die Menschen Amulette wie das Udjat-Auge trugen. Es symbolisierte das Falkenauge des Gottes Horus, das nach ihrem Glauben persönliche Sicherheit und Fruchtbarkeit garantierte. Als Gott, der Unheil abwenden sollte, genoss Bes eine besondere Popularität. Porträts und figurale Darstellungen präsentieren ihn als einen Gott von ausgesuchter Hässlichkeit, der sich auch nicht scheute, dem Betrachter die ausgestreckte Zunge zu zeigen. Thoeris, auch Taweret, »die Große«, genannt (die meisten Namen der ägyptischen Göttinnen und Götter sind in der von Herodot und anderen griechischen Autoren gräzisierten Form überliefert), war die Schutzgöttin der Gebärenden. Viele Frauen, die ein Kind erwarteten, trugen ein Amulett der Thoeris, die meist als Mischung aus Nilpferd, Krokodil, Löwe und Mensch dargestellt wurde. Ausdruck der Religion des Volkes waren weiterhin die Skarabäen, die man aus allen Materialien erwerben und bequem als Amulette bei sich tragen konnte. Auf Ägyptisch hießen die vierflügeligen Käfer chepri, ihre Spezialität war und ist das Rollen von Mistkugeln. Diese Eigenart veranlasste die alten Ägypter zu dem Glauben, dass die Sonne sich über den Himmel bewege, weil auch sie von einem Käfer gerollt werde. So wurde der Skarabäus zum Symbol der aufgehenden Sonne. Wer ein Skarabäus-Amulett trug, wähnte sich dadurch unter einem speziellen göttlichen Schutz.

Der Pharao
und die Staatsgötter

Die wichtigsten Götter waren jene, die die Pharaonen in den Mittelpunkt ihrer kultischen Tätigkeit stellten. Der Pharao definierte sich in der Gestalt des Horus als der Sohn des Osiris. Die Religion war insofern die wichtigste Legitimation seiner herausgehobenen Stellung. Horus nahm im Kanon der ägyptischen Götter über die Jahrhunderte hinweg eine prominente Rolle ein. Wie bei jedem Gott, so gab es auch bei Horus eine Kultgeschichte, die von der Begabung der Ägypter zeugt, in religiöser Hinsicht sehr fantasievolle Erzählungen zu erschaffen. Horus und Osiris standen in enger Verbindung zu Isis, die ebenfalls zu den herausragenden, staatstragenden Gottheiten in der Religion der Ägypter gehörte und die sich zu einer multifunktional verwendbaren Gottheit entwickelte. Die Kultgeschichte von Isis, ihrem Bruder und Ehemann Osiris und ihrem gemeinsamen Sohn Horus wird von Seth in Gang gebracht, dem Bruder von Isis und Osiris. Seth leidet unter einem fast schon pathologischen Hass auf Osiris, religionsgeschichtlich vielleicht zu deuten als Reflex des Umstandes, dass Seth traditionell ein Gott des Südens war, hingegen Osiris die Anfänge seiner göttlichen Verehrung im Gebiet des Nildeltas hatte. Die Gegnerschaft zwischen den beiden Göttern nimmt dramatische Züge an, als Seth Osiris tötet, seine Leiche zerstückelt und die sterblichen Überreste in ganz Ägypten verstreut. Isis macht sich auf die Suche nach den traurigen Resten des Osiris, sammelt

▶ Ausschnitt aus einem Wandrelief aus dem Horustempel in Edfu in Oberägypten , das die Gottheiten Isis und Atum zeigt (um 164 v. Chr.).

sie ein und fügt sie wieder zusammen, sodass sie von ihm den Sohn Horus empfangen kann. Osiris fungiert seither als der Herr des Totenreiches. Horus versucht später, die Untat des Seth zu rächen. Der Kontrahent reißt ihm im Kampf ein Auge aus – diese mythische Episode dient als Hintergrund des Udjat-Auges –, doch Horus kann Seth letztendlich besiegen und verstümmelt ihn so, dass er keine Nachkommen mehr zeugen kann. Das in der ägyptischen Ikonografie häufig verwendete Motiv der göttlichen Mutter Isis und des göttlichen Sohnes Horus diente als ein Vorbild für die christliche Vorstellung von Maria und dem Jesuskind.

Eine wichtige Rolle spielte unter den Pharaonen auch der Sonnengott Re. Sein Aufstieg begann bereits unter dem frühen Pharao Djoser aus der 3. Dynastie, auf den die berühmte Stufenpyramide von Sakkara zurückgeht, die etwa 20 Kilometer südlich des heutigen Kairo liegt. Die Nachfolger Djosers führten regelmäßig den Titel »Sohn des Re«. Der Sonnengott war es auch, der nach dem Glauben der Ägypter den Pharao nach seinem Tod auf seiner Reise durch den Himmel begleitete. Später bekam Re Konkurrenz aus dem eigenen Lager: Mit Beginn des Mittleren Reiches trat im religiösen Umfeld der Pharaonen der Gott Amun ins Rampenlicht. Auch im Neuen Reich gehörte er zu den wichtigsten Göttern. Jedoch wollte man auf Re nicht verzichten, und so initiierte man eine für das Gottesverständnis der alten Ägypter auch sonst übliche Lösung: Re und Amun wurden gleichgesetzt, sie verschmolzen zu dem einen Gott Amun-Re.

Neben den Pyramiden zählt auch die Sphinx von Gizeh zu den bekanntesten monumen-

Der »Fluch der Pharaonen«

1922 entdeckte der englische Ägyptologe Howard Carter (1873–1939) im Tal der Könige das fast unberührte Grab des Pharaos Tutenchamun. Der Fund mit seinen unermesslichen Schätzen war eine archäologische Sensation und fand in den Medien eine große Resonanz. Als in den folgenden Jahren mehrere der an der Entdeckung des Grabschatzes des Tutenchamun beteiligte Wissenschaftler und Mitarbeiter schwer erkrankten oder auf teils ungewöhnliche Weise ums Leben kamen, geisterte das Schreckgespenst von dem »Fluch der Pharaonen« durch die Weltpresse. Der Pharao, so hieß es, habe sich dafür gerächt, dass man seine Totenruhe gestört habe. Tatsächlich hatten die alten Ägypter versucht, Grabräuber dadurch zu vertreiben, dass man in den Grabkammern magische Sprüche anbrachte, die unerwünschte Eindringlinge abhalten sollten. Stimmen, die nüchtern darauf hinwiesen, dass viele aus der Carter-Crew erst in einem erheblichen zeitlichen Abstand, und dies zudem in einem fortgeschrittenen Alter, gestorben waren, fanden in der allgemeinen Hysterie zunächst wenig Gehör. Spielfilme mit vielversprechenden Titeln, wie zum Beispiel »Die Mumie« von 1932 mit Boris Karloff, taten ein Übriges, um die Fluch-Theorie am Leben zu halten. Heute hat sich die Aufregung weitestgehend gelegt. In der seriösen ägyptologischen Wissenschaft hatte sie ohnehin keine Rolle gespielt.

▸ Howard Carter (links) am geöffneten Sarg des Tutenchamun. In der Folgezeit entstand der Aberglaube von dem »Fluch der Pharaonen«, demnach der Pharao aus dem Totenreich heraus die an der Graböffnung Beteiligten bestrafe.

talen Symbolen des alten Ägyptens. Sie entstand etwa zeitgleich mit den Pyramiden in der Mitte des 3. Jahrtausends v. Chr. Die Aufgabe der kolossalen Gestalt mit dem Körper eines Löwen und dem Kopf eines Menschen, die von Kopf bis Schwanz über 70 Meter lang und 20 Meter hoch war, bestand darin, die benachbarten Pyramiden zu bewachen. Neben den beeindruckenden Ausmaßen besitzt die Sphinx ein geheimnisvolles Lächeln, das man zu allen Zeiten in die Kategorie »unergründlich« eingeordnet hat. Auch in späteren Zeiten blieb die Sphinx in ihrer Funktion als religiöse Hüterin der Totenstädte aktuell. So entstand in der Tempelanlage von Karnak eine ganze Allee von Sphingen.

Echnaton, Nofretete und die Amarna-Zeit

Echnatons Hinwendung zum Monotheismus war eine Handlung revolutionären Ausmaßes. Denn obwohl jeder Pharao seine Lieblingsgötter verehrte, hatte kein Herrscher zuvor seinen favorisierten Gott verabsolutiert und die anderen Götter quasi ausgeschaltet. Bis heute ist nicht entschieden, was diesen »Ketzerkönig«, wie ihn seine zahlreichen Gegner diffamierten, und seine nicht minder prominente und einflussreiche Ehefrau Nofretete dazu motivierte. Ging es wirklich nur um eine religiöse Revolution? Tatsächlich installierte Amenophis IV. den einzigen Gott Aton, den er auch in seinen neuen Namen Echnaton integrierte, der so viel wie »dem Aton wohlgefällig« oder, nach neueren Deutungen, »das Licht des Aton« bedeutet. Doch

Aton war an sich keine Kreation des Echnaton, sondern wurde bereits vorher als Sonnenscheibe verehrt. War vielleicht die alleinige Verehrung des Aton nicht vielmehr eine vom Pharao inszenierte politische Revolution? Immerhin bedeutete die Installierung einer einzigen Gottheit auch die Entmachtung aller anderen Priesterschaften, die traditionell im alten Ägypten, in dem Religion und Politik eine untrennbare Einheit bildeten, immer einen großen Einfluss besessen hatten. Für die Vermutung, dass Echnaton mit einer vordergründig religiösen Revolution auch und vor allem seine politische Stellung stärken wollte, spricht der Umstand, dass er mit Amarna eine neue Hauptstadt gründete, am Ostufer des Nils, auf halber Strecke zwischen Memphis und Theben. Bedenkt man ferner, dass im zentralen Amun-Heiligtum in Karnak insgesamt 80 000 Menschen tätig waren, lässt sich erahnen, dass Echnaton mit Aton und Amarna, fern von den traditionellen Zentren der Macht, einen von ihm und seinem Gott ganz allein kontrollierten Herrschaftsbezirk errichten wollte.

Weitreichende Konsequenzen hatte die religiöse Revolution des Echnaton allerdings nur in seiner eigenen Regierungszeit. Bereits mit seinem Tod endete das Intermezzo einer monotheistischen Religion in Ägypten, dem Land der 1000 Götter. Unter seinem Nachfolger Tutenchamun, der durch die Entdeckung seines unversehrten Grabes im Tal der Könige im Jahre 1922 im allgemeinen Bewusstsein zum Prototypen eines Pharaos schlechthin avancierte, obwohl er zu Lebzeiten eher unbedeutend gewesen war, wurden alle Reformen Echnatons wieder zurückgenommen.

Die Erinnerung an Echnaton wurde getilgt, Aton verschwand in der kultischen Requisitenkammer, Amarna wurde aufgegeben und in der Zeit des Ramessiden zerstört. Im 19. Jahrhundert wiederentdeckt, wurde die Amarna-Kultur in den Jahren zwischen 1911 und 1914 von dem deutschen Archäologen Ludwig Borchardt wieder ans Tageslicht gebracht.

Tiere als Götter

»Wer weiß nicht, welche Ungeheuer Ägypten in seinem Wahn verehrt?« Diese rhetorische Frage formulierte der römische Satiriker Juvenal zu Beginn des 2. Jahrhunderts n. Chr., als das Wunderland am Nil bereits eine geraume Zeit unter römischer Herrschaft stand. Und er fuhr fort: »Das Krokodil betet diese Gegend an, jene erbebt vor dem mit Schlangen gesättigten Ibis. Golden erglänzt das Bildnis des heiligen geschwänzten Affen ... Dort verehren ganze Städte die Katzen, hier einen Flussfisch, dort den Hund, niemand Diana.« Wie auch die antiken Griechen oder die Angehörigen anderer Völker, die sich mit der ägyptischen Religion beschäftigten, vermisste dieser Römer mit der Klage, dass niemand in Ägypten die Jagdgöttin Diana verehre, die ihm vertrauten Götter in Menschengestalt. Solche waren in Ägypten eher die Ausnahme, wie Ptah, der Gott des Handwerks, oder die allmächtige Isis.

Für Außenstehende aber war der ägyptische Tierkult das auffälligste Glaubensmerkmal des Volkes am Nil. Die Verehrung von Tieren war bis in die Römerzeit hinein ein zentraler Bestandteil der ägyptischen Religion. Zwar gab es auch in anderen Religionen in den Anfängen einen starken Naturbezug, wurden Landschaftsmerkmale wie beispielsweise Bäume, Berge und Flüsse, aber auch Götter in Tiergestalt verehrt bzw. schrieb man Tieren eine göttliche Funktion zu. Doch nur in Ägypten hielt sich der Tierkult, ohne einer anthropomorphen Götterfamilie zu weichen. Für diese eigenartige Beharrlichkeit kann wiederum der durch die isolierte Lage Ägyptens bewirkte extreme Konservativismus in religiösen Angelegenheiten verantwortlich gemacht werden. Außerdem hielten sich die alten Formen auch und gerade in den dörflichen Gebieten abseits der großen pharaonischen Residenzen.

Einzelne Tiergötter gelangten zu einer Prominenz in ganz Ägypten. Sachmet, auf Ägyptisch »die Mächtige«, wurde in Gestalt einer Löwin dargestellt und galt als Kriegsgöttin. Der Kult des Apis-Stieres nahm seinen Ausgang von der ersten Residenzstadt Memphis an der Spitze des Nildeltas und erlebte dann einen Siegeszug bis weit in die oberägyptischen Gaue hinein. Die Priester von Memphis unternahmen Reisen durch das ganze Land, um den geeigneten, den »göttlichen«, Apis-Stier zu finden. In römischer Zeit waren die Zeremonien um Apis bereits etwas profanisiert. Genauso wie die Fütterung der heiligen Krokodile wurden sie von geschäftstüchtigen Priestern zu einer Attraktion für auswärtige Besucher gemacht.

Thot genoss in Ägypten ebenfalls eine große Popularität unter den als Göttern verehrten Tieren. Er war ursprünglich der Gott des Mondes, porträtiert in der Gestalt eines Ibis, mitunter auch als Mensch mit Ibiskopf oder dem eines Pavians. Später wurde sein Aufgabenbereich erweitert. Der Gott des Mondes wurde zugleich der Gott der Schreibkunst und des Kalenders.

Bastet fand erst spät Eingang in das Pantheon der ägyptischen Götter in Tiergestalt. Es waren die Könige der 22. Dynastie, die der als Frau mit Katzenkopf oder auch gänzlich als Katze porträtierten Göttin ihre Verehrung erwiesen. Hauptort des Bastet-Kultes war die nach der Göttin benannte Stadt Bubastis im Nildelta, die von den libyschen Pharaonen dieser Dynastie als Residenz ausgewählt worden war. Im 5. Jahrhundert v. Chr. berichtete Herodot von der Anziehungskraft, die von den Festen der Bastet, die man in Bubastis feierte, ausging und sprach dabei von – unrealistischen – 700 000 Pilgern. Dabei floss, wie der griechische Autor eigens betont, der Wein in Strömen, was sicher auch zur Popularität der Bastet-Feste beitrug.

Jenseitsglaube und Totenkult

Anubis, der Schakalgott, war ein Tiergott, der im Totenkult der Ägypter eine wichtige Rolle spielte. Die Vorstellungen vom Jenseits und die mit dem Totenkult verbundenen sakralen Praktiken waren ebenfalls eine von der Außenwelt viel beachtete Eigenart der ägyptischen Religion. Grundsätzlich glaubten die Ägypter an ein Leben nach dem Tod. Der Tod war insofern ein Übergangsstadium zwischen dem irdischen und dem jenseitigen Dasein. Im Verständnis der Ägypter war der Tod nicht das Ende, sondern der Beginn des ewigen Lebens, das wichtiger war als die kurze Existenz auf Erden.

Wenn jemand gestorben war, galt es, die Voraussetzungen dafür zu schaffen, dass er im Jenseits weiterleben konnte. Diesem Zweck diente die Mumifizierung der Toten. Der Körper musste erhalten bleiben, um der Seele eine Hülle zu geben. Diese Mumifizierung war eine langwierige Prozedur: Es nahm 70 Tage in Anspruch, bis der oder die Tote bestattet werden konnte. Je nach den finanziellen Möglichkeiten wurden den Toten bescheidene oder üppige Grabbeigaben mitgereicht, von denen man glaubte, dass sie ihnen im Jenseits

▶ Die löwenköpfige Göttin Sachmet war zugleich Schutzgöttin der Ärzte und Botin des Todes, die Seuchen und Krankheiten verbreiten konnte.

Das Totenbuch

Ab dem Neuen Reich gehörte es zum üblichen Repertoire bei Bestattungen, den Verstorbenen ein »Totenbuch« mit ins Grab zu geben. Der Begriff stammt von dem deutschen Archäologen Karl Richard Lepsius, der 1842 eine Sammlung von 165 Sprüchen publizierte, denen im Kontext des Totenkultes eine wichtige Bedeutung zukam. Bei diesen Sprüchen handelte es sich um magische Texte und Beschwörungsformeln, die dem Verstorbenen auf dem Weg ins Jenseits helfen und ihn beschützen sollten, um die Hoffnung auf das ewige Leben zu gewährleisten. Dazu fanden sich in den Totenbüchern bildliche Darstellungen des Totengerichts, das unter der Leitung des Osiris, des Herrschers in der Unterwelt, durchgeführt wurde und über die Zukunft des Verstorbenen entschied. Materiell bestanden die Totenbücher aus Papyrusrollen. Vorläufer der Totenbücher waren im Alten Reich die Pyramidentexte in den Grabkammern der Pharaonen, im Mittleren Reich die ausführlicheren sogenannten Sargtexte. Die Totenbücher sind für die Forschung die wichtigste Quelle für die Jenseitsvorstellungen der Ägypter.

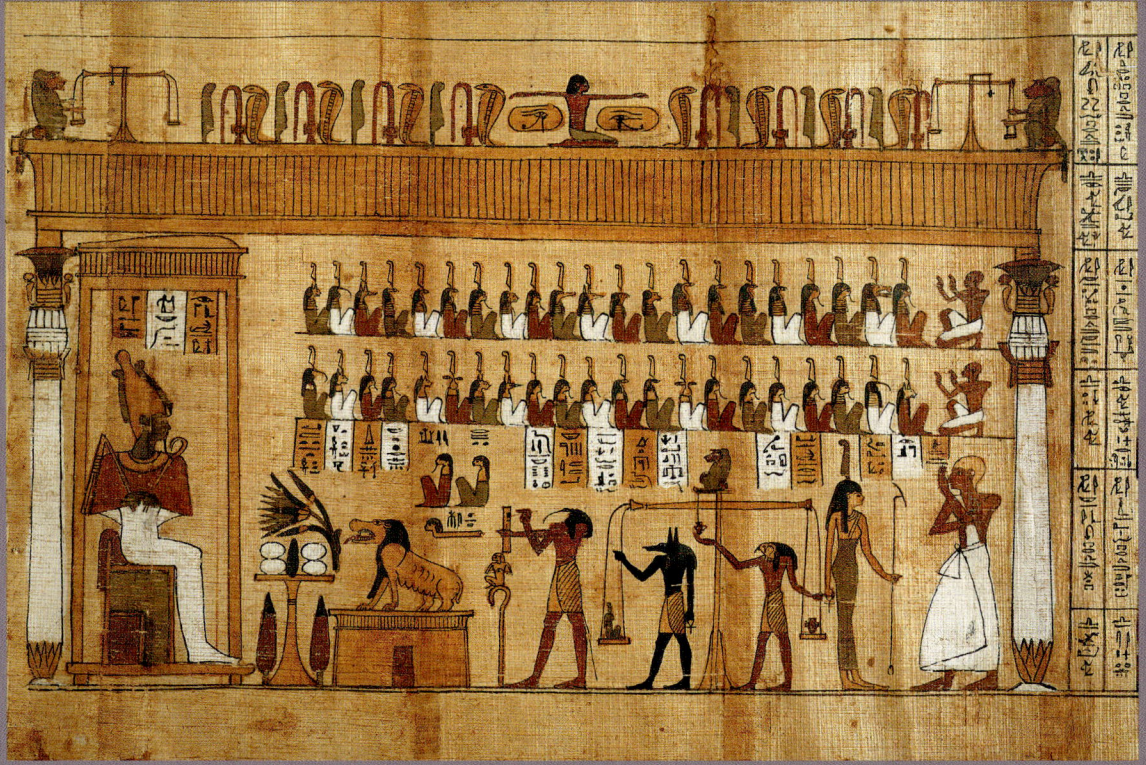

▶ Dieser Ausschnitt aus einem Totenbuch der Ptolemäer-Zeit (304–30 v. Chr.) zeigt das Totengericht, bei dem das Herz des Verstorbenen gegen die Feder der Wahrheit gewogen wird.

nützlich sein könnten. Gelegentlich konnten auch Malereien an den Wänden der Grabkammern reale Grabbeigaben ersetzen.

Jedoch stand das verlockende Jenseits mit dem Anspruch auf ewiges Leben nicht jedem offen. Vielmehr war ein Totengericht vorgeschaltet, das zwischen den »Guten« und den »Schlechten« auswählte. Ab dem Neuen Reich liegen als Quelle für dieses Totengericht die sogenannten Totenbücher vor, die ausführlich, in Wort und Bild, über das berichten, was die Menschen direkt nach ihrem Tod erwartete: Osiris sitzt über die Toten zu Gericht. Sein Sohn Horus, der Mumiengott Anubis und der Schreibergott Thot wiegen das Herz des Verstorbenen ab mit der Maat, der Feder der Ehrlichkeit und der Gerechtigkeit. Währenddessen gibt der Tote mit einem Schwur darüber Auskunft, welche Sünden er auf Erden nicht begangen hat. Der Schreiber Thot notiert gewissenhaft alle seine Aussagen. Spricht der Kandidat die Wahrheit, dann ist sein Herz so leicht wie die Feder, und er darf ewig weiterleben. Spricht er die Unwahrheit, dann wird seine Seele von einem Ungeheuer, der Seelenfresserin Amit, verspeist. Gelegentlich halfen Geschenke, um den strengen Totenrichter Osiris gnädiger zu stimmen. Am besten aber war es, wenn der Mensch auf Erden ohne Sünden lebte. Eine solche ordentliche und fromme Lebensführung war auch ganz im Sinne der Pharaonen und der mächtigen Priester, weil sie die Bevölkerung durch die Religion disziplinierte. Allerdings erhielten die Normalsterblichen erst ab dem Mittleren Reich die Chance, vor dem Totengericht zu erscheinen. Zuvor war das ewige Leben ein Privileg gewesen, das nur den Pharaonen und denen, die sie als Begleitung auswählten, zustand.

Späte Entwicklungen

In dem Maße, wie die einheimischen Pharaonen an Macht einbüßten und fremde Herrscher sich in Ägypten etablierten, verlor auch die ägyptische Religion ihren exklusiven, authentischen Charakter. Mit den Persern kamen persische, mit den Griechen griechische Göttervorstellungen ins Land. Unter den Ptolemäern, die sich aus der Masse des Alexander-Reiches Ägypten gesichert hatten, machten sich starke synkretistische Tendenzen bemerkbar, indem ägyptische Götter mit griechischen Göttern verschmolzen bzw. gleichgesetzt wurden. Mit Sarapis, auch Serapis genannt, entstand auf königliche Initiative ein künstlicher Gott, bei dem Osiris und Apis kombiniert wurden. Die Griechen wiederum identifizierten Sarapis primär mit ihrem obersten Gott Zeus, womit der Brückenschlag zwischen der ägyptischen und der griechischen Religion vollzogen worden war.

Doch selbst unter den Bedingungen der Fremdherrschaft verlor die ägyptische Religion nicht völlig ihren traditionellen Charakter. Dafür war zum einen der Umstand verantwortlich, dass sich gerade bei der einfachen Bevölkerung, zumal in den ländlichen Gebieten, die überkommenen religiösen Vorstellungen beharrlich hielten. Zum anderen übte die alte Religion auch auf die fremden Mächte einen großen Zauber und eine große Faszination aus, wenn auch in eher musealer Weise oder als Kuriosum. An dieser von der ägyptischen Religion ausgehenden Faszination hat sich bis heute nichts geändert.

Die Religion der Sumerer und Babylonier

Kontinuität und Wandel

Mesopotamien, das »Land zwischen den Strömen«, wie es später von den Griechen genannt wurde, konkurriert mit Ägypten um den Verdienst, die früheste Hochkultur der Geschichte hervorgebracht zu haben. Tatsächlich scheinen die Bewohner des Landes zwischen Euphrat und Tigris in dieser Hinsicht den Pharaonen zeitlich etwas voraus gewesen zu sein. Anders als Ägypten, das sich aufgrund seiner geschlossenen geografischen Lage über Jahrhunderte hinweg kontinuierlich entwickelte, war Mesopotamien in der Antike ein klassisches Durchgangsland. Politisch äußerte sich dies in einer häufigen Abfolge neuer, meist von außen kommender Herrscherdynastien, was jedoch auch einen regen kulturellen Austausch zur Folge hatte. Wirkt die Kultur-

landschaft des alten Ägyptens über lange Zeit hinweg statisch, so war Mesopotamien in dieser Hinsicht in einem steten Prozess des Wandels und der Erneuerung begriffen. Dennoch blieben die Götterwelt und auch die Formen der Kultpraxis über die Jahrhunderte hinweg größtenteils bestehen.

Es war um 3000 v. Chr., als sich die Sumerer als vorherrschende politische und kulturelle Vormacht im heutigen Irak etablieren konnten. Woher sie kamen, ist nicht genau bekannt, wahrscheinlich aber aus dem mittleren Asien. Die Sumerer, die entgegen den vorherrschenden Strömungen in dieser Region weder zur indoeuropäischen noch zur semitischen Sprachfamilie gehörten, siedelten sich im südlichen Mesopotamien an. Dort entwickelten sie die ur-

▶ Der Löwe war das Symboltier der babylonischen Liebes- und Kriegsgöttin Ischtar. Detailaufnahme aus der Prozessionsstraße des berühmten Ischtar-Tors.

alte Stadt Uruk zu einer frühen Perle des antiken Städtebaus. Doch Uruk war nicht das einzige städtische Zentrum. Auch Siedlungen wie Ur (nach der biblischen Tradition die Heimat Abrahams), Kisch, Umma und Lagasch trugen dazu bei, dass Mesopotamien seit Beginn des 3. Jahrtausends v. Chr. zu den kulturellen Zentren des Vorderen Orients gehörte. Ein sumerisches Großreich hat es indes nicht gegeben. In den Städten herrschten lokale Fürsten, die mit den Nachbarstädten häufig genug Auseinandersetzungen hatten. Demzufolge waren auch die Beziehungen zur Außenwelt eher begrenzt: Der Wirkungsraum der Sumerer war und blieb Mesopotamien.

Die große Stärke der Sumerer bestand darin, die naturräumlichen Voraussetzungen optimal auszunutzen. Mesopotamien mit seinen beiden großen Strömen war fruchtbar, und die Sumerer entfalteten eine rege landwirtschaftliche und gewerbliche Produktion. Die Erfindung der Schrift in Form einer – im Übrigen von den ägyptischen Hieroglyphen völlig unabhängig entstandenen – Keilschrift dokumentiert eine besonders nachhaltige innovative Errungenschaft der Sumerer.

Abgelöst wurde die Vorherrschaft der sumerischen Stadtkönige nach einer politischen Dominanz von über 600 Jahren um 2370 v. Chr. durch das Reich von Akkad und seinen ambitionierten Herrscher Sargon I. Kulturell bedeutete dieser Machtwechsel den Übergang zu einer semitisch geprägten Kultur. Sargon nannte sich »Herrscher der vier Welten« und hatte mit dieser Einschätzung auch durchaus Recht: Erstens lag dieser Titulatur das limitierte Weltbild der Mesopotamier zugrunde, und zweitens griff er mit seinen Armeen weit

über das Zweistromland hinaus, sodass er zum Architekten des ersten mesopotamischen Großreiches wurde.

Glanzpunkt Babylon

Jedoch blieben auch die Akkader dem für Mesopotamien charakteristischen Gesetz des ewigen Wechsels der Machtverhältnisse unterworfen. In Babylon entstand das altbabylonische Reich, dessen bedeutendster Herrscher Hammurapi (1792–1750 v. Chr.) war. Er hinterließ als Architekt einer umfangreichen Gesetzessammlung seine dauerhaften Spuren in der Geschichte des alten Mesopotamiens. Es folgten die aus Abschreckungsgründen gegenüber ihren Feinden betont grausamen Assyrer, die ihre Zentren in Assur und Ninive hatten. Immer wieder diktierten die Assyrer das Geschehen in der wechselvollen Geschichte Mesopotamiens. Im 9. Jahrhundert v. Chr. erweiterten sie ihren Machtradius bis nach Syrien und Palästina. Als letzte Großmacht, die aus dem Zweistromland selbst stammte, konnte sich im 7. Jahrhundert v. Chr. das neubabylonische Reich durchsetzen. In Nebukadnezar II. fand es einen ebenso machtbewussten wie propagandistisch begabten König, der Babylon zu einer glanzvollen Metropole ausbaute und in den jüdischen Quellen wegen der Zerstörung von Jerusalem und als Initiator des Babylonischen Exils der Juden (587 v. Chr.) eine denkbar negative Reputation erhielt. Mit den sich anschließenden Eroberungen der Perser begann in Mesopotamien eine Serie von Fremdherrschaften: Erst kamen die Makedonen mit Alexander dem Großen und den

Seleukiden, später wieder die Perser unter den Dynastien der Arsakiden und der Sassaniden.

Grundzüge der Religion

Eine einheitliche mesopotamische Religion hat es über all die Jahrhunderte hinweg nicht gegeben. Keine der zahlreichen Kulturen im geschichtsträchtigen Zweistromland verfügte über ein geschlossenes religiöses System, wie man es aus dem Judentum, dem Christentum und dem Islam kennt. Sowohl die Sumerer als auch die Akkader oder die Babylonier verfügten nicht einmal über eine Bezeichnung, die dem Begriff »Religion« adäquat gewesen wäre. Wenn man von der »Religion« der Sumerer oder der Babylonier spricht, kann man dies nur in dem Sinn tun, dass es eine fast unüberschaubare Zahl von Göttern, Legenden und Mythen gegeben hat, deren Summe das ergibt, was die Religionen des Alten Orients genannt werden können.

Dessen ungeachtet waren die Völker Mesopotamiens zu allen Zeiten von einem tiefen Glauben an die Götter beseelt. Alles auf der Welt war von den Göttern geschaffen, und dies galt selbstverständlich auch für die Menschen, die einst geformt worden waren aus dem Lehm der Schwemmebenen der beiden großen Ströme Euphrat und Tigris. Die enge Bindung der Menschen

an die Götter drückte sich auch in den Personennamen aus. Gerne nannten mesopotamische Eltern ihre Kinder zum Beispiel »Nabu-ballit-anni«, eine hymnische Reverenz an den Sonnengott Nabu mit der Bedeutung »Nabu erhalte mich gesund«. Andere gingen mit dem Namen »Ich-habe-die-Füße-meines-Gottes-ergriffen« durch das Leben und nahmen dabei die spätere hebräische Praxis vorweg, Söhne mit dem Namen »Mi-ka-el« (»Michael«) zu versehen, was so viel wie »Wer-ist-wie-Gott« heißt. Diese Namensgebung der Mesopotamier dokumentiert eine tiefe Religiosität.

Göttlicher Herrscher

Bereits die Sumerer als früheste Hochkultur im Zweistromland prägten wesentliche Elemente einer religiösen Haltung, die im Prinzip bis zur Eroberung des Landes zwischen Euphrat und Tigris durch die fremden Mächte aus Persien und Makedonien Bestand hatte. Dazu gehörte vor allem auch die Vorstellung von der göttlichen Nähe bzw. der göttlichen Abstammung des Herrschers. Das verrät in aller Deutlichkeit die »Sumerische Königsliste«. Sie entstand im 3. Jahrtausend v. Chr. auf Keilschrifttontafeln und erfuhr im Verlauf der Zeit immer wieder redaktionelle Überarbeitungen.

▶ Die mit Keilschrift versehene 2,25 Meter hohe Gesetzesstele des Hammurapi ist am oberen Ende mit einem Relief verziert, das den babylonischen König und Reichsgründer in Gebetshaltung stehend vor dem gesetzgebenden Gott Schamasch zeigt. Die 1902 in Susa gefundene Dioritstele wird heute im Pariser Louvre ausgestellt.

81

Ihr Ziel bestand darin, eine – scheinbar – lückenlose Linie von Königen und Dynastien zu schaffen und damit den jeweils Herrschenden aus der Tradition heraus Legitimation zu verschaffen. Ganz am Anfang dieser Genealogie der sumerischen Könige heißt es: »Als das Königtum vom Himmel herabgekommen war, war es in Eridu. In Eridu war Aja-Iulim König.« Bei Eridu handelt es sich um eine der ältesten Siedlungen im Mesopotamien, die südlich von Uruk lag. Die Formulierung der Eingangssequenz lässt die Monarchie der Sumerer als eine Art von Gottesgnadentum erscheinen – der König kommt direkt aus dem Himmel.

Babylonisches Reich

Das altbabylonische Reich des Königs Hammurapi erstreckte sich territorial über ganz Mesopotamien. Es reichte von den Städten Mari und Eschnunna im Norden bis zu Ur und Uruk im Süden. Über die Grenzen der Ströme hinaus reichte der Einfluss der Babylonier damals allerdings noch nicht. Erst im neubabylonischen Reich, das im 7. Jahrhundert v. Chr. entstand, wurde Babylon zum Zentrum eines Großreiches. Über den gesamten »Fruchtbaren Halbmond« hinweg reichte das Imperium Nebukadnezars II. (604–562 v. Chr.) von Mesopotamien über das südliche Anatolien, Syrien und Palästina bis vor die Tore Ägyptens. Unter Nabonid, dem letzten König von Babylon, kamen auch noch Teile Arabiens hinzu.

▶ Ausbreitung des babylonisches Reiches unter Hammurapi und Nebukadnezar.

Mesopotamisches Pantheon

Wie aus der religiösen Literatur und den Bildquellen hervorgeht, stellten sich die Mesopotamier die Götter von Anfang an in Menschengestalt vor. Das taten Griechen und Römer später auch, jedoch gab es einen gravierenden Unterschied: Nach dem Glauben der Sumerer und ihrer Nachfolger waren diese Götter praktisch überall, und sie konnten sich rasch und wo sie wollten in ein Naturphänomen wie einen Blitz oder einen Erdstoß verwandeln. Ähnlich wiederum wie bei den Griechen und den Römern waren die Götter keine allmächtigen, unfehlbaren Wesen. Das machte sie einerseits sympathisch, andererseits konnte es aber ein Grund zur Besorgnis und zur Unsicherheit sein, denn es entfiel somit das unerschütterliche Grundvertrauen in die Mächte des Himmels. Warum aber schufen sich die Menschen in Mesopotamien dann keine perfekten Götter? Weil sie allzu oft erfahren mussten, dass die Götter trotz aller Bemühungen der Menschen, sie durch Opfer, Gebete und Zeremonien gnädig zu stimmen, es nicht schafften, den menschlichen Kosmos in einen Zustand des dauerhaften Glücks und der verlässlichen Sorglosigkeit zu bringen.

Das antike Mesopotamien war voll von Göttern – von Göttern, die nur auf lokaler Ebene, in einzelnen Städten beispielsweise, verehrt wurden, aber auch von Göttern, die eine überregionale, mitunter sogar universale Bedeutung erlangten. Dass sich ein Gott oder eine Göttin auf größerer Ebene durchsetzte, hatte in der Regel weniger religiöse als vielmehr politische Gründe, denn die Verbreitung einzelner Gottheiten ging mit dem Aufstieg einzelner Dynastien und Mächte einher. Um ihre Herrschaft zu stabilisieren, setzten diese gerne auf die einigende und identitätsstiftende Wirkung der von ihnen favorisierten Götter.

Infolgedessen wechselte die Prominenz im mesopotamischen Pantheon in dem Maße und in der Frequenz, wie die politischen Machtverhältnisse sich wandelten. Doch einige Götter überlebten alle Turbulenzen und sorgten dafür, dass die religiöse Landschaft insgesamt immer noch überschaubar blieb. Dabei war es für Mesopotamien charakteristisch, dass die Menschen gerne in Dreierkombinationen dachten und glaubten. Zeitlich am frühesten, bereits bei den Sumerern, ist die Trias Anu, Enlil und Enki-Ea nachweisbar. Anu, sumerisch auch An genannt, fungierte als Himmelsgott und war ursprünglich der Stadtgott von Uruk gewesen. Anu war an sich kein freundlicher Gott, aber für die Sumerer war er jene göttliche Instanz, die den Menschen im fruchtbaren Land zwischen Euphrat und Tigris Weizen, Gerste und Hanf vom Himmel auf die Erde gebracht hatte. Ihm zur Seite stand bei dieser segensreichen Tätigkeit sein Sohn Enlil, der König der Götter. Er hatte seine göttliche Karriere als Hauptgott der Stadt Nippur begonnen. Er war ein weiser Gott, aber wichtiger noch: Er war der Gott des Wassers. Das war eine Qualität, der in dem Land zwischen den beiden Strömen eine besondere Bedeutung zukam. Bilder zeigen ihn, wie aus seinen Schultern die Fluten des Euphrat und des Tigris hervorquellen. Seine ursprüngliche Heimat war die Stadt Eridu. Auch weitere Göttinnen und Götter avancierten von Lokal- zu Hauptgöttern und erreichten überregionale Bedeutung – so Inanna, in Personalunion

Ischtar

Liebesgöttin und Kriegsgöttin, Nanna, seines Zeichens der Gott des Mondes, und Utu, der Sonnengott. Die Unterwelt, die auch bereits in den religiösen Vorstellungen der Sumerer einen festen Platz hatte, war das Reich des Nergal, der seine Hauptkultstätte in der Stadt Kutha, nordöstlich von Babylon gelegen, hatte.

Nergal

Leben und Sterben: Vorstellungen vom Jenseits

Nergal herrschte im Reich der Toten gemeinsam mit seiner Gemahlin Ereschkigal. Den Aufenthalt an diesem Ort stellten sich die Menschen wenig angenehm vor, ähnlich trostlos wie später die Griechen den Hades. Eine positive Jenseitsperspektive fehlte in dem Glauben der Sumerer und all der anderen Völkerschaften im antiken Mesopotamien. Umso mehr kümmerten sich die Hinterbliebenen darum, den Verstorbenen reichhaltige Grabbeigaben auf dem Weg in das Jenseits mitzugeben, um dem gestrengen Nergal keinen Grund zu liefern, die ohnehin bedauernswerten Toten noch schlechter zu behandeln.

Während die Sumerer, Akkader, Assyrer, Babylonier und alle anderen Völker des Orients dem Jenseits nicht viel abgewinnen konnten und dem Gedanken, dort einst einen traurigen Aufenthalt ohne Aussicht auf Rückkehr absolvieren zu müssen, anhingen, ließen sie eine ihrer populärsten Göttinnen bewusst das Totenreich aufsuchen. Ein Mythos erzählt von der Reise Inannas in die Unterwelt. Die Göttin der Liebe und des Krieges drängt es dazu, ihre Macht auch dort zu erproben. Allerdings ist sie hier nicht willkommen, auch wenn sie sich an

die Vorschriften hält und an jedem der sieben Tore, die in das Reich der Toten führen, Kleidungsstücke und andere Gegenstände ablegt. Ereschkigal ist eifersüchtig und tötet die Besucherin mit ihren Blicken. Gerettet wird Inanna vom Gott Enki-Ea, so entgeht sie dem Schicksal, auf ewig im Reich der Toten begraben zu sein. Die Erzählung dokumentiert – neben der Fantasie, mit der die Mesopotamier ihre Mythen auszustatten pflegten, und dem Wunsch, dem unerbittlichen Schicksal des Todes zu entrinnen – auch die Unmöglichkeit, diesen Wunsch zu realisieren: Inanna schafft es nur mit List, Tücke und göttlicher Hilfe – Mittel, die den Normalsterblichen versagt blieben.

Götter der Natur

Positiver als das Dasein des Unterweltgottes Nergal und seiner Gattin war dagegen das Wirken des Sonnengottes Utu, den die Babylonier als Schamasch verehrten. Wie alle frühen Religionen, so hatte auch die mesopotamische Religion einen starken Naturbezug. Man wollte sich das Geschehen, das sich in der Luft und am Himmel alltäglich vollzog, erklären, und da half die Vorstellung, dass hier auch Götter am Werk waren. Utu-Schamasch sorgte dafür, dass an jedem Morgen die Sonne aufging. Dazu musste er sich aber Tag für Tag mit einer Säge aus den Bergen, die ihn des Nachts gefangen hielten, befreien. Erst dann konnte er beginnen, seine himmlischen Bahnen zu ziehen.

Das Wetter fiel in den Kompetenzbereich von Adad. Sein Ressort war besonders wichtig, hing es doch von ihm ab, wie es um die Bestellung der Felder, um die Ernte, um die Ernährung von Mensch und Tier stand. Auch Adad machte, wie alle orientalischen Götter, eine Metamorphose vom Lokal- zum Globalgott durch: Ursprünglich war Aleppo im nördlichen Syrien die Stätte seiner Verehrung gewesen. Von den Sumerern fand er über die Akkader Eingang in die religiöse Vorstellungswelt aller Völker in Mesopotamien. Auf dem Weg dorthin hat er, wie die anderen Götter auch, die einen solchen Kulturtransfer erlebten, eine Metamorphose seines Namens durchgemacht. Ob Adad, Hadad, Ischkur oder Teschup – immer stand dahinter ein und derselbe Wettergott. Adad hatte eine positive und eine negative Seite: Einerseits konnte er dafür sorgen, dass Klima und Wetter sich günstig auf die Menschen auswirkten, andererseits aber auch mit Stürmen, Gewittern, Erdbeben und Überschwemmungen katastrophale Konsequenzen auslösen. Fast romantisch war die aus mesopotamischen Texten bekannte Vorstellung, Adad würde bei einem Gewitter seine Blitzbündel auf die Erde schleudern, begleitet von einem Stier, der mit dem Trappeln seiner Hufen für jenes Phänomen sorgte, das die Menschen auf der Erde als Donnern wahrnahmen.

Die Prominenz: Ischtar und Marduk

Viele der alten Götter machten auch im neubabylonischen Reich Karriere, als dessen bedeutendster Repräsentant der berühmt-berüchtigte Nebukadnezar II. gilt. Inanna wandelte sich hier zu Ischtar, die aufgrund des Ischtar-Tores, das der König ihr in Babylon bauen ließ, vermutlich die allgemein bekannteste Göttin aus dem gut gefüllten Pantheon der Mesopotamier ist. Ihr göttlicher Gemahl war der Himmelsgott An, mit dem sie in Uruk über ein gemeinsames Heiligtum verfügte. Ischtar war prominentes Mitglied der babylonischen Göttertrias, zu der weiterhin der Mondgott Sin und der Sonnengott Schamasch gehörten.

Als wichtigster Gott etablierte sich bereits unter Hammurapi in Babylon aber Marduk. Marduks Aufstieg vom einfachen Stadtgott zum obersten Gott im Reich der

▶ Das Relief aus dem Palast Sargos II. in Chorsabad (Irak) zeigt einen Priester, der die eine Hand zum Gebet erhebt und in der anderen Hand einen Granatapfelzweig hält.

Das Ischtar-Tor

Das Ischtar-Tor war das Glanzstück der monumentalen Stadtbefestigung von Babylon, die König Nebukadnezar II. in Auftrag gegeben hatte. Das Stadttor, benannt nach der Göttin der Liebe und des Krieges, bildete den nördlichen Zugang zur damals prächtigsten Metropole des Orients. Den Zeitgenossen präsentierte sich das Bauwerk als eine gigantische, mit Türmen versehene Doppeltoranlage, ausgestattet mit einem tunnelartigen Durchgang von 50 Metern Länge. Farbig glasierte Ziegel stellten auf dunkelblauem Grund Stiere, Drachen und Löwen dar – die Symboltiere des Wettergottes Adad (der Stier), des Sirrusch, ein dem Marduk heiliges Fabelwesen (der Drache), und der Ischtar selbst (der Löwe). Durch das Ischtar-Tor führte eine 23 Meter breite Prozessionsstraße, die der König aus Anlass der Neujahrsfeiern zu einer glanzvollen Zeremonie nutzte. Nach dem Glauben der Babylonier starb die Göttin während der Feiern, um gleich danach, wie die gesamte Stadt, symbolisch zu neuem Leben zu erwachen. Wiederentdeckt wurde das Ischtar-Tor zu Beginn des 20. Jahrhunderts von dem deutschen Archäologen Rudolf Koldewey, jedoch in einem äußerst ruinösen Zustand. 399 Kisten mit jeweils 250 Bruchstücken wurden nach Berlin transportiert, später folgten weitere 536 Kisten. Das rekonstruierte Tor ist heute eine der großen Attraktionen auf der Berliner Museumsinsel.

▶ Der Stier als Symbol des Gottes Adad säumte die Prozessionsstraße des Ischtar-Tors in Babylon. Detail eines Ziegelreliefs aus gebranntem und farbig glasiertem Ton.

*Als oben —
Enuma Elish*

Babylonier fand seinen literarischen Ausdruck in einem Lehrgedicht mit dem Titel »Enuma Elisch«, der übersetzt »Als oben« bedeutet. Dabei handelt es sich um die Anfangsworte dieses etwa 1000 Zeilen langen Schöpfungsmythos, die lauten: »Als es oben den Himmel noch nicht gab ...« Eine ähnlich wichtige Rolle spielte Marduk bei den Assyrern. Dass er nicht nur der Gott der Herrschenden, sondern auch der Gott des Volkes war, beweist der Umstand, dass gerade er bei vielen Personennamen Pate stand. Das ergibt sich aus dem Detail, dass im 12. Jahrhundert v. Chr. fast zehn Prozent der Personen, die in assyrischen Quellen genannt werden, »Marduk« in ihrem Namen trugen. Nebukadnezar II., bekannt für seine prestigeträchtige Bauwut, ließ es sich nicht nehmen, Marduk in der Hauptstadt Babylon ein gigantisches sakrales Denkmal zu setzen. Schwindelerregende 92 Meter erstreckte sich der Marduk-Tempel von Babylon in den Himmel. Etemenanki (»Haus des Himmels und der Erde«) war der Name, den die Babylonier diesem Wunderwerk der Architektur als Gesamtkomplex gaben. Dieses Heiligtum bildete den Hintergrund für die biblische Erzählung vom Turmbau zu Babel. Durch das Babylonische Exil kannten die Juden die Hauptstadt des Nebukadnezar, und das ambitionierte Projekt des Königs diente ihnen als Sinnbild menschlicher Hybris. Im Sog des populären Marduk gelangte auch sein Sohn Nabu zu einiger Bedeutung als Gott der Schreibkunst und der Weisheit, aber auch als jene göttliche Macht, die den Königen das Zepter als symbolisches Zeichen ihrer Herrschaft überreichte.

Für die Tempel ihrer Götter entwickelten die Babylonier mit der Zikkurat eine spezielle Bauform. Diese »Himmelshügel« bestanden aus einer gestuften Anlage, die sich terrassenförmig in die Höhe erhob. Das Allerheiligste befand sich in einem Raum auf der obersten Plattform, Zutritt hatten hier nur die obersten Priester oder der Herrscher selbst. Solche Zikkurate gab es nicht nur in der Metropole Babylon, sondern auch in Ur, Uruk und Samarra.

König und Priester

In Mesopotamien verfügten die über die Tempel wachenden Priesterschaften wie in Ägypten über große Macht. Nominell war der König der oberste Religionshüter, in einer Weise, dass man ihn auch als Priesterkönig bezeichnen kann. Das war notwendig, um seine Stellung als Herrscher zu sichern, die man als von den Göttern gegeben deklarierte. Die Götter und die Könige waren Garanten der staatlichen Ordnung. Charakteristisch sind in diesem Zusammenhang mythische Erzählungen darüber, wie sich die Götter um das Wohlergehen der Herrschenden sorgen. So reist in einem Mythos aus altbabylonischer Zeit der in Ur beheimatete Mondgott Nanna jedes Mal, bevor ein neues Jahr beginnt, nach Nippur zum obersten Gott Enlil, um diesen zu segensreichen Versprechungen für das Land und für die Menschen zu veranlassen. Der Katalog der erwünschten Leistungen ist lang: Es geht um Erfolge im Krieg, um Tribute, um Opfer, um das Frühjahrshochwasser, um die Erhaltung und den Ausbau der Infrastruktur. An erster Stelle aber stehen das Wohlergehen des Königs und die Sicherung der Nachfolge. Staatstragende Erzählungen wie diese stammten mit

Sicherheit aus dem Umfeld der Herrschenden, die auf diese Weise die Götter für den Erhalt der eigenen Führungsposition instrumentalisierten.

Auf der Ebene unter dem König aber agierten zu allen Zeiten und in allen Regionen des Zweistromlandes die mächtigen Priesterschaften. Sie hatten nicht nur die Kontrolle über das Sakralleben, sondern die Tempel waren auch wichtige Wirtschaftsfaktoren, denn sie verfügten über große Tempelschätze, gewonnen aus Kriegsbeute und Tributleistungen unterworfener Völker. Die mesopotamischen Tempel waren somit finanzpolitisch fortschrittliche Institutionen. Wer Geld brauchte, konnte hier Darlehen aufnehmen, offiziell vom Gott, doch in der Realität von den Priestern, die so die Tempel zu florierenden Banken gestalteten. Dazu gehörten den Tempeln umfangreiche Ländereien, auf denen Landwirtschaft und Viehzucht betrieben wurden. Das Kultpersonal war in seiner Gesamtheit sehr verzweigt, es herrschte eine strenge Hierarchie. Natürlich stellten die Priesterschaften auch einen politischen Machtfaktor dar. Der Aufstieg eines Lokalgottes zu einem Reichsgott, wie dies etwa bei Marduk der Fall war, bedeutete auch eine Veränderung der priesterlichen Machtbefugnisse. Die Hohepriester des Marduk achteten darauf, dass sie auch einen ambitionierten Herrscher wie Nebukadnezar II. nicht zu stark werden ließen. Ein Beleg dafür ist die zeremonielle Ohrfeige, die Nebukadnezar alljährlich zu Neujahr vor dem Tempel des Marduk in Babylon kassierte – verabreicht von dem höchsten Priester als Sinnbild der klar geregelten Rangordnung zwischen oberstem Gott und oberstem Mensch. Erst nach-

dem sich der König diesem Ritual unterzogen hatte, wurden ihm aufs Neue die Insignien der Macht überreicht.

Der letzte Babylonier

Was einem Herrscher passieren konnte, der sich nicht an die Regeln hielt, zeigt der Fall Nabonids. Der letzte Herrscher des neubabylonischen Reiches regierte zwischen 555 und 539 v. Chr., bevor die Perser die Macht übernahmen. Seine Regierung verband er mit einer, wie es sich zeigen sollte, fatalen religiösen Kehrtwende: Statt des in Babylon fest verankerten Marduk favorisierte er den Mondgott Sin, dessen Kult und damit auch Kultpersonal er aus Harran importierte. In Ur setzte er seine Tochter als Priesterin des dortigen Mondgottes ein. Das war ein offenkundiger Affront gegenüber Marduk, seinen zahlreichen Anhängern und vor allem gegenüber den mächtigen Marduk-Priesterschaften. In einer Inschrift versuchte der König sein Handeln zu rechtfertigen: »Die Söhne von Babylon, Borsippa, Nippur, Ur, Uruk, Larsa, die Priester und Bewohner der heiligen Stätten von Akkad fehlten, vergingen und versündigten sich, sprachen nur noch falsche, ungerechte Worte und fraßen einander wie die Hunde. Sie ließen Fieber und Hungersnot in ihrer Mitte entstehen, sodass die Bevölkerung zurückging. Ich aber begab mich weit weg von meiner Stadt Babylon.«

Tatsächlich wählte der wegen seines religiösen Kurswechsels in Bedrängnis geratene König den Weg ins freiwillige Exil, nach Arabien in die Oasenstadt Tema. In Babylon übernahm sein Sohn Bel-sarra-usur die Regentschaft –

Babylonische Mythen und die jüdisch-biblische Tradition

Die Bibel enthält zahlreiche Geschichten, die aus Mesopotami-
en und besonders aus Babylon stammen. Die räumliche Nähe
des Heiligen Landes zum Zweistromland ist dafür ebenso verantwortlich wie das Babylonische Exil der Juden. Die bekannteste biblische Erzählung ist die Geschichte vom Turmbau
zu Babel. Doch auch um Belsazar, den Sohn Nabonids,
rankt sich eine berühmte biblische Episode (Dan 5,25).
Während eines Gastmahls in Babylon erscheint ihm das
»Menetekel« als Ankündigung des nahenden Endes des
Babylonischen Reiches. Ein weiteres Beispiel für die Adap-
tion mesopotamischer Stoffe durch die Bibel stellt die Erzählung von der Sintflut dar. Im Gilgamesch-Epos, das auf das 2. Jahrtausend v. Chr. zurückgeht, gelangt der gleichnamige Held auf der Suche nach der Unsterblichkeit in die Unterwelt und erfährt dort vom Schicksal
des Uschnapischtim. Ihm und seiner Frau halfen die Götter, sich vor einer großen
Flut zu retten. In der späteren biblischen Erzählung entgeht Noah mit der Arche der Sintflut.

▶ Fragment des Gilgamesch-Epos, in dem die Sintflut geschildert wird.

besser bekannt unter seinem biblischen Namen Belsazar. Die Flucht des Herrschers war
ein Triumph der Marduk-Priester, die es auch
nicht versäumten, auf die Verfehlungen Nabonids deutlich hinzuweisen: Der König sei zu
einem gottlosen Fanatiker geworden, der »die
Riten störte, die Orakel verwirrte und die bestens erprobten Rituale in Acht und Bann trat«
für einen Gott, »wie man ihn noch nie im Lande gesehen hatte und von dem weder Ea, der
Schöpfer, die Gestalt erdacht noch der Weise
Adapa deren Namen erkannt hatte«. Mit der
Erwähnung des altehrwürdigen (Enki-)Ea und
seines im babylonischen Mythos zwar sehr wei-
sen, jedoch nicht unsterblichen Sohnes war das

religiöse Verdikt über den Ketzerkönig Nabonid wirkungsvoll ausgesprochen.

Nach zehn Jahren kehrte Nabonid aus Arabien nach Babylon zurück, im Gepäck seinen
Lieblingsgott Sin und dessen Gemahlin. Ihre
Bilder wurden in einer pompösen Zeremonie
durch die Hauptstadt getragen. Kurze Zeit
später wurde sie von dem Perserkönig Kyros II.
erobert. Die glorreiche Zeit der Babylonier war
damit beendet. Möglich geworden war dieser
Machtwechsel nicht zuletzt dadurch, dass die
traditionellen Priesterschaften dem König die
Gefolgschaft aufgekündigt und sich stattdessen lieber einem fremden Herrscher zuge-
wandt hatten.

Die Religion der Römer

Grundzüge römischer Religiosität

Die Römer müssen sehr religiös gewesen sein. Dieser Eindruck kann entstehen, wenn man die Vielzahl an Zeugnissen aus der Römerzeit betrachtet, die bis heute erhalten sind. Überall, sei es im Ursprungsland Italien, sei es in der großen weiten Welt der Römer, stößt man auf Tempel und andere Kultstätten. Dazu kommt eine Vielzahl von Götterstatuen, zu besichtigen in großen und kleinen Museen und in den Ausgrabungsstätten. Der römische Festkalender mit offiziellen Veranstaltungen zugunsten der Götter war prall gefüllt. In Rom verging kaum eine Woche, in der nicht religiös gefeiert wurde. Auf den Reichsmünzen der Kaiserzeit erscheint auf den Vorderseiten das Porträt des gerade regierenden Kaisers, auf den Rückseiten sehr häufig das Porträt eines Gottes oder einer Göttin. Höchst religiös wirken auch die Inschriften, in denen die Menschen dokumentierten, dass sie mit den Göttern in Kontakt getreten waren, um einen Wunsch erfüllt zu bekommen, und diesen dafür im Gegenzug ein Weihgeschenk samt die göttlichen Verdienste preisenden Texte offerierten. Solche Inschriften verwendeten als stereotype Formel: »Diesem oder jenem Gott wird diese Gabe als Geschenk überreicht«, es folgte der Name des Weihenden und dann die Abkürzung VSLLM, die aufgelöst »Votum Solvit Laetus Libens Merito« lautet: »Er (oder sie) löste das Gelübde freudig und gerne nach Verdienst.«

Diese Formel zeigt aber bereits einen Grundzug römischer Religiosität. Es mangelte der Religion der Römer an jener Intensität und Spiritualität, die andere antike Religionen, wie die in Mesopotamien oder auch das Christentum, auszeichneten. Religion war für die pragmatischen Römer eine geschäftsmäßige Angelegenheit, gemäß dem lateinischen Grundsatz »Do, ut des« – »Ich gebe, damit du gibst«. Für das Verhältnis von Mensch

▶ Die Göttin Juno zählte zum Pantheon der Götter im antiken Rom. Römische Marmorbüste aus dem 1. Jahrhundert n. Chr.

zu Gott gab es zwei prägende Begriffe: pietas und fides. Pietas, wie es häufig geschieht, mit »Frömmigkeit« zu übersetzen, wird der Komplexität dessen, was dahinter steckte, nicht voll und ganz gerecht. Unter pietas verstand der Römer das pflichtgemäße Absolvieren aller kultischen und sakralen Prozeduren, auf die die Götter Anspruch hatten, also Opferhandlungen, Gebete, Zeremonien. Wenn der Mensch tat, was die Götter verlangten, taten die Götter alles, was die Menschen wollten – das war die fides, ein Treueband zwischen beiden Partnern, das man auch als pax deorum, als den Zustand des »Friedens mit den Göttern«, bezeichnete.

Religion und Sozialordnung

Die Beziehung des Römers zu seinen Staatsgöttern war eine Geschäftsbeziehung, eine Sache des Kopfes, nicht des Herzens oder der Seele. Es handelte sich um ein nüchternes Vertragswerk zum Nutzen beider Vertragspartner. Diese spezielle Haltung, die sich in keiner anderen antiken Religion in vergleichbarer Weise findet, war letztlich das Ergebnis der römischen Sozialordnung. Das Verhältnis zwischen den Göttern und den Menschen war eine Analogie zu dem die römische Gesellschaft sowohl in den Zeiten der Republik als auch in der Kaiserzeit prägenden Klientelsystem. Die Reichen und Adligen kümmerten sich um die soziale und wirtschaftliche Existenz ihrer Schutzbefohlenen, diese wiederum taten alles, um das Sozialprestige ihrer Patrone zu wahren und zu mehren, etwa, indem sie morgens vor deren Häusern erschienen

und sie ritualisiert begrüßten (die Römer nannten diesen Vorgang salutatio). Auch Patron und Klient verband jene pietas, die man dann auch auf den religiösen Bereich übertrug. Die römische Staatsreligion war also eine Religion, die den politischen und sozialen Bedürfnissen entsprach, und keine Religion, die die Menschen innerlich berühren sollte. Alle Vorschriften mussten peinlich genau eingehalten werden, um den Göttern keinen Anlass zu geben, mit den Menschen unzufrieden zu sein. Das war Voraussetzung und Garantie für das angestrebte harmonische Verhältnis zwischen Menschen und Göttern.

Nicht nur bei den offiziellen Götterfesten konnte und sollte man zeigen, dass man um die Regeln wusste und sie einzuhalten bereit war. So achtete man auch innerhalb der Familien streng darauf, dass den Hausgöttern die gebührende Aufmerksamkeit zuteilwurde. »Für jeden einzelnen Bürger«, schrieb der Schriftsteller, Philosoph und Politiker Marcus Tullius Cicero (106–43 v. Chr.), »ist sein Haus schlechthin unantastbar, durch jede Art von Heiligkeit geschützt. Hier steht sein Hausaltar, sein Herd, seine Hausgötter, hier vollzieht er seine Opfer, seine religiösen Zeremonien.« Bei diesen Hausgöttern handelte es sich zum einen um die Laren, zum anderen um die Penaten. Die Laren waren Schutzgötter, die nicht nur als Hüter des Hauses an sich, sondern auch des gesamten Anwesens, auf dem sich das Haus befand, galten. Jede Familie widmete sich intensiv der Pflege ihrer Laren, denen regelmäßig Speiseopfer dargebracht wurden. Auch hier ging es nicht so sehr um religiöse Empfindungen als vielmehr um den ganz praktischen Wunsch, Unheil vom Haus abzuwenden. Die Penaten hatten einen engeren Verantwortungsbereich als die Laren: Sie sollten vor allem auf die Vorratskammer aufpassen, und deshalb befanden sich ihre häuslichen Kultstätten neben dem Herd. Mit der Verehrung der Laren und der Penaten war der Katalog an Pflichten und Vorkehrungen aber noch nicht erschöpft. So wurde auch die Tür des Hauses streng bewacht, nicht wegen der konkreten Furcht vor Einbrechern, sondern ganz allgemein, um Unheil abzuwenden. Die Eingangstür hatte den Namen ianua, sie galt als der Sitz des Gottes Janus und musste überwacht werden, um übelwollenden Geistern den Eintritt in das Haus zu verwehren. Und um zu verhindern, dass verstorbene Familienmitglieder als Schatten wieder in das Haus zurückkehrten, durften sie nur in der Nacht und nur mit den Füßen vornweg hinausgetragen werden. »Religion« war für die Römer also die Summe der Vorschriften und Handlungen, die geeignet waren, bei den Göttern einen guten Eindruck zu hinterlassen. Genau das meint auch das lateinische Wort religio, gewissermaßen der Urbegriff für »Religion«: Das in religio substantivierte Wort religare bedeutet »binden«, insofern ist religio die Bindung zwischen Menschen und Göttern, so beschreibt es der Kirchenschriftsteller Laktanz im 3. Jahrhundert n. Chr. Eine alternative Deutung liefert Cicero im 1. Jahrhundert v. Chr. in seiner Schrift »De natura deorum« (Vom Wesen der Götter). Demnach kommt das Wort religio von dem Wort relegere, das »etwas wieder lesen« oder »etwas wieder durchgehen« bedeutet. In dieser – den Kern des Begriffs wohl besser treffenden – Variante ist Religion die gewissenhafte, sich immer wieder zu vergegenwärtigende Einhaltung der kultischen Regelungen.

▶ Römische Bronzestatue eines tanzenden Laren, Schutzgott des Hauses, der Familie und der Feldwege, um 150 n. Chr.

Religion ohne System

Die römische Religion war kein geschlossenes System, sondern die Summe aller Vorschriften, Regelungen und Praktiken, die man teils aufgrund schriftlicher Vorgaben, vor allem aber gewohnheitsmäßig befolgte. Anders als im Judentum, Christentum und Islam gab es bei den Römern keine »Heilige Schrift«. Zwar konnte man sich zum Beispiel in den Sibyllinischen Büchern klug machen. Doch diese Orakeltexte, aus denen auch die Griechen Empfehlungen für das Handeln in schwierigen Situationen bezogen, waren etwas für die Priester, nicht für die breite Masse der Bevölkerung. Gelegentlich ließen sich auch kluge Geister über das Wesen römischer Religiosität aus, ohne damit allerdings ein theologisches Gesamtgebäude liefern zu wollen. Am berühmtesten ist in dieser Hinsicht Ciceros »De natura deorum«. Wie die meisten Werke Ciceros, so war auch diese Schrift eine Auseinandersetzung mit dem, was die Griechen vorgegeben hatten. Insbesondere liefert Cicero eine gelehrte Disputation der Frage des Verhältnisses der Religion zu den Wahrheiten, die von griechischen Philosophen, insbesondere von den Stoikern und den Epikureern, verbreitet wurden. Gleich am Anfang sagt Cicero: »Über die Gestalt, den Aufenthaltsort, den Wohnsitz und die Lebensweise der Götter wird viel erzählt, und über diese Fragen ist ein heftiger Meinungsstreit unter den Philosophen im Gange. Was aber den Kernpunkt des Problems bildet, ob die Götter nichts tun, keine Wirksamkeit haben oder sich jeder fürsorgenden Lenkung der Welt enthalten, oder ob im Gegenteil gerade von ihnen schon vom ersten Anfang an alles erschaffen und eingerichtet ist und alles bis in die Ewigkeit von ihnen geleitet und in Bewegung gehalten wird – gerade darüber ist die Uneinigkeit besonders groß ...« In der Sache ist Cicero nicht bereit, denjenigen Gelehrten zuzustimmen, die jegliches Interes-

▶ Der römische Schriftsteller Marcus Tullius Cicero setzte sich in seinem Werk auch mit dem Wesen der Religion auseinander, die für ihn vor allem die Einhaltung der kultischen Vorschriften war.

se der Götter an den Menschen und den irdischen Angelegenheiten bestreiten. »Welchen Sinn kann dann fromme Haltung, untadeliger Lebenswandel und Gottesverehrung haben?«, fragt Cicero zurück und argumentiert, dass alle Verehrung den Göttern nur dann richtig dargebracht werden könne, wenn dies von den überirdischen Mächten auch zur Kenntnis genommen werde. Das ist der Stil der gesamten Abhandlung »De natura deorum« – geeignet für philosophische Kaminabende, aber viel zu abstrakt für die Masse der Menschen. Und schon gar nicht wollte Cicero ein Werk vorlegen, das eine verbindliche Theologie schaffen wollte.

Sühne für ein Desaster

Ein Vorfall aus der Zeit des Zweiten Punischen Krieges (218–201 v. Chr.) ist bestens geeignet, jene besondere Form römischer Religiosität zu beleuchten, deren Hauptfunktion es war, mit den Göttern nicht in Konflikt zu geraten. 218 v. Chr. war der karthagische Feldherr Hannibal über die Alpen nach Italien gezogen und in den folgenden Monaten von Sieg zu Sieg geeilt. Bei Cannae in Apulien bereitete er den Römern 216 v. Chr. eine der schwersten Niederlagen ihrer Geschichte. Wie aber hatte es zu diesem Desaster kommen können? Sofort begannen die Senatoren nach den Ursachen zu forschen, denn Niederlagen waren in ihrer stets auf Erfolg getrimmten Bilanz einfach nicht vorgesehen. Bezeichnenderweise untersuchte man sofort mögliche Verfehlungen im religiösen Bereich und stieß dabei auf die mangelhafte Sühnung von sexuellen Verfehlungen

der Vestalinnen. Diese Priesterinnen der Göttin Vesta, deren Aufgabe es war, das heilige Feuer im Vesta-Tempel auf dem Forum Romanum zu hüten, waren zu absoluter Keuschheit verpflichtet. Dieses Gelübde hatten zwei Vestalinnen namens Opimia und Floronia offenbar gebrochen. Über die Strafe schreibt der römische Historiker Livius: »Die eine wurde wie üblich am Collinischen Tor lebendig begraben, die andere hatte Selbstmord verübt. Lucilius Cantilius, Sekretär bei den Oberpriestern, der mit Floronia den unerlaubten Umgang gehabt hatte, ließ der Pontifex Maximus auf dem Comitium so lange mit Ruten peitschen, bis er unter den Schlägen starb.« Zur Sicherheit wurde auch noch ein Senator (es handelte sich um Quintus Fabius Maximus, den Verfasser der ersten römischen Geschichte, die noch in griechischer Sprache geschrieben wurde) nach Delphi zum berühmten Orakel geschickt, um dort zu erfahren, so Livius, »mit welchen Gebeten und Anrufungen die Götter zu versöhnen seien und wann die schweren Schicksalsschläge endlich ein Ende nehmen würden«. Außerdem konsultierte man im Rahmen der mentalen Aufarbeitung der Niederlage von Cannae die Sibyllinischen Bücher. Aufgrund der Lektüre dieser Bücher kam man zu dem Ergebnis, es würde die Götter gnädiger stimmen, wenn man ein Menschenopfer darbringen würde. Eigentlich war eine solche archaische Zeremonie in Rom völlig unüblich geworden. Aber nach Cannae war alles möglich. Man ließ, wie Livius mitteilt, eine Gallierin und einen Gallier sowie eine Griechin und einen Griechen auf dem Forum Boarium, dem römischen Rindermarkt, lebendig in ein unterirdischen Felsverlies herab, wo sie dann elend umkamen. Damit mussten die Götter nach Meinung der Priester und der Senatoren genug versöhnt sein. Die pax deorum, gestört durch die Verfehlung der Vestalinnen, von den Göttern gerächt, indem sie die Niederlage von Cannae schickten, war durch die entsprechenden Sühnemaßnahmen wiederhergestellt. Dieses Spiel wiederholte sich immer dann, wenn Katastrophen eintraten, seien es solche kriegerischer Art oder auch Naturkatastrophen. Immer wurden derlei Ereignisse als eine Strafe oder auch als ein Zeichen der Götter gedeutet. Bemerkenswerterweise hielt sich die religiöse Deutung von Naturkatastrophen in weiten Kreisen der Bevölkerung auch dann, als die wissenschaftlichen Erkenntnisse in dieser Hinsicht durchaus Fortschritte machten. Jedoch war es aus der Sicht vieler Menschen sicherer, an Götter als Verursacher zu glauben, denn sie konnte man, im Gegensatz zu den anonymen Kräften der Natur, persönlich benennen und persönlich ansprechen.

Die Religion der Bauern

Allerdings muss der allgemein zutreffende Befund, dass die Beziehung zwischen Menschen und Göttern bei den Römern von nüchterner, eher geschäftsmäßiger Art war, in einer Hinsicht etwas präzisiert werden. Denn auf dem Lande sah die Bevölkerung dies etwas anders als die Menschen in der Stadt. Die Römer waren und blieben ein Volk von Bauern, und so bestimmten auch die Interessen der Bauern die Einstellung zu den überirdischen, die Natur prägenden Mächten. In Rom und in den anderen Städten Italiens dominierte eine in

religiösen Angelegenheiten auf Pragmatik ausgerichtete Urbanität. Dem Bauern war es ein vitales Anliegen, dass seine Ernte erfolgreich und seine Herden gesund waren. Natürlich war auch diese Einstellung zur Religion auf Gewinn und Profit ausgerichtet, aber sie war existenzieller und frei von dem routinierten Abspulen tradierter sakraler Zeremonien, wie sie in der Stadt Rom vollzogen wurden. Hinter dem mannigfachen Wirken der Natur vermuteten die Bauern und Hirten jeweils eine göttliche Kraft, die von den Römern Numen genannt wurde. Eine zentrale Quelle für diese rustikale Einstellung sind die Empfehlungen, die der Senator und Großgrundbesitzer Cato der Ältere im 2. Jahrhundert v. Chr. für Bauern parat hatte, die in Sachen Verehrung und Pflege der Götter nichts verkehrt machen wollten: »Dem Iuppiter des Opfermahls bringe einen Becher Wein so groß, wie du willst, als Opfer dar. An diesem Tag ist Feiertag für Ochsen, Ochsenknechte und alle, die das Opfermahl ausrichten. Wenn du das Opfer darbringst, so sollst du ausrufen: ›Iuppiter des Opfermahls, da dir in meinem Haus und Haushalt ein Becher Wein als Opfergabe dargebracht werden muss, aus diesem Grund sei mit der Darbringung dieser Opfergabe geehrt.‹ Währenddessen wasche dir die Hände. Danach nimm den Wein mit den Worten: ›Iuppiter des Opfermahls, geehrt seiest du mit der Darbringung der besagten Opfergabe, geehrt seiest du mit dem dargebrachten Wein.‹ Der Vesta opfere dann, wenn du es willst. Das Opfermahl für Iuppiter besteht aus: einem Pfund Schafleisch, einer Urna Wein. Dem Iuppiter opfere die Gaben mit reinen Händen bei ihrer Berührung.« Diesen und anderen Empfehlungen

folgend, glaubte der römische Landmann, die Götter gnädig genug gestimmt zu haben – bis vielleicht eine schlechte Ernte eintrat und er seine Bemühungen um die göttliche Gunst intensivieren musste.

▶ Die römischen Bauern verehrten den Gott Silvanus als Schutzgott der Wälder und Felder.

Die Einflüsse der Etrusker

Die römische Religion war, was das Verhältnis zwischen den Menschen und den Göttern betraf, ein Spiegelbild der römischen Gesellschaftsordnung. Doch es gab auch noch eine Reihe weiterer Einflüsse, die auf die Römer bereits in der Königszeit und zu Beginn der Republik eingewirkt haben. Insbesondere sind hier die religiösen Anstöße zu nennen, die das noch junge Rom von den Etruskern erhalten hat. Um die Mitte des 8. Jahrhunderts v. Chr. wurde Rom gegründet. In dieser Hinsicht stimmt die römische Version von der Gründung der Stadt am 21. April 753 v. Chr. durch Romulus mit den neuesten archäologischen Befunden überein. Gegründet wurde Rom in dieser Zeit in dem Sinn, dass sich aus einer kleinen Siedlung von Hirten und Bauern am Tiber eine größere Ortschaft entwickelte. Pate standen bei der Stadtwerdung Roms Etrusker, also Angehörige jener ersten Hochkultur in Italien, die seit der ersten Hälfte des 1. Jahrtausends v. Chr. in dem Gebiet zwischen Arno und Tiber herrschten. Einer der etruskischen Fürsten übernahm mit seiner Dynastie und seinem Clan die Macht über das noch bäuerliche Rom, das bis dahin kulturell und auch religiös seine Impulse von den latinischen Nachbarn empfangen hatte.

Die Etrusker brachten Konzepte für eine moderne Stadtanlage mit – immer wieder wird neben dem tatsächlich bemerkenswerten Bau der Cloaca maxima, der ersten großen Entwässerungsanlage, auf ihre Pionierleistungen auf dem Gebiet von Politik, Kultur und eben auch Religion hingewiesen. Und tatsächlich haben sie ein Volk, dessen religiöser Horizont sich auf natürliche Phänomene bezog, mit subtileren religiösen Vorstellungen und Praktiken vertraut gemacht. Dazu gehörte der Bau von Tempeln als heiligen Stätten bestimmter Gottheiten, die jetzt mehr und mehr an die Stelle des abstrakten Numens traten. Schon in dieser Zeit konnte sich Iuppiter als der oberste Gott im Kanon der römischen Gottheiten profilieren. Er löste Mars ab, der, wie es scheint, vor Iuppiter als wichtigste Gottheit verehrt wurde. Auf dem Kapitol von Rom wurde, nach der Überlieferung 509 v. Chr., ein großer Tempel für diesen neuen Gott an der Spitze des sich entwickelnden Pantheons errichtet. Nach diesem Standort wurde der Gott als Iuppiter Capitolinus bezeichnet. Ihm zur Seite traten mit Juno und Minerva zwei weitere Gottheiten, die zusammen mit Iuppiter die »kapitolinische Trias« bildeten. Etruskisch inspiriert war auch das für die römische Religion in der Folgezeit so charakteristische Verfahren, den Willen der Götter zu erkunden. Das hatte nicht nur damit zu tun, dass es gleichsam eine menschliche Grunddisposition ist, zu wissen, was einen erwartet. Für die Römer war es besonders wichtig, hinter die Kulissen der göttlichen Willensbildung zu schauen. Denn wenn man mit den Göttern in Eintracht und Harmonie leben wollte, war es eine Art von Lebensversicherung, wenn man die Zeichen, die die Götter den Menschen offen oder versteckt gaben, richtig zu deuten wusste. Daraus entwickelte sich im Laufe der Zeit eine regelrechte Spezialdisziplin, die vor allem in der Zeit der Republik zu höchster Blüte gelangte. Der ganze Komplex wurde von den Römern als divinatio bezeichnet (abgeleitet von deus, Gott, bzw. divus, göttlich). Professionelle Deuter waren in Rom die Auguren. Sie riefen Iuppiter oder einen der anderen Götter an, sich zu melden, und warteten dann auf ein entsprechendes Zeichen. Weil ihre Aufgabe so verantwortungsvoll war, stieg die Zahl der Auguren im Lauf der Zeit kontinuierlich an – von zunächst drei auf neun, in der späten Republik dann auf 15 und (zur Zeit Caesars) auf 16. Auch in der Kaiserzeit waren sie die gefragtesten unter den römischen Priestern. Den Willen der Götter lasen sie bevorzugt aus dem Vogelflug. Vor Sonnenaufgang begab sich der im Dienst befindliche Augur an einen bestimmten, als heilig deklarierten Platz. Dort teilte er den Himmel in einzelne Abschnitte ein und legte fest, welche Bedeutung das Erscheinen von Vögeln in dem jeweiligen Segment hatte.

Von Hühnern und Gänsen

Auch Hühner wurden zum Zweck der Decodierung des göttlichen Willens herangezogen. Natürlich handelte es sich nicht um ordinäre Hühner, sondern um Federvieh, das man zuvor in einen sakralen Status gehoben hatte. Viele Tiere konnten es auf diese Weise in Rom zu einer religiösen Bedeutung bringen, obwohl die Römer weit davon entfernt

Washington

Im antiken Rom war das Kapitol der Sitz der kapitolinischen Trias, bestehend aus Iuppiter, Juno und Minerva. Das Kapitol war bereits im Römischen Reich Vorbild für viele andere Städte, die ihren Hauptgöttern an zentraler Stelle ein Heiligtum weihten. Das Kapitol von Rom stand auch Pate, als Ende des 18. Jahrhunderts in der US-Hauptstadt Washington das Parlamentsgebäude errichtet wurde. Mit seinem klassizistischen Baustil und der gewaltigen, 55 Meter hohen Kuppel prägt das Regierungsgebäude auf dem Capitol Hill bis heute das Stadtbild. 1800 war der Bau des United States Capitol, wie es die Amerikaner nennen, so weit vollendet, dass der Kongress zum ersten Mal zusammenkommen konnte. Die Bezeichnung »Kapitol« wurde bewusst gewählt. Damit wollte man sowohl an die einstige Größe Roms als auch an dessen republikanische Tradition anknüpfen. Heute befindet sich das Repräsentantenhaus im Südflügel, während der Senat im Nordflügel tagt.

▶ Das Kapitol in Washington verkörpert durch seine eindrucksvolle Gestalt politische Macht.

waren, Tiere in einer Weise kultisch zu verehren, wie dies bei den Ägyptern der Fall gewesen ist. Große Bekanntheit haben in dieser Hinsicht die Gänse der Juno erlangt. Sie versahen ihren Dienst oben auf dem Kapitolshügel und vollbrachten 387 v. Chr. eine Tat von geradezu patriotischen Dimensionen, als dank ihres aufmerksamen Geschnatters der nächtliche Angriff der Kelten gerade noch rechtzeitig abgewehrt werden konnte. Natürlich handelt es sich dabei um eine Überlieferung mit vielen fiktiven Zutaten (insbesondere dürfte die Attacke der Kelten für die Römer nicht so völlig überraschend gekommen sein), aber dass man sich diese Geschichte bei den Römern auch in späterer Zeit noch viel und gern erzählte, beweist, dass die heiligen Tiere in der religiösen Welt der Römer doch eine prominente Position einnahmen. Die Hühner jedenfalls hatten nicht mehr zu tun, als unter der strengen Beobachtung der Auguren zu fressen. Als günstiges Vorzeichen wurde angesehen, wenn sie so gierig fraßen, dass ihnen das Futter wieder aus dem Schnabel fiel. Etruskischen Ursprungs war die, allerdings auch in anderen Kulturen bekannte, Sitte der Opfer- oder Eingeweideschau, bei der die Innereien des Tieres, insbesondere die Leber, einer genauen Untersuchung unterzogen wurden. Auch Blitz und Donner konnten als göttliche Willensäußerung gelten. Und man achtete auch sorgfältig auf

▶ Die Gänse auf dem Kapitol verrieten der Überlieferung nach einen bevorstehenden feindlichen Angriff der Kelten durch ihr lautes Geschnatter. Fragment eines römischen Reliefs.

Anomalien aller Art, bei denen der Verdacht bestand, dass hier die Götter sprachen. Dazu gehörten zum Beispiel Missgeburten oder auch Naturereignisse wie Erdbeben oder Überschwemmungen. Solche Prodigien, wie sie von den Römern genannt wurden, waren nicht nur Erscheinungen der römischen Frühzeit, sondern spielten bis weit in die Kaiserzeit hinein eine wichtige Rolle.

Politisches Chaos – Chaos in der Natur

Die Auffassung, dass entscheidende Ereignisse ihre Schatten vorauswarfen, war im alten Rom weit verbreitet. Die Bürgerkriege der späten Republik ließen die zeitgenössischen

Autoren von allen nur denkbaren Turbulenzen begleiten. Dem politischen Chaos entsprach eine aus den Fugen geratene Natur, mit der die Götter demonstrieren wollten, welches Ungemach den Menschen noch drohte. Lukan etwa läuft in seinem Bürgerkriegsepos zur Höchstform auf, wenn er beschreibt, wie nach der Flucht des Pompeius vor seinem Rivalen Caesar sich ein geradezu surrealistisches Szenario entfaltet: »Die Erde verlangsamte die Drehung um die eigene Achse, die Alpen schüttelten von ihren sich neigenden Gipfeln den alten Schnee herab, und das Meer schwoll an und stieg bis Kalpe im Westen [Gibraltar] bis zum höchsten Punkt des Atlas. Tiere konnten plötzlich mit Menschenstimmen reden. Frauen brachten Missgeburten von monströser Größe und Gliederzahl zur Welt. Die Mütter erschraken vor ihren eigenen Kindern. Furchtbare Orakelsprüche der Sibylle von Cumae gingen im Volk um.«

Erkundung des göttlichen Willens

Kein römischer Kaiser starb ohne solche göttlichen Vorzeichen. Ein so bedeutendes Ereignis konnten die Götter nicht einfach so geschehen lassen. Kurz vor dem Tod des ersten Kaisers Augustus im August 14 n. Chr. notierten professionelle Vorzeichendeuter und selbst ernannte Interpreten des göttlichen Willens merkwürdige, aber eindeutige Hinweise auf das bevorstehende Ableben des Kaisers. Ein Blitz fuhr in eine Statue des Kaisers. Aus der Inschrift am Sockel verschwand dadurch der erste Buchstabe seines Namens. Dieser lautete offiziell Caesar. »C« war das römische Zahlzeichen für 100. Das konnte nur bedeuten: Augustus hatte noch 100 Tage zu leben. Und er würde unter die Götter aufgenommen werden, denn die verbliebenen Buchstaben -aesar hatten in der Sprache der Etrusker die Bedeutung von »Gott«.

Den Willen der Götter zu erkunden, war ein wichtiger Bestandteil der römischen Religiosität, aber auch der Politik. Wenn die Götter zu allem Handeln ihre Zustimmung geben mussten, so galt dies auch für Entscheidungen, die den Staat betrafen. Vor jeder wichtigen Beratung, sei es im Senat, sei es in der Volksversammlung, holte man die Gutachten der Auguren oder der Opferschauer ein. Fielen diese negativ aus, so wurde auf eine Beschlussfassung verzichtet. Vor allem in der Krisenzeit der späten Republik wurde allerdings dem manipulativen Umgang mit Prodigien Tür und Tor geöffnet. Sie wurden eingesetzt, wie es den eigenen politischen Interessen entsprach. Die Religion an sich blieb dabei auf der Strecke. Möglich war dies, weil die Religion, jedenfalls die offizielle Staatsreligion, nie als ein Phänomen ethischer und moralischer Kraft angesehen wurde. Gegenüber dem, was in der späten Republik politisch aus der Religion gemacht wurde, waren gelegentliche Eingriffe in die göttlichen Willensbekundungen, obwohl manchmal mit fatalem Ausgang, fast harmlose Spielereien. Das zeigt sich in einer bekannten und viel zitierten Episode aus der Zeit des Ersten Punischen Krieges (264–241 v. Chr.). Vor einer Seeschlacht bei Drepanum (das heutige Trapani auf Sizilien) zwischen

Die Orgel – eine Erfindung der Antike

Die Orgel ist eine Erfindung der Antike. Der griechische Ingenieur Ktesibios von Alexandria entwarf im 3. Jahrhundert v. Chr. ein mechanisch betriebenes Instrument mit 50 Pfeifen und diversen Registern. Angetrieben wurde diese Frühform der Orgel mit Wasserkraft, die mit Kolbenpumpen Luft in die Pfeifen presste. Ein Irrtum wäre es indes zu glauben, dass diese Orgeln etwa im frühchristlichen Gottesdienst zum Einsatz gekommen wären. Das war erst im Mittelalter, in der Zeit der Karolinger (8. Jahrhundert), der Fall. Bei den Römern begleitete Musik aus der Wasserorgel die gefährlichen Kämpfe der Gladiatoren im Amphitheater. Für manche Gladiatoren war ein Ton der Orgel der letzte Laut, den sie von dieser Erde ins Jenseits mitnahmen.

den Flotten der Römer und der Karthager ließ der verantwortliche römische Kommandant, wie es vorgeschrieben war, die Auspizien einholen. Zu diesem Zweck waren Hühner an Bord, die allerdings mit dem Futter nicht so umgingen, dass man es als ein günstiges Vorzeichen deuten konnte. Der Kommandant aber verspürte keine Neigung, wegen der Hühner auf das Gefecht zu verzichten. So warf er sie kurzerhand über Bord, mit dem klassischen Ausspruch, dass sie, wenn sie schon nicht fressen wollten, dann wenigstens saufen sollten. Das geschah natürlich, wie der Berichterstatter Sueton vermerkt, gegen die religiösen Vorschriften. Dann stürzte sich der Kommandant in das Gefecht – und wurde besiegt. Das wiederum verwunderte niemanden, denn er hatte das göttliche Zeichen nicht zur Kenntnis nehmen wollen. Vielleicht verhielt es sich aber auch so, dass man retrospektiv eine Erklärung für die Niederlage in der Seeschlacht von Drepanum suchte und sie in dem (angeblichen) Religionsfrevel des Kommandanten Publius Claudius Pulcher fand.

Politischer Missbrauch der Religion

In der späten Republik jedoch nutzten Politiker aller Couleur rigoros die Religion aus, um ihre eigenen politischen Interessen durchzusetzen. Die Religion wurde zum Spielball der Politik. Man hatte keine Skrupel, mit fadenscheinigen religiösen Argumenten Volksversammlungen und Senatssitzungen zu sprengen, bei denen man Beschlüsse fürchtete, die für die eigene Karriere und die eigenen Ziele nicht förderlich waren. Immer fand sich ein Augur, der den Himmel beobachtete oder den Hühnern beim Fressen zusah, um dann bereitzustehen, wenn ihn einer der streitenden Politiker als sakrale Instanz benötigte. Berühmt ist die Kontroverse zwischen Iulius Caesar und seinem Rivalen Bibulus. Beide hatten gemeinsam die Ämterlaufbahn absolviert, 59 v. Chr. bekleideten sie zusammen das Konsulat. Caesar nahm auf den Kollegen jedoch keinerlei Rücksicht, brüskierte ihn sogar, wie und wo er konnte. Einmal ließ er ihn bei einer Versammlung sogar vom Forum jagen. Bibulus entschloss sich daraufhin zu einem stillen Protest: Er blieb für den Rest des Amtsjahres und verbrachte die Zeit damit, den Himmel zu beobachten und die Öffentlichkeit dann über schlechte Vorzeichen zu informieren. Aber auch diese politische Instrumentalisierung der Religion beeindruckte Caesar nicht, der weiter seinen Weg zur Alleinherrschaft ging. Die Religion aber hatte durch diese Vorgänge weiterhin an Bedeutung verloren. Sie war, jedenfalls in den Kreisen der Senatsaristokratie, zur bloßen Manövriermasse im Ränkespiel konkurrierender Politiker degeneriert.

Griechische Götter in römischem Gewand

Wenn die etruskischen Beiträge zur Religion der Römer Tempel und Vorzeichenkunde gewesen sind, so bestand der Anteil der Griechen an der Entstehung und Entwicklung der römischen Religion in der Kreation einer komplexen, anthropomorphen Götterwelt. Zwar hatten die Römer auch bereits über die Etrusker Götter kennengelernt. Doch erst die Begegnung mit den Griechen bewirkte die Ausformung des klassischen römischen Götterkanons. Kontaktzonen bei dem Kulttransfer zwischen Griechenland und Rom waren Süditalien und Sizilien. Seit der großen griechischen Kolonisation, die in der Mitte des 8. Jahrhunderts v. Chr. eingesetzt hatte und bis etwa zur Mitte des 6. Jahrhunderts v. Chr. dauerte, lebten in diesem Raum viele Griechen. Sie brachten ihre religiösen und kultischen Vorstellungen mit in den Westen, wovon noch heute die prächtigen Tempel auf Sizilien (Agrigent, Gela, Selinunt, Segesta) und in Unteritalien (Paestum) zeu-

gen. Durch die Vermittlung der Etrusker lernten die Römer die griechische Götterwelt bereits in der Königszeit kennen. Dann kam um 500 v. Chr. der politische Umschwung, mit dem Verschwinden der etruskischen Könige begann die Zeit der Republik. Sie dauerte gut 500 Jahre, bis mit Augustus die römische Kaiserzeit einsetzte. Außenpolitisch war die Zeit der frühen und der mittleren Republik für Rom eine Zeit der Expansion in Italien. Dabei kam man auch mit den griechischen Städten im Süden und auf Sizilien in engen Kontakt. Sie wurden nach der – in der Regel militärisch vollzogenen – Unter-

▶ Unter Iulius Caesar wurde die Religion zunehmend von der Politik instrumentalisiert. Römische Porträtbüste aus Marmor.

werfung politische Bundesgenossen der Römer. Als Folge dieser Kulturbegegnung importierten die Römer viele der griechischen Götter in ihren eigenen Bereich bzw. glichen ihnen bereits bekannte Götter denen der Griechen an. Dahinter stand die auch von den Griechen geteilte Grundüberzeugung, dass nicht jedes Volk seine eigene Götterwelt hat, sondern dass vielmehr die eigenen Götter auch bei den anderen Völkern vorhanden sind, nur eben unter anderen Bezeichnungen.

Ihren Iuppiter, den die Römer als einen der Ersten in ihrem Pantheon installiert hatten, setzten sie mit Zeus, dem obersten Gott aus der griechischen Götterfamilie vom Olymp, gleich. Die Beinamen des Iuppiter – Optimus Maximus, der Beste, der Größte – markieren diese unangefochtene Spitzenstellung. In der Hierarchie folgen Juno und Minerva, jene zwei Göttinnen, die mit dem Oberhaupt der Götter die »kapitolinische Trias« bildeten. Wie die Griechen, so teilten die Römer ihren Göttinnen und Göttern bestimmte Aufgabenbereiche zu, was den Vorteil besaß, zu wissen, an wen man sich bei welchen Problemen konkret zu wenden hatte. Iuppiter war als oberste Instanz natürlich immer eine gute Adresse. Doch es schadete auch nicht, auf eine Reihe göttlicher Spezialisten zurückgreifen zu können. Juno war die römische Version der griechischen Hera, der leidgeprüften Gattin des Zeus. In Rom war Juno gewissermaßen die Göttin für Familienangelegenheiten, ihr Ressort waren die Frauen, die Ehe, die Kinder. Minerva war die römische Athene und sorgte, wie Athene bei den Griechen, bei den Römern für das Handwerk und für die Künste.

Mars, römisches Pendant des griechischen Ares, ist primär bekannt als der Gott des Krieges. Diese Funktion nahm er jedoch erst in einem späteren Stadium seiner Entwicklung an. Wie so viele andere römische Götter, war er zunächst im Agrarsektor angesiedelt gewesen, wo er der Gott der (harten) Feldarbeit gewesen war. Auch Ceres konnte ihren agrarischen Ursprung nicht verbergen und blieb auch immer die Göttin der Feldfrüchte – wie ihr griechisches Gegenüber Demeter ebenfalls im ländlichen Reich eine prominente Rolle spielte. Und so entstand eine lange Liste römisch-griechischer Götter mit Merkur, dem Gott des Handels und der Kaufleute (griechisch Hermes), mit Venus, der Göttin der Liebe (griechisch Aphrodite), mit Diana, der Göttin der Jagd (griechisch Artemis), mit Äsculap, dem Heilgott (griechisch Asklepios), Bacchus, dem Gott des Weines (griechisch Dionysos), Fortuna, der Göttin des Glücks, des Zufalls, des Schicksals (griechisch Tyche), Neptun, dem Gott der Erdbeben und der Meere (griechisch Poseidon), Pluto, dem Gott der Unterwelt (griechisch Hades), Vulcanus, dem Gott des Feuers und der Schmiede (griechisch Hephaistos).

Offenheit für neue Götter

Das römische Pantheon war keine exklusive Angelegenheit. Immer stand es für weitere Götter offen. Das zeigte sich im Laufe der römischen Expansion, die sich seit dem 3. Jahrhundert v. Chr. nicht mehr allein auf Italien, sondern auch auf die gesamte Mittelmeerwelt erstreckte. Es entstand ein weites Imperium, das schon in den Zeiten der Republik von Spanien bis nach Syrien, von Nordafrika bis nach Gallien reichte. Gerne ließ man sich dabei auch auf die fremden Götter ein, auf die man bei den unterworfenen Völkern stieß. Man lehnte sie nicht ab und versuchte auch nicht, sie durch die eigenen Götter zu ersetzen. Vielmehr versuchte man sie in die eigene Götterwelt zu integrieren, um sich ihrer Macht und ihres Einflusses zu bedienen. Die Begegnung mit den Göttern des Orients bewirkte dabei eine Konfrontation mit Formen des Göttlichen und Kultischen, wie man sie aus dem eigenen Bereich nicht kannte. Die

Götterwelt der Römer, so wie sie von Staats wegen gepflegt wurde, war starr, nüchtern und kalt. Ihr fehlten jegliche Wärme, Emotionalität und Inspiration. Auch für das Leben im Jenseits hielt die römische Religion keine sonderlich erfreuliche Perspektive parat: kein Gedanke an ein Weiterleben, an eine Fortexistenz nach dem Ende des irdischen Daseins. Umso mehr investierte man, wenn man es sich leis-

ten konnte, in die opulente Ausstattung des Grabmals. Das Wichtigste war, bei den Lebenden nicht in Vergessenheit zu geraten. Der Nachruhm des Toten war die Garantie für das Weiterleben im Gedächtnis der Menschen. Das Grabmal, den Totengöttern geweiht, hatte die primäre Funktion, darauf aufmerksam zu machen, dass man gelebt hatte. Und so lebte der Römer denn auch in dem Bewusstsein, ein zukünftiger Toter zu sein, und deswegen kümmerte man sich bereits zu Lebzeiten um ein denkwürdiges Leben und um eine ordentliche Grabstätte, die dieses Leben, nicht aber den an sich bedeutungslosen Tod dokumentierte.

▶ Diana war die Göttin der Jagd und galt als Beschützerin von Jugend und Jungfräulichkeit. Römische Bronzestatuette, um 200 n. Chr.

Die Große Mutter

Ganz anders als die römische Religion waren Kulte, die man in Anatolien und im Orient kennenlernte. Eine erste Begegnung der besonderen Art vollzog sich im Jahr 204 v. Chr. Es war die Zeit gegen Ende des Zweiten Punischen Krieges, in dem der Kriegsgegner Karthago mit seinem Strategen Hannibal den Römern militärisch alles abverlangt hatte. In dieser Situation befragten die Römer wieder einmal die Sibyllinischen Bücher, und diese gaben einen Hinweis auf die Göttin Magna Mater. Diese »Große Mutter« hieß eigentlich Kybele und hatte ein zentrales Heiligtum in Pessinus im anatolischen Phrygien. Es handelte sich dabei um einen orgiastischen Kult, bei dem die Anhänger sich in Ekstase und Enthusiasmus versetzen ließen – alles Kultformen, die der römischen Religion völlig fehlten. Im Mittelpunkt des Kybele-Kultes stand ein heiliger Stein, ein Meteorit, der einst auf die Erde gestürzt war und in dem die Phryger die Figur

▶ Der römische Gott Bacchus war der Gott des Weins und der Fruchtbarkeit. Kopf einer Bacchus-Statue, um 100 n. Chr.

der Mutter- und Fruchtbarkeitsgöttin Kybele erkannt hatten. Die Sibyllinen empfahlen, den Stein nach Rom zu bringen, dann würde es gelingen, Hannibal zu besiegen. So geschah es auch, und als siegbringende Göttin durfte sich Kybele in der Folgezeit, bis in die Kaiserzeit hinein, einer besonderen Zuwendung vonseiten der römischen Bevölkerung erfreuen.

Skandal um Bacchus

Orgiastische Kulte allerdings waren den religiösen und politischen Ordnungshütern grundsätzlich suspekt. Denn an oberster Stelle stand die Wahrung der Tradition – nicht aus Selbstzweck, sondern weil die römische Religion mit ihren klaren Strukturen immer auch ein Instrument der Herrschenden war, die Bevölkerung zu disziplinieren. Das zeigte sich erstmals und bereits in aller Deutlichkeit im Jahr 186 v. Chr. Damals wurde Rom von dem sogenannten Bacchanalien-Skandal erschüttert. Die Bacchanalien waren ein Fest zu Ehren des Gottes Bacchus. Bei diesem Fest ging es nach Ansicht der Obrigkeit nicht gesittet genug zu. Die Anhänger des Kultes trafen sich nachts in freier Natur, und huldigten ihrem Gott mit wilden Tänzen, bekleidet mit den Fellen von Tieren, geschmückt mit Efeu und Weinranken. Wie später bei den Christen, so kamen Gerüchte auf, es gehe bei diesen Veranstaltungen nicht mit rechten Dingen zu. Die Rede war von Verbrechen und sexuellen Ausschweifungen. Ursprünglich nur Frauen vorbehalten, sollten sich jetzt auch Männer unter die Anhänger des Kultes gemischt haben. Der

Die Cestius-Pyramide

Besucher Roms staunen, wenn sie an der alten Porta Ostiensis, wo in der Antike die Straße nach Ostia begann, eine Pyramide entdecken, die sich mit einer Höhe von 36,5 Metern in den römischen Himmel erstreckt. Es handelt sich dabei um das Grabmal eines alten römischen Senators namens Cestius, der gegen 12 v. Chr. gestorben ist. Damals war Ägypten bei den römischen Adligen groß in Mode – auch hinsichtlich der Begräbniskultur. Die Eroberung des Landes am Nil nach dem Tod der Kleopatra (30 v. Chr.) lag nur wenige Jahre zurück. Nicht, dass Cestius sich im Jenseits wie ein ägyptischer Pharao fühlen wollte. Das entsprach nicht dem römischen Jenseitsglauben. Es ging vielmehr darum, mit diesem originellen Grabmal den sozialen Status der Familie zu dokumentieren.

▶ Cestius-Pyramide in Rom, rechts befindet sich die Porta San Paolo.

römische Senat nahm dies zum Anlass für ein rigoroses Vorgehen: Die Priester wurden verhaftet, gegen die Anhänger ein gerichtliches Verfahren eröffnet und jede weitere Ausübung des Kultes verboten. Aufgrund der staatlichen Sanktionen büßte der ekstatische Bacchus-Kult nicht nur in Rom, sondern auch in Italien zunächst an Bedeutung ein. Allerdings zeigte die Affäre zugleich in aller Deutlichkeit, dass es in der römischen Bevölkerung, und zwar sowohl bei Frauen als auch bei Männern, einen dezidierten Wunsch nach einer intensiveren,

▶ Dieses römische Fußbodenmosaik stellt den sozialen Rollentausch bei den Saturnalien mittels dreier Sklaven dar, die Lendenschurz und Blätterkrone tragen.

erlebbaren Religiosität gab, der auf lange Sicht auch nicht durch den Arm des Gesetzes zu bändigen war. Der Weg zu den in Rom seit der späten Republik und vor allem in der Kaiserzeit außerordentlich populären Mysterienreligionen orientalischer Provenienz war damit klar vorgezeichnet.

Religiöse Feste

Die Feier der Bacchanalien gehörte nicht zum regulären römischen Festkalender. Dieser war jedoch flächendeckend großzügig ausgelastet. Fast jede Gottheit aus der Riege der offiziellen Staatsgötter hatte an einem bestimmten Tag des Jahres ihr eigenes Fest. An diesem Tag wurden dann genau geregelte Zeremonien durchgeführt. Verzeichnet waren die Götterfeste in den Fasti, also dem von den obersten Priestern geführten Festkalender. Charakteristisch war dabei die Kombination von religiöser Feier, szenischen Darbietungen und Spielen aller Art, mit einer im Laufe der Zeit zunehmenden Tendenz zur Profanisierung – eine Entwicklung, die sich auch in Griechenland beobachten lässt, zum Beispiel bei den Olympischen Spielen, die als Feiern zu Ehren des obersten Gottes Zeus begonnen hatten, deren religiöser Ursprung dann aber immer mehr zugunsten der sportlichen Wettkämpfe in den Hintergrund gerückt wurde.

Eines der ältesten Feste wurde zu Ehren der Göttin Flora veranstaltet. Wie der Name bereits ahnen lässt, hatte sie die Aufgabe, sich um die blühende Natur zu kümmern. 238 v. Chr. wurden die ludi Florales ins Leben gerufen, ausgelassene Spiele mit Volksfestcharakter, bei denen man leicht vergessen konnte, worum es bei diesem Fest eigentlich immer gegangen war: der Göttin zu danken und sie für die Zukunft positiv zu stimmen. Einer großen Popularität erfreute sich auch das Fest der Luperkalien. Der Termin dieses alten Hirtenfestes war der 15. Februar. Der Name erklärt sich etymologisch (wahrscheinlich) aus den Komponenten lupus (Wolf) und arcere (abwehren). Bei dieser »Wolfsabwehrung« wurde ein Hund getötet, und es fand ein ritueller Lauf von Priestern, die lediglich mit einem Ziegenfell bekleidet waren, auf den Palatin statt. Dieses Ritual bezog sich auf die Zeiten, als Rom noch eine kleine Stadt der Bauern und Hirten gewesen war, zu deren Existenzsicherung es gehörte, die Herde vor streunenden Wölfen zu schützen.

Während des Laufes auf den Palatin versahen die Priester Frauen mit Riemenschlägen, mit dem Ziel, deren Fruchtbarkeit zu fördern. Für Schlagzeilen sorgten die Luperkalien des Jahres 44 v. Chr. Damals wollte der Diktator Iulius Caesar testen, inwieweit er der römischen Bevölkerung eine Monarchie zumuten konnte. Während des Trubels des Festes veranlasste er seinen Helfer Marcus Antonius, ihm ein Diadem aufs Haupt zu setzen, was bei der versammelten Bevölkerung allerdings überhaupt nicht gut ankam, sodass dieses Experiment nicht fortgesetzt wurde. Genau einen Monat später starb Caesar unter den Dolchen von Verschwörern. Die Luperkalien als Ort politischer Demonstrationen – dies zeigt einmal mehr, dass in der späten Republik die ohnehin stets nüchterne römische Religion nun voll und ganz zum politischen Instrument geworden war.

Eine herausragende Rolle auf der Skala der religiösen Feste in Rom spielten weiterhin die Parentalien. Bei diesem Fest ging es um die Ehrung der Toten in der Familie, und im Gegensatz zu den meisten anderen Festen hielt sich hier die Tendenz zur Profanisierung in Grenzen, jedenfalls in dem Sinne, dass hier an sich sachferne Nebenveranstaltungen nicht die Hauptsache darstellten. Natürlich aber nutzten die Familien die Gelegenheit, sich im kollektiven Gedenken an die Ahnen gesellschaftlich ins rechte Licht zu rücken. Das Fest dauerte neun Tage lang, vom 13. bis zum 21. Februar, überschnitt sich in dieser Hinsicht also mit den Luperkalien, was aber keine ungewöhnliche Situation war: Häufig verzeichneten die Fasti zwei oder mehr Feste zur gleichen Zeit. Während der Parentalien

Iuppiter-Gigantensäulen

Vor allem aus dem römischen Germanien ist ein besonderer Typus der Iuppiter-Verehrung bekannt. Die heute »Iuppiter-Gigantensäulen« genannten Monumente erreichten eine Höhe von bis zu 15 Metern. Auf einem quaderförmigen Sockel waren auf allen vier Seiten Götter abgebildet. An der Spitze befand sich ein Kapitell mit Allegorien der vier Jahreszeiten oder von Planeten. Ganz oben thronte der Göttervater höchstpersönlich, manchmal auch reitend in siegreicher Pose gegenüber einem Giganten, einem der ewigen Rivalen der olympischen Götter. Bekleidet war Iuppiter mit einer Hose. Für Römer waren Hosen Inbegriff des Barbarischen. So waren es auch nicht die Römer selbst, die für diese seltsamen Säulen verantwortlich gewesen sind. Vielmehr waren es romanisierte Germanen, die hier am Werk gewesen sind und die den Göttervater mit den ihnen vertrauten Beinkleidern ausstatteten.

▶ Iuppiter-Gigantensäule in Hechingen-Stein, Baden-Württemberg (Rekonstruktion).

ließen die Amtsträger ihre Geschäfte ruhen, die Tempel wurden geschlossen, und freudige Ereignisse wie Hochzeiten waren verboten. An den Gräbern der Verstorbenen wurden Brot, Wein, Salz und Kränze niedergelegt.

Am 21. April fand das Fest der Parilia statt, und nicht zufällig handelte es sich bei diesem Datum um jenen Tag, auf den die römischen Geschichtsschreiber die Stadtgründung durch Romulus gesetzt hatten. Das war ein rustikal-urtümliches Fest, dessen tieferer Sinn darin lag, zu reinigen – im wahrsten Sinne des Wortes und im übertragenen Sinn. Die Ställe, in denen das Vieh untergebracht war, wurden einer gründlichen Reinigungsprozedur unterzogen, indem man sie ausfegte, mit einem Wedel aus Lorbeer besprengte und mit Schwefel ausräucherte. Stroh wurde angezündet, und man sprang durch die lodernden Flammen. Neben der praktischen Reinigung sollte durch diese Zeremonien auch eine symbolische Reinigung erzielt werden, in dem Sinne, dass man die Gunst und das Wohlwollen der Götter sicherstellte.

Am 17. August eines jeden Jahres stand die Feier der Portunalia an. Es war ursprünglich das Fest der Haustüren, später deutete man es um als ein Fest zu Ehren des Tibergottes Portunus, und damit als eine Reverenz an die wirtschaftliche Bedeutung des Tibers. Die ursprüngliche Funktion blieb jedoch immer erhalten. Und so wurden an jedem 17. August die Hausschlüssel in ein Feuer geworfen, in der Erwartung, sie und damit das ganze Haus durch die Kraft des Feuers vor Unheil zu schützen.

Das mit Abstand populärste Fest waren jedoch die Saturnalien. Jedenfalls erfreute sich das Fest zu Ehren des Bauerngottes Saturnus, bei dem in den Straßen Roms ein mit dem heutigen Karneval vergleichbarer Trubel herrschte, vor allem bei der einfachen Bevölkerung großer Beliebtheit. Sein Termin war der 17. Dezember, jedoch weitete sich die Dauer im Laufe der Zeit auf mehrere Tage aus. Ausgelassenheit war bei diesem Fest Trumpf. Der Wein floss in Strömen, wer bei diesen, wie es hieß, »feuchten Tagen«, so der römische Dichter Martial, nüchtern blieb, fiel unangenehm auf. Die Schwelgerei konnte sich auf ein religiöses Alibi berufen: Dem eigentlichen Sinn nach handelte es sich um ein Fest, mit dem das Ende der herbstlichen Feldarbeit gefeiert wurde. So gefiel auch denjenigen die Religion, denen die offiziellen Götter ansonsten von zu wenig Leben beseelt waren. Eine Besonderheit der Saturnalien war das Vertauschen der sozialen Rollen. Sklaven und Abhängige durften bei den Saturnalien nicht nur mit ihren Herren an einem Tisch speisen, was sonst ein absolutes Tabu war. Zur allgemeinen Heiterkeit ließen sich die Sklaven von ihren Herren sogar bedienen. Was auf den ersten Blick wie ein flexibler Umgang mit den sozialen Rollen aussieht, war in Wirklichkeit allerdings eine Zementierung der bestehenden gesellschaftlichen Hierarchien. Denn die Umkehrung des Gewohnten brachte das Gewohnte so erst recht zu Bewusstsein – ein Aspekt, der aber der Freude und dem Vergnügen keinerlei Abbruch tat.

Die Kultfeiern für die Göttin Bona Dea waren hingegen nicht für die Allgemeinheit gedacht. An ihnen durften ausschließlich Frauen teilnehmen. Die Feiern hatten etwas Mysteriöses an sich, jedenfalls aus der Sicht der Männer, die nicht so recht wussten, was dabei passierte. Termin des Festes der »guten Göttin« war Anfang Dezember. Für einen halbwegs geordneten Ablauf sorgte die Anwesenheit der sechs Vestalinnen, der Hüterinnen des ewigen Feuers auf dem Forum Romanum. Veranstaltungsort war immer das Haus eines der obersten politischen Funktionsträger, also eines Konsuls oder eines Prätors. Nach außen drangen folgende Einzelheiten dieser Bona-Dea-Feiern: Der Raum, in dem das Fest stattfand, war festlich geschmückt mit den Zweigen des Weinlaubs, es fanden Opfer statt, ähnlich denen der Thesmophorien in Griechenland. Die Bona Dea war im römischen Pantheon die Gattin des Faunus. Bei diesem handelte es sich um einen – alten – italischen Fruchtbarkeitsgott, in etwa vergleichbar mit dem griechischen Hirtengott Pan. Dem Mythos zufolge war sie ursprünglich eine einfache Frau von so großer Keuschheit, dass sie niemals das Haus verließ. Als sie sich einmal heimlich betrank, wurde sie von ihrem Ehemann Faunus so sehr geschlagen, dass sie starb. Bald darauf bereute er die Tat, und er erhob sie zur Göttin, zur »guten Göttin«.

Mit dem Bona-Dea-Fest ist ein handfester Skandal verbunden, der beweist, dass in der Zeit der späten römischen Republik die Religion weniger denn je ein wirklich respektierter Bereich war. Diese Aussage gilt auf jeden Fall für die rivalisierenden Adelskreise. Im Mittelpunkt dieses Skandals stand Clodius, eine schillernde Figur auf der politischen Bühne in Rom und einer der Gefolgsleute von Iulius Caesar. In der Nacht vom 4. auf den 5. Dezember 62 v. Chr. fand in Caesars Haus das Fest der Bona Dea statt. Als Frau verkleidet, schlich sich Clodius heimlich in die Veranstaltung ein, die für Männer ein absolutes Tabu war. Über seine Motive herrscht keine definitive Klarheit. Auf jeden Fall wurde er enttarnt, und es gab eine große Aufregung. Seine politischen Gegner sahen den Frevel als eine willkommene Gelegenheit an, Clodius vor Gericht zu stellen. Doch dank des finanziellen Engagements seiner politischen Freunde wurde er schließlich freigesprochen.

Die Rolle der Priester

In Rom wurde viel und ausgiebig gefeiert. Die Religion war dabei der Ausgangspunkt, rückte jedoch zugunsten des reinen Feierns immer mehr in den Hintergrund. Auch bei den Griechen gab es eine ganze Reihe von Götterfeiern. Der Unterschied zu den Verhältnissen in Rom aber bestand darin, dass die griechischen Feiern dazu dienten, die Gemeinschaft der Polis zu festigen. Bei den Römern waren sie ein gewünschtes Instrument, um die Menschen – bei aller Ausgelassenheit – unter kultischen Vorzeichen zu disziplinieren, durch die Regelmäßigkeit staatlich kontrollierter Kultfeiern. Eine

wichtige Rolle kam dabei den Priesterschaften zu. »Priester« hört sich ehrwürdig an, doch handelte es sich bei den Römern dabei nicht um ein ausgebildetes, in jedem Fall qualifiziertes Kultpersonal. Die obersten Priesterstellen wurden von Senatoren bekleidet, die sich auf diese Weise die Kontrolle über den Sakralbereich sicherten. Der wichtigste Priester war der Pontifex Maximus, dessen Titel später, nachdem das Christentum zur dominierenden Religion geworden war, auf den Bischof von Rom in seiner Eigenschaft als erster Hirte der katholischen Kirche überging. Die bei Lateinkundigen naheliegende, allerdings auch etwas verwirrende Übersetzung von Pontifex als »Brückenbauer« ist von der modernen Forschung inzwischen in »Wegbereiter« umgewandelt worden. Damit ist nun wiederum nicht gemeint, dass die Priester im geistlichen Sinne einen Weg von den Menschen zu den Göttern bahnten. Solch ein spirituelles Denken war den Römern, jedenfalls im Bereich der Staatsreligion, grundsätzlich fremd. Wahrscheinlich reflektiert sich in dem Namen das archaische Verständnis von einem obersten Priester, dessen Aufgabe darin bestand, kraft seiner Autorität und seiner guten Beziehungen zu den Göttern die Wege (im ganz konkreten Sinn) von unheimlichen fremden Mächten zu befreien – durch Opferhandlungen und vielleicht auch den Einsatz von Magie und Zauberei.

Einer der prominentesten Inhaber des ehrwürdigen Amtes des Pontifex Maximus war der spätere Diktator Iulius Caesar, für den diese Position eine wichtige Etappe auf dem Weg nach oben darstellte. In der Kaiserzeit war der jeweilige Herrscher automatisch auch Oberpriester. Religiöser Sachverstand war bei den Amtsträgern von Vorteil, jedoch nicht Voraussetzung. Kompetenz bei der Abwicklung der staatlichen Kultfeiern und bei der Aufgabe, den regulären Ablauf des Sakralwesens zu überwachen, war eher in dem Gremium der Pontifices zu erwarten, deren oberster Repräsentant der Pontifex Maximus war. Dieses Gremium bestand aus einem ständig wachsenden Kreis von Priestern, deren Zahl sich von drei auf 16 in der Zeit Caesars erhöhte. Wie der Oberpriester bekleideten sie ihr Amt lebenslänglich. Weiterhin hatte hier der rex sacrorum einen festen Platz, ein Relikt aus der römischen Frühzeit, als in der Ära der Etrusker der König die sakralen Angelegenheiten dirigierte. Nachdem das Königtum durch die republikanische Ordnung abgelöst worden war, wurde der Titel beibehalten, doch verkörperte der jeweilige Amtsinhaber bei Weitem nicht mehr jene Macht, die einst der König innehatte. Zu den Pontifices gesellte sich auch der Flamen Dialis, in dessen Zuständigkeitsbereich der Kontakt zum obersten Gott Iuppiter fiel. Flamen Dialis zu sein, hieß, sich besonders strengen Regeln auszusetzen. Er musste, was prinzipiell nicht schwierig war, verheiratet sein, hatte sein Amt aber niederzulegen, wenn seine Frau starb. Nie durfte er seine privilegierte Kleidung, die mit Purpur geschmückte Toga, ablegen, nicht einmal im privaten Umfeld. Dazu trug er eine Mütze aus Leder, gefertigt, wie es die Vorschrift wollte, aus Leder, das von einem

Iuppiter geopferten Tier stammen musste. An der Spitze hatte sich ein kleiner Holzstab zu befinden, der von einem Wollfaden umwickelt wurde. Und es gab eine Unmenge weiterer Vorgaben: Er durfte kein Pferd besteigen, nicht länger als zwei Nächte seinem Bett fernbleiben, sein Haar nur von einem Freien (also nicht von einem Sklaven) schneiden lassen, und dies ausschließlich mit einem Messer aus Bronze. Die Haare mussten, wie die abgeschnittenen Fingernägel, an einer ganz bestimmten Stelle vergraben werden. In seinem Haus sollte sich kein Knoten befinden. Trotz dieser Restriktionen, über deren Herkunft und Bedeutung sich nicht einmal die Römer selbst so richtig im Klaren waren, war das Amt des Flamen Dialis wegen seines Prestiges bei den Mitgliedern der römischen Oberschicht sehr begehrt. Auch der noch ganz junge Caesar hatte am Anfang seiner Karriere dieses Amt inne.

▶ Statue einer Vestalin im Haus der Vestalinnen, Rom, Latium.

Hüterinnen des heiligen Feuers

Mit den Vestalinnen fanden auch Frauen Zugang zu dem ansonsten von Männern dominierten Gremium der Priester – im Übrigen eine der ganz wenigen Möglichkeiten für Frauen, sich in der patriarchalischen Gesellschaft der Römer einer öffentlichen Tätigkeit zu wid-

113

Das Pantheon

Der griechische Name Pantheon kennzeichnet einen Tempel, der »allen Göttern« geweiht ist. Das bekannteste Exemplar aus der Antike befindet sich im Herzen der Stadt Rom. Der erste Bau stammt aus der Zeit des Augustus-Freundes Agrippa, wie die noch heute erkennbare Bauinschrift beweist. Ausgebaut wurde das Pantheon dann von Kaiser Hadrian zwischen 118 und 128. Prunkstück ist die prächtige Kuppel – 43,3 Meter Durchmesser und 43,3 Meter Höhe. Auch die übrige Ausstattung war erlesen. Zum Glück wurde das Pantheon 609 in eine christliche Kirche umgewandelt. Denn sonst hätte es wahrscheinlich das Schicksal vieler anderer Tempel der Antike geteilt, bei denen Zerstörung, Verwendung als Steinbruch oder einfach der Zahn der Zeit nicht mehr viel von der einstigen Bausubstanz übrig ließen.

▶ Innenansicht des Pantheons mit der beeindruckenden Kuppel.

men. Vesta war eigentlich die Göttin des heimischen Herdes. Die Gemeinde der Bürger war nach alter römischer Auffassung nichts anderes als eine größere Variante der Familie. Deswegen fanden auch so viele familiäre Einrichtungen Eingang in die römische Staatsreligion. Aus der Göttin des Herdes wurde auf staatlicher Ebene die Schutzgottheit schlechthin. Hütete sie im Haus das Herdfeuer, so passte sie nun in ihrem Heiligtum auf dem Forum Romanum auf das dort brennende heilige Feuer auf. So lange das Feuer nicht ausging, so die Überzeugung der Römer, so lange ging es dem Staat auch gut. Die Vestalinnen nun hatten die Aufgabe, das Feuer zu bewachen. Planstellen gab es nicht viele, die Zahl der amtierenden Priesterinnen lag bei sechs. Nicht zuletzt deswegen, aber auch wegen des mit dem Amt verbundenen Ansehens bestand unter den Vestalinnen nie Nachwuchsmangel. Sie stammten aus den vornehmen Familien, traten ihren Dienst zwischen dem sechsten und dem zehnten Lebensjahr an und versahen diese Tätigkeit mindestens 30 Jahre lang. Verlangt wurde absolute sexuelle Zurückhaltung, um den Kult »rein« zu halten. Eine Verlängerung der Dienstzeit aber war üblich und von den Vestalinnen auch erwünscht. Denn eine Frau, die mit 40 Jahren das behütete Umfeld des Vesta-Tempels verließ, hatte, unverheiratet wie sie war, in der konservativen römischen Gesellschaft keine andere Chance, als in den Schoß der Familie zurückzukehren, den sie Jahrzehnte zuvor verlassen hatte.

Spezielle Priestergremien

Noch viele weitere Priesterschaften waren im Rom der Republik und der Kaiserzeit im Einsatz, so etwa die Septemviri Epulonum, ein Gremium von sieben Männern, deren an sich attraktive Aufgabe darin bestand, Mahlzeiten mit den Göttern durchzuführen. Praktisch sah dies so aus, dass die Priester zu speziellen Terminen mit ihren Gästen vor den Bildern der Götter speisten. Die Fetiales waren eine 20-köpfige Gruppe von Priestern in der späteren Republik und in der Kaiserzeit, wie so viele andere Institutionen des römischen Sakrallebens ein Relikt aus einer längst vergangenen Zeit. Zog man in einen Krieg, dann wurden vier dieser Priester vorausgeschickt, um formelhaft die Rückgabe geraubter Güter zu fordern – denn das war üblicherweise der

Grund für Kriege gewesen. Hatte dieser Appell keinen Erfolg, wurde eine Lanze in das Gebiet der Feinde geschleudert, was gleichbedeutend mit einer offiziellen Kriegserklärung war. Von dieser Sitte wich man seit dem Ende des Zweiten Punischen Krieges ab, aber die Institution der Fetiales wurde – typisch römisch – beibehalten. 15 Männer versammelten sich in einem Gremium, das Quindecimviri sacris faciundis hieß. Sie waren eigentlich Priester des Apollon, hüteten aber auch die Sibyllinischen Bücher und waren für die Kontrolle auswärtiger Kulte verantwortlich, deren Mitglieder seit der späten Republik vermehrt nach Rom strömten. Neben den offiziellen Kollegien existierte eine Reihe von weiteren sakralen Vereinigungen, die in Rom sodales genannt wurden. Ihnen oblag die Pflege von Kulten, die außerhalb des Zuständigkeitsbereiches der offiziellen Priesterschaften lagen. Und es gab die Arvalbrüder, die im Frühjahr Bittgänge organisierten, mit dem Ziel, die Götter um den Schutz der Felder und der Fluren zu bitten. Und die Salier vollführten im Frühjahr und im Herbst kultische Tänze zu Ehren des Iuppiter und des Mars.

Opferhandlungen

Es gab in Rom viele Priester, die ihr Amt eigentlich nur noch symbolisch ausübten. Diejenigen Priester, die wirklich gebraucht wurden, traten vor allem bei den Opferhandlungen in Erscheinung. Das Opfer war die unmittelbarste Form der Kommunikation mit den Göttern. Natürlich konnte auch jeder Römer für sich kultische Handlungen durchführen, bequem zu Hause, wobei dem Familienvater die Leitung der Aktionen oblag. Bei staatlichen Zeremonien aber führten die professionellen Priester die Regie. Wie in allen Bereichen des Sakrallebens, so gab es auch bei den Opfern strenge Vorschriften, die genau befolgt werden mussten. Die Worte, die die Priester bei den heiligen Handlungen zu sprechen hatten, waren ebenso normiert wie die Gegenstände, die man den Göttern opfern durfte. Entweder handelte es sich dabei um Feldfrüchte, Wein, Mehl sowie Öl oder um Tiere – ein Schwein, einen Ochsen, ein Schaf oder auch eine Taube. Dabei waren Alter und Aussehen der Opfertiere selbstverständlich ebenfalls genau vorgeschrieben. Außerdem waren die Priester nicht frei bei der Wahl der Tiere, denn jeder Gott und jede Göttin hatte Anspruch auf ein ganz bestimmtes Opfertier. Die Opferzeremonie selbst sah dann so aus, dass die Eingeweide (Herz, Leber, Milz) auf dem Altar verbrannt wurden, während das Fleisch unter dem versammelten Volk verteilt wurde. Insbesondere bei Menschen, die sich sonst kaum eine ordentliche Mahlzeit leisten konnten, waren die staatlichen Opferhandlungen aus diesem Grund außerordentlich beliebt.

Religiöse Restauration unter Kaiser Augustus

»Ich war Pontifex Maximus, Augur, gehörte zu den Kollegien der Quindecimviri sacris faciundis und der Septemviri Epulonum, war Arvalbruder, Sodalis Titius und Fetialis ... 82 Heiligtümer der verschiedensten Gottheiten habe ich in der Stadt Rom wiederherstellen lassen. Dabei habe ich keines übersehen, welches zu dieser Zeit einer Erneuerung bedurfte ... Weih-

geschenke aus Kriegsbeute habe ich auf dem Kapitol, im Heiligtum des vergöttlichten Iulius, im Heiligtum des Apollon und der Vesta sowie im Tempel des Mars Ultor dargebracht ...«

Diese Worte finden sich in den Res Gestae, dem Tatenbericht, den Kaiser Augustus 13 v. Chr., ein Jahr vor seinem Tod, aufzeichnete und den er auf bronzenen Tafeln vor seinem Mausoleum in Rom aufstellen ließ. Sie dokumentieren das Bestreben des Augustus, die alte römische Religion zu reaktivieren. Tatsächlich hatte die Staatsreligion in den politischen Wirren der späten Republik immer mehr an Verbindlichkeit und damit an Bedeutung verloren. Diese Krise war paradoxerweise durch die Weltmachtstellung Roms hervorgerufen worden. Der Grundkonsens innerhalb der regierenden Aristokratie, jahrhundertelang Garant für eine stabile politische Ordnung, war angesichts der neuen Anforderungen an eine Weltmacht, aber auch durch die Verlockungen finanzieller und machtpolitischer Art, die sich aus dieser hegemonialen Stellung ergaben, einem erbitterten Konkurrenzkampf gewichen. Die Religion war dabei mehr denn je zu einem Spielball der politischen Interessen geworden. Zu dieser Beliebigkeit passte es, dass Priesterstellen nicht mehr besetzt wurden und tradierte Kulte und Rituale in Vergessenheit gerieten. Die Bevölkerung hatte unter den erbittert geführten Bürgerkriegen zu leiden. Viele Menschen flüchteten sich in private Frömmigkeit, oder sie wandten sich orientalischen Mysterienreligionen zu, die im 1. Jahrhundert v. Chr. eine erste Konjunktur erreichten. Die Reichen, Vornehmen und Gebildeten drückten ihr Missfallen über die aktuellen politischen Zustände durch den Rückzug in die Philosophie aus.

Augustus ging aus diesen Bürgerkriegen, in denen der Großneffe und Adoptivsohn Caesars noch Octavian geheißen hatte, als Sieger hervor. 27 v. Chr. gilt als die Geburtsstunde eines neuen monarchischen Systems, das man in Anknüpfung an die zeitgenössische Terminologie deswegen »Prinzipat« nennt, weil dieser Begriff den offiziellen Anspruch des neuen Kaisers widerspiegelt, nicht etwa ein Alleinherrscher, sondern lediglich ein Erster unter Gleichen zu sein: Eine wiederhergestellte Republik habe er geschaffen, nicht etwa eine Monarchie. Die Zeichen standen Richtung Vergangenheit, es ging Augustus um die Wiederbelebung der alten Sitten und Gebräuche, dank derer, wie er propagieren ließ, Rom so groß und mächtig geworden war. Bei dieser herrschaftspolitisch geschickten Strategie kam der Religion eine wichtige Funktion zu. Augustus konnte mit Aussicht auf Glaubwürdigkeit behaupten, dass das Chaos, in das Rom sich gestürzt hatte, eben auch mit einer Abkehr von der guten alten Religion zu tun gehabt hätte.

Und so investierte Augustus während seiner gesamten Regierungszeit viele Energien in die Aufgabe, die römische Staatsreligion im tradierten Sinne wieder zu stabilisieren. Die Passagen in den Res Gestae legen von diesem Bestreben eindrucksvoll Zeugnis ab. Mit der Erwähnung seiner Mitgliedschaft in durch ihr Alter geadelten Priestergremien präsentiert er sich Senat, Priestern und Volk als ein auch persönlich engagierter Verfechter der offiziellen Religion. 82 Tempel, die vorher in einem beklagenswerten Zustand gewesen seien, habe er in der Stadt Rom wiederherstellen lassen – diese Aktion war geradezu sinnbildlich für die Religionspolitik des Kaisers Augustus, denn so wie er den Göttern wieder ein vorzeigbares Heim verschaffte, so stellte er überhaupt die ramponierte Staatsreligion wieder her. Und wie es in der »guten alten Zeit« (die natürlich gar nicht so gut war) guter Brauch gewesen sei, habe er die Beute aus seinen vielen Kriegen den Göttern in ihren

▶ Karte Roms zur Zeit des Kaisers Augustus.

Tempeln zum Geschenk gemacht. Des Kaisers propagandistisches Sprachrohr Horaz, einer der wichtigsten Dichter der Augusteischen Zeit, kleidete diese religionspolitische Haltung in die ergreifenden Worte: »Der Väter Sünden, die du nicht verschuldetest/wirst du, Römer, büßen, bis du erneuert hast/der Götter Häuser, die verfallen sind/und ihre vom Rauch geschwärzten Bilder.«

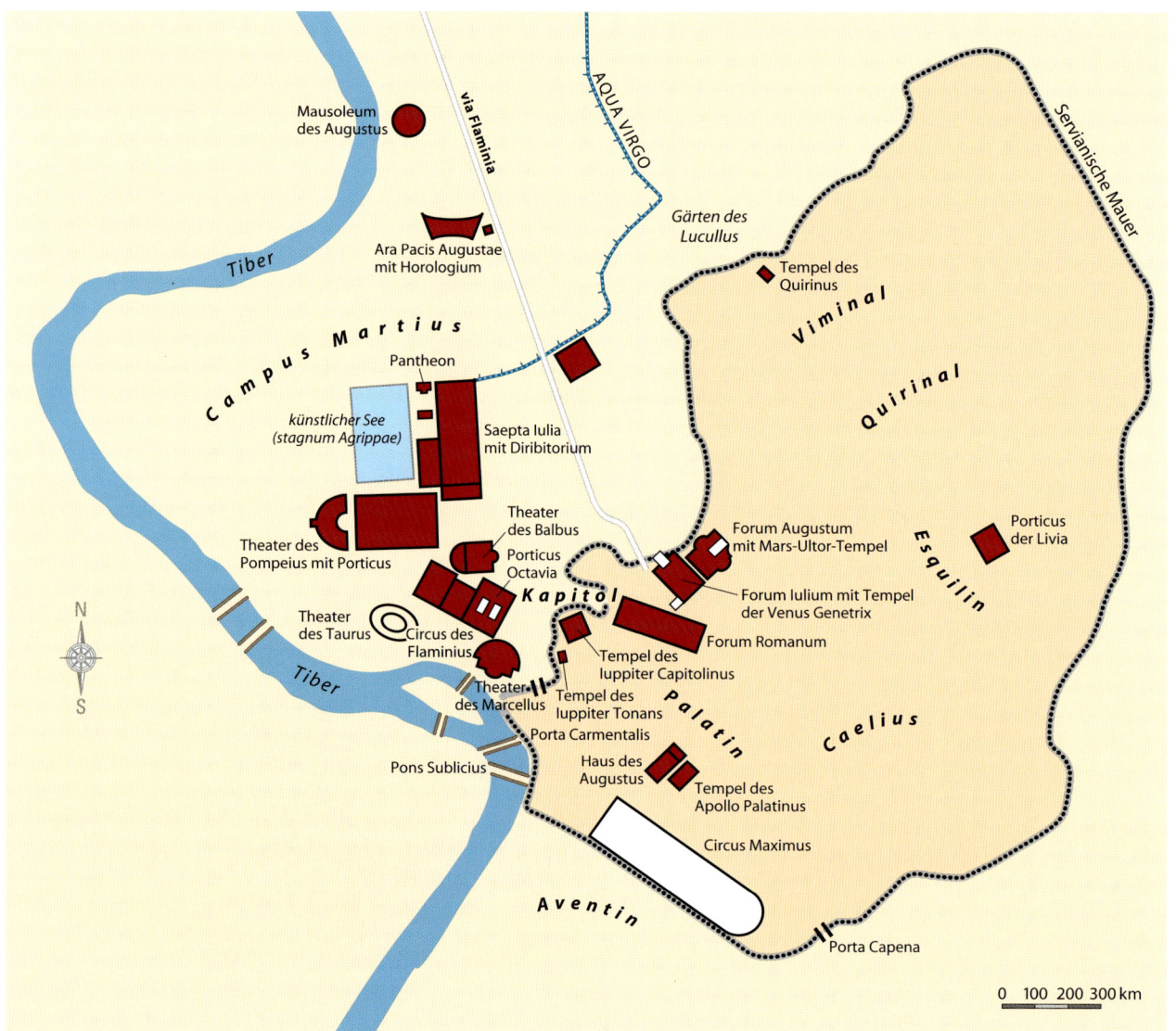

Augustus ließ den Taten Worte folgen und den Worten wiederum Taten. Intensiv kümmerte er sich um die Neubesetzung vakanter Priesterstellen (so hatte es zuletzt sogar, was noch nie vorgekommen war, bei den Vestalinnen Engpässe gegeben, und auch beim Amt des Flamen Dialis waren die Bewerber nicht gerade zahlreich gewesen) und achtete darauf, dass seine guten Taten in der Öffentlichkeit auch bekannt gemacht wurden. Das setzte ihn wiederum unter Zugzwang, den einmal eingeschlagenen Weg der religiösen Restauration konsequent weiterzuverfolgen. Das ausgeprägte Talent des Augustus, sich und seine Taten wirkungsvoll zu inszenieren, kam in besonders eindrucksvoller Weise bei der Säkularfeier des Jahres 17 v. Chr. zum Ausdruck. Diese Feier war keine Erfindung des Augustus, wie der Kaiser überhaupt mehr Spezialist darin war, Altbekanntes zu reanimieren, statt Neues zu kreieren. Nach einer tradierten Vorstellung brach etwa alle 100 Jahre ein neues saeculum an, indem die bestehende »Menschensaat« durch eine neue ersetzt wurde. Der Beginn einer solchen neuen Ära war auch bereits in der Vergangenheit groß gefeiert worden. Wie so vieles andere, war diese Feier aber in den Wirren der Bürgerkriege des 1. Jahrhunderts v. Chr. in Vergessenheit geraten. Für Augustus aber war eine Neuauflage geradezu ideal, konnte er doch zum einen seine Passion für das Alte, zum anderen die mit seiner Person verbundene Stimmung des Aufbruchs demonstrieren. Augustus und seine sakralen Choreografen ließen sich viel einfallen, um den gewünschten Effekt zu erzielen. Drei Tage lang erlebte die Hauptstadt ein großes Spektakel, mit Feiern, Opfern, Zeremonien. Als Höhepunkt wurde das »Carmen Saeculare«, verfasst von Horaz, vorgetragen.

Persönlicher Schutzgott

Augustus ist nicht nur als derjenige Kaiser in die Geschichte der römischen Religion eingegangen, der den Versuch unternahm, der alten Religion wieder neues Leben einzuhauchen. Er kann auch als derjenige gelten, der mit der Wahl eines ganz persönlichen Schutzgottes Maßstäbe für alle seine Nachfolger setzte. Zwar hatte es auch bereits in den Zeiten der Republik in den Adelsfamilien zum guten Ton gehört, sich aus dem großen Angebot an Staatsgöttern einen persönlichen Favoriten auszusuchen. Doch der Kaiser hatte ganz andere Möglichkeiten, seinen auserwählten Gott ins Licht der Öffentlichkeit zu rücken. Apollon war der Gott, dem der Kaiser seine besondere Gunst schenkte. Das Faible scheint zwei Gründe gehabt zu haben. Apollon galt als die Verkörperung des neuen Säkulums, das der Kaiser ausgerufen hatte. Und außerdem verkörperte Apollon Tugenden, für die auch Augustus gerne stehen wollte: Er war ein jugendlicher, dynamischer Gott. Tatsächlich geht die Apollon-Passion des Augustus bereits auf jene Zeit zurück, als er, damals noch unter dem Namen Octavian, als legitimer Nachfolger Caesars um die Macht in Rom und im Reich kämpfte.

Direkt neben dem Haus, das er oben auf dem Palatin bewohnte, ließ Augustus einen Tempel für Apollon errichten. Ein unterirdischer Gang verband Haus und Heiligtum.

So war er seinem Gott immer ganz nah, und die Menschen konnten sehen, wenn sie am Wohnhaus des Kaisers vorbei spazierten, welch illustren Nachbarn der Prinzeps hatte. Augustus wirkte in dieser Weise stilbildend: Kaum einer seiner vielen Nachfolger verzichtete darauf, sich aus dem Pantheon der römischen Götter einen passenden Kandidaten auszusuchen und dessen Kult entsprechend zu fördern und zu protegieren. Dem exklusiven Gott vertrauten die Kaiser auch gern ihr Schlachtenglück an, denn eine von den Herrschern besonders geschätzte Eigenschaft des Schutzgottes bestand darin, dass er ihnen im Krieg Glück brachte. Besondere Konsequenzen hatte der Umstand, dass im 4. Jahrhundert Kaiser Konstantin auf den Christengott setzte, nachdem ihm dieser in der Schlacht an der Milvischen Brücke im Jahr 312 zum Sieg verholfen hatte. Zuvor hatten die Sympathien des Kaisers allerdings einem Gott namens Sol Invictus gehört. Der »unbesiegbare« (oder auch »unbesiegte«) Sonnengott stammte aus dem Orient. Entdeckt hatte ihn der exzentrische, aus Syrien stammende Kaiser Elagabal (reg. 218–222) in der Stadt Emesa (heute Homs). Er hatte dessen Kult nach Rom überführt – in Form eines schwarzen Steines. Kaiser Aurelian (reg. 270–275) beförderte Sol Invictus zu einer Art von Reichsgott. Das geschah allerdings weniger aus religiösen als vielmehr aus politischen Gründen. Das Reich befand sich damals in einer Krisensituation. Die militärische Lage an den Grenzen war unsicher, dazu kamen wirtschaftliche und soziale Probleme. 50 Jahre, bevor Konstantin der Große den christlichen Gott für sich entdeckte, formte Kaiser Aurelian aus dem Sol Invictus einen fast schon monotheistischen Kult mit dem erklärten Ziel, der Bevölkerung in dem einen Gott einen Bezugspunkt und ein Element der Identität zu geben. Das 3. Jahrhundert war auch das Jahrhundert der großen Christenverfolgungen. Kaiser wie Decius (reg. 249–251), Valerian (reg. 253–260) und Diokletian (reg. 284–305) gingen in großem Stil gegen die wachsende Zahl von Christen vor. Jedoch stand auch hinter diesen Aktionen kein religiöses Ziel. Wie schon bei den Christenverfolgungen unter Kaiser Nero 64 n. Chr. ging es primär darum, Sündenböcke und Blitzableiter zu finden – bei Nero war es der Brand von Rom gewesen, an dem man den Christen die Schuld gab, die Kaiser des 3. Jahrhunderts wollten von ihrer Verantwortung für die Krisen der Zeit ablenken.

Herrscherkult

Augustus war noch kein Gott, jedenfalls nicht zu Lebzeiten. Sein Adoptivvater Iulius Caesar wurde als Erster zu den Göttern erhoben, aber auch erst, als er tot war. Genauso geschah es mit Augustus: Am 19. August 14 starb er, am 17. September wurde Augustus in einem lateinisch als consecratio bezeichneten Vorgang in die Götterschar aufgenommen. Dazu passte, dass ein Senator Stein und Bein schwor, beobachtet zu haben, wie nach der Verbrennung des kaiserlichen Leichnams bei der Beisetzung dessen Konturen gen Himmel aufgestiegen seien. Vier Wochen nach seinem Tod war Augustus durch diesen formellen Akt zum divus Augustus, zum vergöttlichten Augustus, geworden. Allen seinen Nachfolgern

Basilikale Kirchenarchitektur

Christliche Kirchen präsentieren sich meistens in der Gestalt einer dreischiffigen Basilika mit apsidialem Abschluss. Der Name »Basilika« stammt eigentlich aus dem antiken Athen, wo er den Amtssitz des obersten »königlichen« Richters bezeichnete. Die Römer nutzten diesen Typus des Langbaus als Marktstätte und Gerichtsort. Die frühen Christen übernahmen mit dem Ende der Verfolgungen im 4. Jahrhundert die Bauform für ihre Gotteshäuser. Im Osten des Römischen Reiches setzte sich später der Typus der byzantinischen Kreuzkuppelkirche nach dem Vorbild der Haghia Sophia in Konstantinopel durch.

▶ Innenansicht der romanischen Kirche in Aquileia, Italien, die über einer konstantinischen Basilika errichtet wurde, an die noch der Mosaikfußboden erinnert.

»Ich, Claudius, Kaiser und Gott«

»I, Claudius«: »Ich, Claudius« lautete der Titel des Buches, das der englische Schriftsteller Robert Ranke Graves (1895–1985) im Jahre 1934 in London veröffentlichte. Dieser Klassiker des historischen Romans war eine fiktive Autobiografie des römischen Kaisers Claudius, der von 41 bis 54 n. Chr. regierte. Claudius war nach Augustus, Tiberius und Caligula und vor Nero der Vierte in der Reihe der Kaiser aus der iulisch-claudischen Dynastie. In der deutschen Ausgabe wurde der Titel des englischen Originals erweitert: »Ich, Claudius, Kaiser und Gott« hieß das Werk nun. Da das Buch ein großer Publikumserfolg war, glaubten nun viele, römische Kaiser hätten sich als Götter verehren lassen. Das war allerdings zu dieser Zeit noch lange nicht der Fall. Auch Claudius wurde erst nach seinem Tod per Senatsbeschluss zu den Göttern delegiert. Die Zeiten, in denen sich römische Kaiser als Götter oder gottgleiche Wesen zelebrieren ließen, brachen erst in der Spätantike an.

▶ Die englische BBC verfilmte im Jahr 1976 Robert Ranke Graves' Historienroman »I, Claudius«. Die Fernsehserie über das Leben des antiken Kaisers und Politikers war sehr erfolgreich.

wurde diese Ehre der »Divinisierung« zuteil, außer jenen, die, wie zum Beispiel Nero, durch eine – freundlich formuliert – zu exzentrische Amtsführung aufgefallen und der Damnatio Memoriae, der Tilgung der Erinnerung, anheimgefallen waren.

Der lebende Kaiser aber durfte kein Gott sein. Jedenfalls war dies bis in die Spätantike die Regel, bevor sich in dieser Zeit dann ein neues, überhöhtes Kaisertum (nicht mehr Prinzipat, sondern Dominat genannt, von dominus = Herr) herausbildete, das den Kaiser in eine göttliche Aura hüllte. Von Anfang an bildete sich jedoch bereits eine bestimmte Form des Herrscherkultes aus. Augustus ging mit diesem Instrument der Verehrung des Kaisers noch sehr moderat um. Jedenfalls galt dies im Westen des Reiches, wo die religiöse Überhöhung lebender Menschen keine Tradition hatte. In Rom selbst wachten die Senatoren eifersüchtig darüber, dass der Kaiser nicht zu groß wurde. Ein Augustus wusste um diese Mentalität nur zu genau und handhabe die Klaviatur der nach außen hin betont bescheidenen Herrschaft virtuos. Im Osten des Reiches, in Syrien oder Ägypten, aber auch im hellenistisch inspirierten Griechenland waren die Verhältnisse anders. Hier war die Bevölkerung daran gewöhnt, im Herrscher den Gott bzw. ein von Gott gesandtes Wesen zu sehen. So wollten sie auch im römischen Kaiser einen Gott sehen. Tatsächlich mussten die Kaiser im Osten gar nicht so viel für den Herrscherkult tun, das nahmen ihnen die Reichen, die Städte und ganze Provinzen selbst ab. Hier wetteiferte man in Ergebenheitsadressen, die in kultisch-hymnischer Verehrung gipfelten. Bereits 29 v. Chr., als Augustus noch Octavian hieß und noch gar nicht richtig als Prinzeps installiert war, wurden in Pergamon und in Nikomedia (beide Städte lagen in Kleinasien) die ersten Tempel für die Stadtgöttin Roma und für Augustus errichtet. Damit begann in den Provinzen des Römischen Reiches der Kaiserkult, bei dem Priester zu Ehren des Kaisers sakrale Handlungen vollzogen. Auch im Westen fand der Kaiserkult, wenn auch nicht so rasch wie im Osten, Verbreitung. So wurde Lugdunum, das heutige Lyon, zu einem bedeutenden Ort des Herrscherkultes, wo sich die Repräsentanten des gallischen Adels zu versammeln pflegten, um Opferhandlungen zu vollziehen und Spiele zu veranstalten. Ab dem 2. Jahrhundert n. Chr. wurden die Stätten des Kaiserkults auch als Institut zur Identifizierung von Christen eingesetzt. Wer im Verdacht stand, Christ zu sein, dies aber nicht zugeben wollte oder konnte, von dem wurde verlangt, vor dem Altar des kaiserlichen Tempels ein Opfer darzubringen. Wer sich weigerte, galt als überführt, ein Christ zu sein.

Religionen im Reich

Rom war der Nabel der Welt und damit auch der Nabel der Religion. Hier waren alle wichtigen Priesterschaften zu Hause, hier wurden die wichtigsten Kulthandlungen vollzogen. Doch in dem Maße, wie Rom sich ausdehnte und zu einem Weltreich wurde (im 2. Jahrhundert erreichte das Imperium unter Kaiser Trajan seinen größten Radius), wurde auch der religiöse Horizont weiter. In Britannien begegneten die Römer britannischen Göttern, in Germanien germanischen Göttern, in Spanien spanischen Göttern, in Anatolien anatolischen Göttern, in Syrien syrischen Göttern. Grundsätzlich war das Verhältnis der Römer zu fremden Religionen von Toleranz und Liberalität geprägt. Die polytheistische Welt der Römer hatte viel Platz auch für fremde Götter. Erleichtert wurde den Römern diese Haltung durch eine Einstellung, die auch bei den antiken Griechen verbreitet gewesen ist. Sie identifizierten fremde Gottheiten mit ihren eigenen, bekannten Göttern – ein Vorgang, den man als Interpretatio romana bezeichnet. So entstanden überall im Imperium synkretistische Mischgötter, denn auch die unter Roms Herrschaft vereinten Völker, Städte und Stämme pflegten ihre eigenen Götter mit denen der Römer gleichzusetzen. Das machte sich auch in der Terminologie bemerkbar. Die Götter trugen Doppelnamen, einen einheimischen und einen römischen. Zum Beispiel gab es den alten keltischen Gott Lenus, der vor allem im Stammesgebiet der Treverer rund um Trier verehrt wurde. Die Römer erkannten in Lenus ihren Kriegsgott Mars wieder, und so hieß der Gott nun Lenus Mars.

Zahlreiche Inschriften aus den Provinzen des Imperium Romanum zeugen von einem vitalen religiösen Leben, allerdings auch hier mit der Einschränkung, dass dort, wo römische Gottheiten verehrt wurden, auch dieser Vorgang von jener Geschäftsmäßigkeit und Pflichtschuldigkeit gekennzeichnet war, die für die römische Religiosität generell typisch waren. Auf der anderen Seite aber war die römische Religion für die Reichsbevölkerung auch ein wichtiger Integrationsfaktor. Auf einer 1579 im württembergischen Benningen entdeckten Inschrift bekennen sich die antiken Bewohner dieser Stadt an der Murr zu Vulcanus und auch zum »göttlichen Kaiserhaus«. Ein aus dem heutigen El Kef stammender Militärtribun, der im 2. Jahrhundert n. Chr. im antiken Benningen seinen Dienst verrichtete, stellte eine Inschrift auf »für die Schutzgöttinnen des Exerzierplatzes«.

Erlösungsreligionen aus dem Orient

Die aus religionsgeschichtlicher Sicht wichtigste Folge der römischen Weltherrschaft war die Begegnung mit den orientalischen Mysterienreligionen. Sie boten den von der allzu nüchtern-pragmatischen Staatsreligion enttäuschten Menschen jene Geborgenheit, Emotionalität und Perspektive, die sie bei Iuppiter, Juno, Minerva und ihren göttlichen Kollegen so sehr vermissten. »Mysterien« heißen diese Kulte, weil sie Geheimkulte waren, zu denen nicht jeder Zugang hatte, sondern bei denen es besonderer Initiationsriten bedurfte, um Teil der Gemeinde zu werden. Das gab den Anhängern dieser Religionen das Gefühl, etwas Besonderes zu sein. Hinzu kamen die positiven Jenseitsperspektiven, an denen es der traditionellen römischen Religion gänzlich mangelte.

Der Siegeszug der orientalischen Religionen im Römischen Reich begann bereits in der Zeit der späten Republik. Händler, Soldaten und Migranten aus dem Osten waren die Vermittler. Besondere Popularität gewannen die ägyptische Isis, die anatolische Kybele, von den Römern als »große Muttergottheit« (Magna Mater) verehrt, oder der thrakische Sabazios, bei dessen orgiastischen Kultveranstaltungen das Symbol der Schlange eine wichtige Rolle spielte. Während die meist aus den oberen Schichten stammenden Anhänger der alten römischen Religion diese Neuerungen allein deswegen, weil sie so anders waren als das, was man gewöhnt war, ablehnten, fanden viele Menschen hier eine kultische Heimat.

Isis in Pompeji

Auch zu Füßen des Vesuv war die ägyptische Göttin Isis populär. In Pompeji gab es ein gut ausgestattetes Heiligtum. 62 n. Chr. erschütterte ein schweres Erdbeben die Gegend, als Vorbote des verheerenden Vulkanausbruchs von 79 n. Chr. Wie viele andere Gebäude wurde dabei auch der Isis-Tempel zerstört. Es war jedoch das einzige öffentliche Gebäude, das zum Zeitpunkt des Untergangs der Stadt völlig wiederhergestellt war. Zu verdanken war dies, wie eine Inschrift lehrt, der Großzügigkeit eines gewissen Numerius Popidius Celsinus: Er bezahlte den Wiederaufbau aus eigener Tasche. Allerdings geschah dies nicht ganz uneigennützig: Sein finanzielles Engagement war an die Bedingungen gebunden, dass sein sechsjähriger Sohn auf Lebenszeit einen Sitz im Stadtrat von Pompeji erhalten sollte.

▶ Widmungsinschrift des Numerius Popidius Celsinus über dem Eingangstor des nach 62 n. Chr. wiederaufgebauten Isis-Tempels in Pompeji.

Die Gruppe der Sympathisanten des Gottes Mithras hatte die meisten Anhänger. Seine Heimat war Persien, von dort gelangte er im Verlauf des 1. Jahrhunderts v. Chr. nach Westen und war seit dem 1. Jahrhundert n. Chr. auch in Italien und in den westlichen Provinzen des Römischen Reiches fest etabliert. Davon zeugen bis heute die zahlreichen Mithräen, die Kultstätten des Mithras, die vor allem an den Grenzen des Imperiums zu finden waren. Sie waren ganz anders gestaltet als die herkömmlichen römischen Tempel – kleine,

Römische Mythologie in der europäischen Malerei

Themen aus der antiken Mythologie waren in der europäischen Kunst des 17. Jahrhunderts sehr beliebt. Einer der führenden Vertreter war der flämische Maler Peter Paul Rubens (1577–1640). Besonders zu Anfang seiner Karriere widmete er sich in seinen Bildern den Mythen der Griechen und der Römer. Dazu zählen Werke wie »Dianas Heimkehr von der Jagd« oder »Der Raub der Sabinerinnen«. Diese Werke sorgten dafür, dass die römische Antike, vor allem in den Kreisen der Gebildeten und Kunstsinnigen, stärkere Beachtung fand. Bis dahin hatten griechische Geschichte und Kultur als Vorbild gegolten. Dank dem Barockmaler rückte nun der Reichtum der römischen Mythologie bildgewaltig in den Vordergrund.

▶ »Dianas Heimkehr von der Jagd« aus dem Jahr 1616 zählt zu den Meisterwerken von Rubens.

enge Räume, häufig unterirdisch angelegt. Beliebt war Mithras vor allem bei den Soldaten. Das lag an den kämpferischen Tugenden, die von diesem Gott ausgingen. Mithras war der Vorkämpfer des Guten gegen das Böse, eine Lichtgestalt in der Welt der Dunkelheit. In jedem Mithräum befand sich die Darstellung des stiertötenden Gottes als zentrale Botschaft, die von diesem Gott ausging. Der Stier symbolisierte in der Kultgeschichte des Mithras das böse Element, das die Menschheit bedroht. Geboren wurde Mithras aus einem Felsen, nach seiner Geburt wurde er von Hirten angebetet. Der Felsgeburt ihres Gottes gedachten die Anhänger des Mithras am 25. Dezember. Dieses Datum erinnert, wie die Anbetung durch die Hirten, nicht zufällig an das Christentum. Auch das Christentum war nichts anderes als eine Mysterienreligion mit Erlösungsperspektive. Überhaupt waren die Grenzen zwischen den einzelnen Mysterienreligionen nicht klar zu ziehen, sie beeinflussten sich in zentralen Glaubensinhalten und in der Liturgie gegenseitig. Mithras war, bis Kaiser Konstantin sich des Christentums annahm, der ärgste Rivale jener Religion, die sich später zu einer Weltreligion entwickeln sollte.

Die Mithras-Theologie war ein ausgeklügeltes System und verband sich auch mit astrologischen Elementen. Aus dem Blut des getöteten Stieres sollte neues Leben entstehen. Mithras selbst wurde in den Himmel entrückt, von wo aus er seine gläubigen Mitstreiter im Kampf für das Gute unterstützte. Attraktiv war für viele Menschen der Gedanke der Wiederauferstehung: Nach dem Tod trennt sich die Seele von dem Körper und gelangt durch sieben Planetensphären zur ewigen Seligkeit. Entsprechend den sieben Planeten gab es im Mithras-Kult sieben Weihegrade, in die man durch eine Taufe gelangte. Wer alle sieben Grade durchlaufen hatte, war buchstäblich »mit allen Wassern gewaschen«. Bekannt sind die Namen der sieben Grade: Corax (Rabe), Nymphus (Bräutigam), Miles (Soldat), Leo (Löwe), Perses (Perser), Heliodromus (Sonnenläufer) und Pater (Vater).

In dem Maße, wie im 4. Jahrhundert das Christentum politisch protegiert wurde und am Ende dieses Jahrhunderts durch Kaiser Theodosius I. in den Rang einer Staatsreligion erhoben wurde, begann der Abstieg von Mithras. Dies geschah jedoch nicht auf die Weise, dass nun viele Mithras-Anhänger auf die Seite des Christengottes wechselten. Vielmehr gingen die Christen selbst gegen die nichtchristlichen Kulte vor – gegen die alten römischen Staatsgötter, vor allem aber gegen die Rivalen aus dem Lager der Mysterienreligionen. Dennoch gab es Kreise, die an der »heidnischen« Religion festhielten. Kaiser Julian, den die Christen Apostata (den »Abtrünnigen«) nannten, versuchte in seiner kurzen Regierungszeit (361–363) das Rad der Geschichte noch einmal zurückzudrehen, als er Anhänger des Christengottes mit Sanktionen belegte und zugleich die traditionellen Kulte wieder zum Leben zu erwecken versuchte. Gerade unter den Senatoren in Rom fanden diese Bestrebungen Beifall. Doch letztendlich zeigte sich, das Iuppiter, Mars, Venus, Isis, Kybele und all die anderen Göttinnen und Gottheiten, die jahrhundertelang das Profil der römischen Religion prägten, endgültig ausgedient hatten.

Die Religion der Kelten

Rätselhafte Kelten

Die Kelten gehören zu jenen antiken Völkern, die gerne mit dem Etikett »geheimnisvoll« versehen werden. Davon ist meistens dann die Rede, wenn man über eine Kultur nicht allzu viel weiß. Bei den Kelten stimmt dies insofern, als sie keine (oder fast keine) eigene Literatur hinterlassen haben, sodass die Nachwelt auf Beschreibungen in den griechischen und römischen Quellen angewiesen ist. Hinzu kommt eine ständig ansteigende Zahl von archäologischen Funden. Sie haben in den letzten Jahren dazu beigetragen, das Wissen über die Kelten teilweise erheblich zu erweitern. Jedoch sind die Kenntnisse immer noch nicht so präzise, dass man auf das Etikett »geheimnisvoll« zukünftig verzichten kann. Denn häufig sind die Deutungen und Interpretationen der archäologischen Funde nicht einheitlich. Umso schwerer ist es auch, zu gesicherten Aussagen über die Religion der Kelten zu gelangen.

Der bekannteste Keltenexperte der Antike war der römische Feldherr Iulius Caesar (100–44 v. Chr.). Er unterwarf in den Jahren zwischen 58 und 51 v. Chr. die Kelten in Frankreich, die bei ihm »Gallier« hießen. In seinem Werk »De bello Gallico« (»Über den Gallischen Krieg«) hat Caesar die Kelten seiner Zeit, so wie sie ihm im heutigen Frankreich begegneten, ethnografisch recht genau beschrieben. Viele Caesar-Leser haben das gar nicht so richtig bemerkt, weil sie gezwungen waren, Caesar als lateinische Schullektüre zu lesen, und dabei mehr auf die Grammatik als auf den Inhalt achteten. An einer Stelle des Werkes, mit dem Caesar den Senatoren in Rom mitteilen wollte, was er in Gallien an großartigen Leistungen vollbrachte, findet sich der Satz: »Das ganze Volk der Gallier ist religiösen Angelegenheiten in besonderem Maße zugetan.« Im Anschluss liefert Caesar seinen Lesern eine Fülle von

▶ Der Hirschgott Cernunnos gehört zu den Bildmotiven auf dem berühmten Silberkessel von Gundestrup. Der Fund erlaubt zahlreiche Rückschlüsse auf die keltische Religion.

Informationen über die keltische Religion, deren Glaubwürdigkeit allerdings nicht über jeden Zweifel erhaben ist, war doch selbst der berühmte Feldherr und Schriftsteller nicht immun gegen die bei Griechen und Römern verbreitete Tendenz, die fremde Religion vor dem Hintergrund der eigenen Religion zu verstehen. Griechen wie Römer waren der Meinung, fremde Götter seien jeweils andere Erscheinungsformen der ihnen bekannten Götter. Dieser Interpretatio graeca bzw. Interpretatio romana sind auch die keltischen Götter ausgesetzt gewesen. Gleichwohl hat Caesar vermutlich

▶ Keltische Stämme besiedelten in der Antike verschiedene Regionen Europas.

Recht, wenn er betont, dass die Druiden, die obersten Priester und Religionshüter der Kelten, bewusst darauf verzichteten, ihre umfangreichen Lehren aufzuzeichnen und dadurch der Öffentlichkeit zugänglich zu machen. Laut Caesar hatte dies den Grund, dass die Druiden – ganz elitär – ihr Wissen nicht unter dem gemeinen Volk verbreitet sehen wollten.

Was die materielle, archäologisch erfassbare, religiöse Hinterlassenschaft der Kelten angeht, so besteht hier die grundsätzliche Schwierigkeit darin, zu bestimmen, welches Monument und welcher Gegenstand überhaupt als religiös bzw. kultisch zu deuten ist.

Der dauerhafte Streit um die Funktionsbestimmung der sogenannten Viereckschanzen ist ein Beispiel dafür. Anderes, wie bildliche Darstellungen von Göttern, Kultstätten und Gräber, ist schon eher in einem sakralen Kontext deutbar.

Die Ausbreitung der Kelten

Zu den vielen Rätseln der Keltologie gehört bis heute die Frage, wer die Kelten überhaupt gewesen sind – oder anders formuliert, welche Ethnien bzw. Stämme zu der großen Gruppe der Kelten zählten. Es steht fest, dass die Kelten zu keinem Zeitpunkt ihrer Geschichte eine politische oder gar staatliche Einheit bildeten. Vielmehr waren sie in einzelne Stämme oder Stammesgruppen zergliedert. Ganz sicher hat es auch nicht so etwas wie ein keltisches Gemeinschaftsempfinden gegeben. So wie »keltische Geschichte« die Summe der Geschichte einer Vielzahl ethnischer Einheiten darstellt, so ist auch »keltische Religion« die Summe der Religionen einer Vielzahl solcher Einheiten. Gelegentlich wird behauptet, die Kelten hätten als solche überhaupt nicht existiert, sie seien ein Phantom oder eine Kreation der modernen Wissenschaft. Hier darf aber Entwarnung gegeben werden: Es »gab« die Kelten, sie unterschieden sich von anderen antiken Kulturen, sie hatten eine gemeinsame Sprache und gemeinsame, wenn auch lokal und regional variierende, religiöse Vorstellungen.

Kelten waren in der Antike nicht nur in »Gallien«, also im heutigen Frankreich, anzutreffen. Es gab sie auch in Oberitalien, namentlich in der Po-Ebene, in einer Land-schaft, die von den Römern deswegen Gallia Cisalpina, das »diesseits der Alpen gelegene Gallien«, genannt wurde. Von den Römern wurden sie mit einigem Misstrauen betrachtet, seitdem ein Keltenfürst namens Brennus 387 v. Chr. einen Beutezug unternommen hatte, der die keltischen Scharen bis nach Rom führte (wo die Römer der Legende nach nur durch das Schnattern der Gänse der Juno oben auf dem Kapitol gerettet wurden). In Spanien lebten Kelten, die mit den einheimischen Iberern die Gruppe der »Keltiberer« bildeten. Andere Kelten waren zu Beginn des 3. Jahrhunderts v. Chr. als Söldner nach Kleinasien gezogen. Hier leisteten sie für einheimische Dynasten zunächst Militärdienst, bevor sie sich selbstständig machten und einen eigenen Herrschaftsbereich im Herzen Anatoliens begründeten. Bekannt wurden sie den anderen antiken Völkern unter der externen Bezeichnung »Galater«, und Berühmtheit erlangten sie als Briefpartner des Apostels Paulus. Lange Zeit hielt man auch die vorrömische Bevölkerung Britanniens (und Irlands) für Kelten. Inzwischen ist man sich in dieser Hinsicht nicht mehr so sicher, weicht die materielle Kultur der Völker Britanniens doch in vielfacher Weise von den zeitgleichen Kulturen der Kelten in Mitteleuropa ab.

Die Zeit der Kelten

Die Kelten spielten über die gesamte Antike hinweg eine wichtige bis gelegentlich sogar dominante Rolle. Die Anfänge ihrer kulturellen Entwicklung liegen naturgemäß im Dunkeln. Erst in dem Maße, wie sie in den geografischen und politischen Horizont der mediterranen Völker traten, gewinnt ihre Geschichte an Konturen. Im heutigen Frankreich traten Kelten seit dem 6. Jahrhundert v. Chr. prominenter in Erscheinung. Es waren hier die Griechen, denen die Kelten ihre »Entdeckung« zu verdanken hatten, insbesondere die Bewohner der griechischen Neugründung Massalia, des heutigen Marseille. Nicht weit entfernt, beim heutigen Aix-en-Provence, lag die bedeutende Keltensiedlung Entremont. Von dem griechischen Historiker Herodot, der im 5. Jahrhundert v. Chr. lebte und schrieb, stammt die Information, die Donau entspringe im Land der Kelten bei einer Stadt namens Pyrene. Heute neigt man dazu, sie mit der berühmten Heuneburg im Landkreis Sigmaringen zu identifizieren. Die Griechen waren es auch, die die Kelten mit mediterraner Kultur vertraut machten. So gelangten griechische Waren zu den Kelten und keltische Waren zu den Griechen.

Die Geschichte der Kelten wird allgemein in zwei große Kulturphasen eingeteilt. Die erste Phase nennt man die »Hallstattzeit«, benannt nach einem Gräberfundort am Hallstätter See im Salzkammergut (Österreich). Sie dauerte von ca. 750 bis 450 v. Chr. Die Kelten erscheinen in dieser Kultur etwa um 600 v. Chr. Die Hallstattkultur hatte ein großes Verbreitungsgebiet. Sie erstreckte sich vom Osten Frankreichs bis nach Ungarn und Slowenien, von den Alpen bis an den Main. Der Ort Hallstatt markiert somit den Schnittpunkt der westlichen und der östlichen Kulturen der Kelten. Die Hallstattkelten zeichneten sich durch eine bestimmte Gestaltung und Ausstattung der Gräber aus. Reich ausgestattete, allgemein als »Fürstengräber« bezeichnete Grabhügelanlagen deuten auf eine Gesellschaftsordnung hin, die von einer mächtigen, einflussreichen Adelsschicht dominiert wurde. Darunter gab es in der hierarchischen Ordnung eine relativ entwickelte Sozialstruktur mit Bauern, Handwerkern und Kriegern. Die Adligen bevorzugten in dieser Zeit Siedlungsplätze auf befestigten Anhöhen, wie die Heuneburg oder den Asperg in der Nähe von Stuttgart.

Zu einem Einschnitt in der politischen und kulturellen Entwicklung der Kelten kam es in der Mitte des 5. Jahrhunderts v. Chr. – zu einer Zeit, als (um eine zeitliche Relation herzustellen) in Griechenland die klassische Epoche Athens ihren Höhepunkt erlebte. Zur selben Zeit begann bei den Kelten die La-Tène-Zeit, benannt nach einer keltischen Fundstelle am Neuenburger See in der Schweiz. Dieser Wandel brachte eine zweite keltische Kulturwelle hervor, die sich in mancher Hinsicht von der Kultur der vorhergehenden Hallstattzeit unterschied. Neue Formen der Bestattung kamen in Mode, außerdem neue Formen des Siedlungswesens. Statt Hügelgräber wie bei Hallstatt gab es jetzt Flachgräber, die manchmal auch keine Beigaben aufwiesen. Die weithin sichtbaren, singulären Fürstensitze spielten keine Rolle mehr, ohne dass man den Grund dafür genau benennen könnte. Auf jeden Fall scheint es zu einer Veränderung bei den internen Machtstrukturen gekommen zu sein. Nun entstanden auch jene bekannten Oppida, Siedlungsanlagen städtischen Charakters mit der Funktion einer Fluchtburg für die im Umland lebende ländliche Bevölkerung. In dieser Zeit machten sich die Kelten intensiv auf die Wanderschaft, sei es auf der

Suche nach geeigneten Siedlungsplätzen, sei es auf der Suche nach alternativen Erwerbsmöglichkeiten. Eine Option bestand immer darin, sich, nach dem Beispiel der Galater, als Söldner zu verdingen. Auch in Frankreich ist für die erste Phase der La-Tène-Zeit ein neuer Einwanderungsschub von keltischen Stämmen feststellbar.

Die La-Tène-Zeit ging im Verlauf des 1. Jahrhunderts v. Chr. zu Ende. Die Kelten Frankreichs, Italiens, auch der Schweiz und partiell Süddeutschlands büßten in dieser Zeit ihre politische Autonomie ein. Dies lag vor allem an der römischen Eroberung. Die Kelten in Südfrankreich (der Provence) waren bereits in der zweiten Hälfte des 2. Jahrhunderts v. Chr. römisch geworden, ebenso die meisten Keltiberer in Spanien. Das restliche Frankreich kam durch Iulius Caesar nach dessen finalem

Sieg über eine von dem Arvernerfürsten Vercingetorix geführte gallische Koalition bei Alesia (52 v. Chr.) unter die römische Herrschaft. Das Reich der Galater wurde ein paar Jahrzehnte später in das Imperium Romanum integriert. Das Aufgehen im Römische Reich war allerdings nicht gleichbedeutend mit dem völligen Verschwinden der keltischen Kultur. In Frankreich beispielsweise bildete sich aus Römern und Kelten eine stabile neue Führungsschicht, der gallo-römische Adel. Auch in religiöser Hinsicht kam es zu Annäherungen zwischen Römern und Kelten, wie sich dies in Frankreich etwa bei der Architektur der sogenannten gallo-römischen Umgangstempel zeigte.

▶ Das frühkeltische Fürstengrab auf dem Kleinaspergle in Baden-Württemberg hat einen Durchmesser von 60 Metern und eine Höhe von rund 8 Metern. Es war mit einer Zentral- und einer Nebengrabkammer ausgestattet.

Ein keltischer Fürstensitz in Hessen

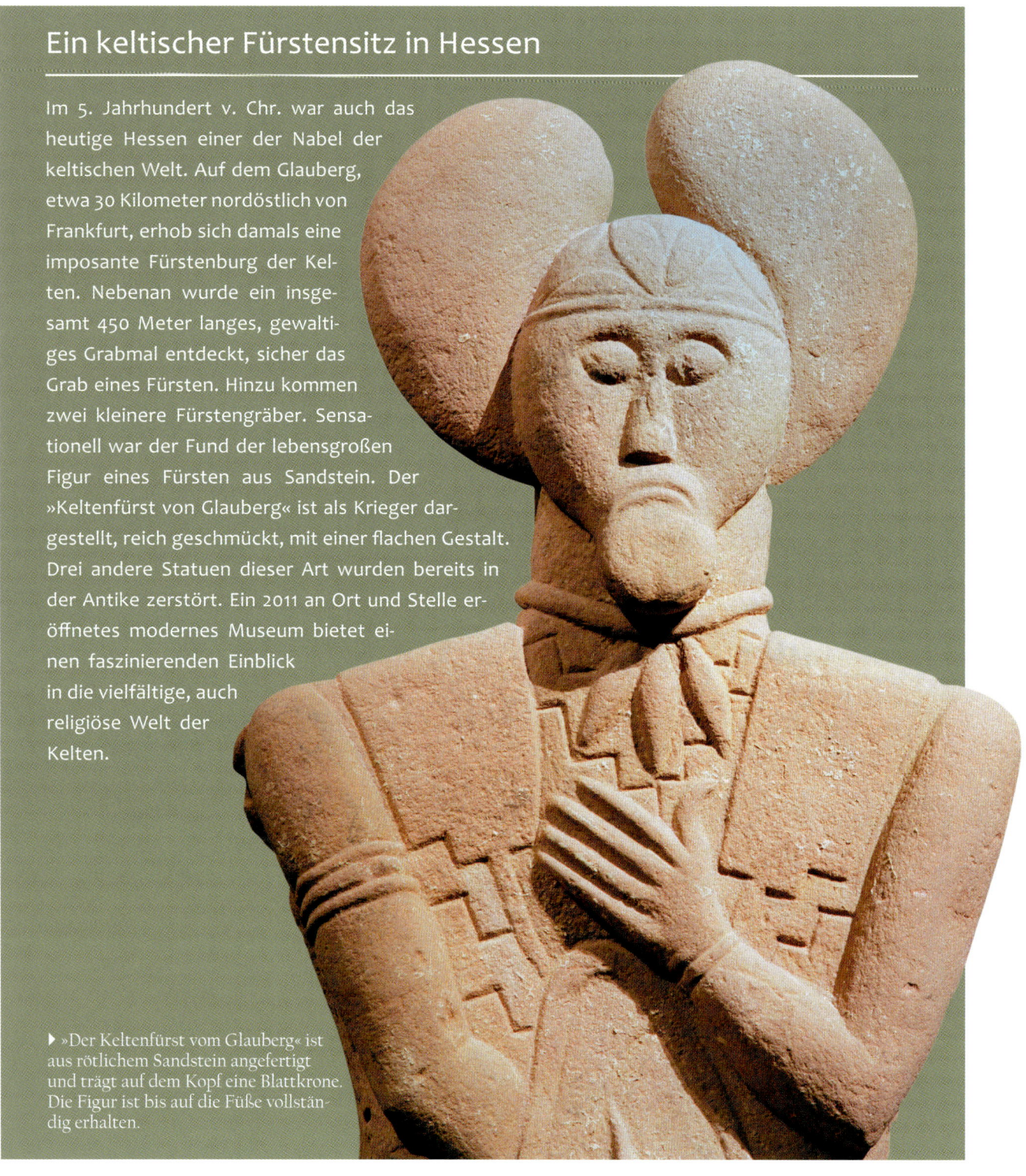

Im 5. Jahrhundert v. Chr. war auch das heutige Hessen einer der Nabel der keltischen Welt. Auf dem Glauberg, etwa 30 Kilometer nordöstlich von Frankfurt, erhob sich damals eine imposante Fürstenburg der Kelten. Nebenan wurde ein insgesamt 450 Meter langes, gewaltiges Grabmal entdeckt, sicher das Grab eines Fürsten. Hinzu kommen zwei kleinere Fürstengräber. Sensationell war der Fund der lebensgroßen Figur eines Fürsten aus Sandstein. Der »Keltenfürst von Glauberg« ist als Krieger dargestellt, reich geschmückt, mit einer flachen Gestalt. Drei andere Statuen dieser Art wurden bereits in der Antike zerstört. Ein 2011 an Ort und Stelle eröffnetes modernes Museum bietet einen faszinierenden Einblick in die vielfältige, auch religiöse Welt der Kelten.

▶ »Der Keltenfürst vom Glauberg« ist aus rötlichem Sandstein angefertigt und trägt auf dem Kopf eine Blattkrone. Die Figur ist bis auf die Füße vollständig erhalten.

Götter und Kulte

Die Kelten verfügten über eine umfangreiche Götterwelt. Diese Aussage wäre angesichts der materiellen Funde auch dann gerechtfertigt, wenn wir nicht über die Berichte der griechischen und römischen Autoren, an erster Stelle von Iulius Caesar, verfügen würden. In der typischen Verfahrensweise der Interpretatio romana zählt Caesar eine große Anzahl Götter mit römischen Namen auf, die von den Kelten verehrt wurden. Am wichtigsten sei Merkur gewesen, dann folgten, jeweils ihrer religiösen Bedeutung gemäß, Apollon, Mars, Iuppiter und Minerva. Von Merkur, so Caesar, seien bei den Kelten die meisten Bilder im Umlauf. Er sei für sie der Gott der Künste, der treue Begleiter der Reisenden, außerdem sei er für Gewerbe und Handel zuständig. Apollon sei der Heilgott, Minerva die Göttin von Kunst und Handwerk, Mars (nicht weiter überraschend, dies aus der Feder eines Römers zu erfahren) der Kriegsgott, und Iuppiter fungiere als der »Herr des Himmels«.

Welche keltischen Götter das Vorbild dieser von Caesar mit römischen Göttern gleichgesetzten Angehörigen des keltischen Pantheons gewesen sind, ist aufgrund der dürftigen Quellenlage nicht leicht zu bestimmen. Nicht über jeden Zweifel erhaben sind demnach die Gleichungen Merkur und/oder Mars (römisch) = Teutates (keltisch), Mars (römisch) = Esus (keltisch), Iuppiter (römisch) = Taranis (keltisch). Bildliche Darstellungen beweisen auf jeden Fall, dass sich die Kelten ihre Götter in Menschengestalt vorstellten und diese mit bestimmten Attributen und Erkennungszeichen versehen wurden. Taranis war offenbar zuständig für das Ressort »Himmelserscheinungen und Gewitter«, denn er erscheint auf Bildern mit den Attributen Blitz und Rad mit mehreren Speichen. Er hat – auch das ist aus anderen antiken Religionen bekannt – eine als »Muttergöttin« titulierte Kultpartnerin, porträtiert als weibliche Götterfigur in unterschiedlichen Tätigkeiten: Mal erscheint sie als Herrin des Himmels, dann ist sie auf dem Weg in die Unterwelt, in einer anderen Situation verwandelt sie sich in einen Kranich.

Ein Faible für Hirsche

Esus ist der Gott mit dem Hirschgeweih, er hat mit dem keltischen Hirschgott Cernunnos eine kultische Partnerschaft. Von diesem Gott Cernunnos existiert eine bekannte Darstellung auf einer Felszeichnung bei Zurla in der Lombardei. Die Göttin Epona wurde in Gestalt eines Pferdes dargestellt. Auch sie dokumentiert die Tendenz der keltischen Religion, Tiere als göttliche oder als heilige Gestalten zu verehren – ebenfalls eine Gemeinsamkeit mit anderen antiken Religionen, insbesondere der altägyptischen. Der keltische Tierkult hatte verschiedene Ursachen. Zum einen macht sich dabei der starke Naturbezug bemerkbar, von dem die keltische Religion immer geprägt gewesen ist. Zum zweiten lässt sich daran die große Bedeutung ablesen, die Tiere für die Kelten im öffentlichen und im privaten Leben hatten. Das Pferd leistete gute Dienste im Krieg und genoss daher, als Belohnung, kultische Verehrung. Eber und Stier dürften ihre sakrale Wertschätzung dem Umstand zu verdanken haben, dass man ihre Kraft und ihre

Stärke zu schätzen wusste. Der Hirsch wiederum erwarb sich die Anwartschaft auf göttliche Ehren durch zwei spezielle Umstände. Hirsche spielten erstens eine große Rolle bei der Jagd: Domestizierte Exemplare wurden während der Brunftzeit als Helfer beim Erjagen wilder Artgenossen eingesetzt. Dieses Wissen ist dem Fund eines Hirschgrabes bei Villeneuve-Renneville aus der frühen La-Tène-Zeit zu verdanken. Darin befand sich das Skelett eines Hirsches, der eine Trense trug, was den berechtigten Verdacht hervorruft, dass das Tier zahm in der Siedlung lebte. Zweitens hatten Hirsche eine wichtige Funktion bei den keltischen Jenseitsvorstellungen. Einen Hirsch zu opfern, galt den Kelten als Eintrittskarte für einen komfortablen Platz in der Welt der Toten. So ist es auch zu erklären, dass Hirschfiguren eine beliebte Grabbeigabe gewesen sind.

Bei dem römischen Geschichtsschreiber Livius ist eine Episode überliefert, die für sich genommen etwas merkwürdig erscheint, jedoch vor dem Hintergrund des keltischen Hirschkultes eine Bedeutung erhält. Die Szene beschreibt eine Episode aus einer kriegerischen Auseinandersetzung zwischen Römern und Kelten im Jahr 295 v. Chr.: »Als sich die Heere zur Schlacht formiert hatten, lief eine Hirschkuh, die sich, aus den Bergen vertrieben, auf der Flucht vor einem Wolf befand, über die Felder zwischen den beiden Heeren. Dann lenkten die beiden Tiere ihren Lauf in verschiedene Richtungen: die Hirschkuh zu den Kelten, der Wolf zu den Römern. Der Wolf wurde zwischen den Einheiten durchgelassen, die Hirschkuh schossen die Kelten nieder. Da rief ein römischer Soldat aus der vordersten Linie: ›Dorthin haben sich Flucht

und Tod gewandt, wo ihr das heilige Tier der Diana liegen seht. Hier hat uns der siegreiche Wolf des Mars, völlig unversehrt, an unsere Abstammung von Mars und an den Gründer unserer Stadt erinnert.‹«

Mars (Rom) siegt gegen Hirsch (Kelten) – das ist, jedenfalls aus keltischer Sicht, eine etwas zu einfache Deutung des Vorgangs. Schließlich waren sie es, die den Hirsch töteten, nicht die Römer. Also konnten sie den Tod der Hirschkuh nicht als Zeichen für eine bevorstehende Niederlage im Kampf interpretieren, sondern als Opfertod des Tieres. Die damit verbundene Aussicht auf Unsterblichkeit sollte den Kampfesgeist der keltischen Krieger anstacheln.

Menschenopfer

Die Kelten haben im Rahmen ihrer kultischen Vorschriften Menschenopfer dargebracht. An dieser Tatsache ist nicht zu rütteln, nicht einmal mit dem Argument, dass die antiken Autoren, die davon berichten, bestrebt gewesen seien, die Kelten als roh, primitiv und barbarisch zu charakterisieren. Im 1. Jahrhundert n. Chr. schreibt der römische Dichter Lukan: »Auch das Volk, das mit scheußlichen Blutopfern seinen grausamen Teutates besänftigt und seinen Esus, dessen grauenhafter Altar Entsetzen erregt, und seinen Taranis, dessen Altar nicht menschlicher ist als der der Diana der Skythen.«

Auch der römische Keltenexperte Caesar weiß in »De bello Gallico« von solchen Menschenopfern zu berichten: »Wenn jemand schwer erkrankt oder Kämpfen und anderen

▶Menschenopfer für den Gott Teutates: Detail einer Reliefplatte des Silberkessels von Gundestrup.

Holzkäfigen bei lebendigem Leib verbrannten. Auch Livius steuert eine grausige Geschichte bei. 216 v. Chr. wurden zwei römische Legionen von dem keltischen Stamm der Boier besiegt. Den römischen Feldherrn erwartete daraufhin ein schlimmes Schicksal: »Die Boier brachten die Rüstung des Feldherrn und seinen abgeschlagenen Kopf voll Jubel in ihren heiligsten Tempel. Dann nahmen sie den Kopf aus und verzierten die Hirnschale nach ihrer Art mit eingelegtem Gold. Sie diente ihnen als heiliges Gefäß, um bei Feiern damit zu opfern, oder auch als Trinkschale für den Priester und die Tempelvorsteher.«

Mit diesen literarischen Nachrichten korrespondieren archäologische Befunde, die nachweisen, dass der menschliche Kopf in der Religion der Kelten eine wichtige Funktion hatte. Auf keltischen Waffen erscheinen häufig Darstellungen von Köpfen. Im keltischen Oppidum von Entremont bei Aix-en-Provence wurden Darstellungen solcher abgetrennten Köpfe entdeckt. Gleichwohl lässt sich die genaue religiöse Bedeutung dieses Rituals nicht feststellen. Menschenopfer kamen auch bei den Etruskern vor, ganz im von Caesar geschildert Sinne als Sühne für den Tod von Menschen (was bei den Römern im Übrigen eine der Wurzeln der Gladiatorenkämpfe gewesen ist). Eine Möglichkeit ist, dass man sich davon eine apotropäische, d. h. Unheil abwehrende Funktion erhoffte. Auch mag beim Schädelkult der Glaube eine Rolle gespielt haben, auf diese Weise etwas von der Kraft der Besiegten auf sich selbst übertragen zu können.

Gefahren ausgesetzt ist, so bringt er unter der Mithilfe der Druiden ein Menschenopfer dar oder gelobt es. Man ist nämlich der Ansicht, die unsterblichen Götter seien nur dadurch zu versöhnen, dass man für ein Menschenleben ein anderes opfert. Auch von Staats wegen werden dergleichen Opfer regelmäßig veranstaltet.«

Andere (spätere) Quellen wollen davon wissen, dass die Kelten Menschen in Wasserfässern ertränkten, sie mit den Gliedmaßen an zurückgebogenen Baumästen fesselten, bis die Glieder zerrissen, oder sie in

Heilige Orte

Die Heiligkeit eines Ortes wurde bei den Kelten auf zweifache Weise realisiert: Zum einen verehrten sie Orte in der Natur, und zum anderen versammelten sie sich an sakral geadelten Plätzen, an denen offizielle Kulthandlungen durchgeführt wurden. In der Natur gab es praktisch keinen Bereich, der nicht zum Gegenstand religiöser Verehrung geworden wäre. Eine besondere Faszination übte das Wasser aus, sei es in Form von Quellen, Bächen, Flüssen oder Seen. Als herausragendes Beispiel für die kultische Bedeutung des Wassers kann die sogenannte Riesenquelle in Dux bei Teplice in Böhmen gelten. In einer Tiefe von fünf Metern kam in einer Quelle ein Bronzekessel mit nahezu 2000 Schmuckstücken zum Vorschein, meist Fibeln sowie Finger- und Armringe, zu datieren auf das 4. Jahrhundert v. Chr. Ganz offensichtlich handelte es sich hier um Schmuck ausschließlich für Frauen, und so war die Quelle von Dux vermutlich ein heiliger Ort, der speziell von Frauen aufgesucht und verehrt wurde. Ein anderes Beispiel für die sakrale Affinität der Kelten zum Element Wasser ist der Rhein, dessen beide Ufer zum keltischen Siedlungsgebiet gehörten (entgegen dem lange wirkenden Diktum Caesars, der Rhein stelle die ethnische Grenze zwischen Kelten und Germanen dar). Bei

▶Fibeln und Ringe aus dem Keltenschatz von Dux.

den Kelten hieß der Rhein renos, was schlicht »Fluss« bedeutet. Bei den Römern wurde daraus Rhenus, was anzeigt, dass es bei der jeweiligen Benennung des Flusses eine bemerkenswerte Kontinuität über Keltisch, Lateinisch und Deutsch gegeben hat. Die kultische Verehrung des Rheins nahm bei den Kelten bisweilen bizarre Formen an. So berichten einige antike Schriftsteller von einem merkwürdigen Ritual: Kelten warfen ihre neugeborenen Kinder in die Fluten des Rheins, als eine Art von Gottesurteil mit dem Ziel, deren eheliche Abkunft zu prüfen. Und der Stammesfürst Virdomanus verbreitete die Version, er würde persönlich vom Rheingott abstammen – eines der wenigen Beispiele dafür, dass sich keltische Clanchefs mit einer göttlichen Deszendenz ausstatteten.

Dass Wasser in der keltischen Religion eine so dominante Rolle spielte, ist nicht schwer zu erklären. Das nasse Element hatte im alltäglichen Leben eine existenzielle Bedeutung, sodass es bereits von daher naheliegend war, hier göttliche Kräfte am Wirken zu sehen. Außerdem kannte man nicht nur die segensreiche, sondern auch die potenziell unheilvolle Wirkung des Wassers, etwa, wenn die Flüsse über die Ufer traten und Überschwemmungen Mensch und Tier bedrohten. Zur Sicherheit holte man sich in diesem Zusammenhang besser göttlichen Beistand. Und schließlich hatte das Wasser auch eine wichtige Funktion im Jenseitsglauben der Kelten, indem Wasser den Zugang zur Unterwelt und zu den Totengöttern markierte.

Neben dem Wasser durften sich die keltischen Berge besonderer Aufmerksamkeit und Verehrung erfreuen. Auch damit befanden

sich die Kelten in bester antiker Gesellschaft: Praktisch jede Religion hatte in ihrem Katalog mit der Aufschrift »heilige Orte« Berge zu bieten. Bei den Kelten waren nicht einzelne Berge, sondern ganze Bergketten oder sogar Gebirge Objekt der religiösen Huldigung. Besonders war dies natürlich bei jenen Kelten der Fall, zu deren unmittelbarer Lebenswelt Berge gehörten – wie es zum Beispiel bei den antiken Bewohnern der Alpen der Fall gewesen ist. Aber auch Frankreich als eines der antiken Kernländer der Kelten weist in seiner naturräumlichen Struktur genug Berge auf, um den Kelten Anlass zu bieten, sie in ihr religiöses Repertoire aufzunehmen – wie etwa die Vogesen, verkörpert durch den Berggott Vosegus, oder die Ardennen, verkörpert durch die Berggöttin Arduinna. Der Schwarzwald war für die Kelten das Reich der Göttin Abnoba. Die Heiligkeit des Schwarzwaldes wird allerdings hauptsächlich erst durch Funde aus der Römerzeit dokumentiert, insbesondere durch Weihinschriften für die von den Römern mit ihrer Diana identifizierten Göttin Abnoba. Grundlage der Verehrung von Bergen und der Kreation spezieller Berggottheiten war bei den Kelten, wie bei anderen antiken Völkern auch, die Vorstellung, dass es sich dabei um Orte besonderer göttlicher Präsenz handelte – entweder, weil die Götter dort selbst wohnten, oder weil die Bergwelt allerorten vom Göttlichen durchdrungen war. Als 1962 im Schweizer Kanton Uri, in der Nähe des Vierwaldstätter Sees, wertvolle keltische Schmuckgegenstände zum Vorschein kamen – wahre Spitzenerzeugnisse keltischen Kunsthandwerks –, wurde dieser Fund damit erklärt, dass die kostbaren Stücke auf der Flucht vergraben worden seien.

Plausibler erscheint hingegen die Erklärung, dass Kelten bei der Überquerung der Alpen den unberechenbaren Berggöttern ein kleines Geschenk zukommen ließen, um eine glückliche Überquerung des Gebirges zu gewährleisten. Schließlich konnte auf solch einer Reise viel passieren.

Die Heiligkeit von Bergen dokumentieren weiterhin Brandopferplätze, wie sie unter anderem in den Alpen und im nördlichen Alpenvorland entdeckt wurden. Asche und verbrannte Tierknochen (vorzugsweise vom Rind) belegen intensive Kulthandlungen. An manchen Stätten stieß man auf sogenannte Knochenhügel. Von diesen ist möglicherweise auch bei dem in der Zeit des römischen Kaisers Augustus schreibenden griechischen Autor Strabon die Rede, wenn er in seiner »Geographica« ausführt: »Die Kelten errichten Bildwerke von ungeheurer Größe aus Holz, füllen sie mit allerlei Tieren und mit Menschen und verbrennen alles zusammen.«

Zu den sakralen Naturobjekten der Kelten zählten weiterhin Wälder und Bäume – ebenfalls keine große Überraschung, gehören doch auch diese in allen archaischen Naturreligionen zum festen Sakralbestand. Unter den Bäumen gab es dabei eine klare Hierarchie. Den höchsten Rang hatten Buche, Eibe und vor allem die Eiche. Darüber liegen von verschiedenen antiken Autoren genauere Informationen vor. In typisch griechischer Interpretation fremder Religion heißt es bei dem im 2. Jahrhundert n. Chr. schreibenden Autor Maximos von Tyros: »Die Kelten verehren Zeus, und das Symbol des Zeus ist bei den Kelten die Eiche.« Laut Strabon versammelten sich die Galater in Kleinasien in einem heiligen Eichenhain. Und der spätantike Dichter Claudianus erwähnt ein keltisches Heiligtum im Herkynischen Wald, in dem Eichen eine wichtige kultische Funktion hatten. Der gewöhnlich gut unterrichtete römische Forscher Plinius der Ältere teilt mit, dass die Eiche auch ein wichtiger Bestandteil bei den Zeremonien der Druiden, der obersten Priester der Kelten, gewesen sei: Sie pflegten, so heißt es, mit einer goldenen Sichel Mistelzweige von Eichen abzuschneiden. Plinius leitet den Namen »Druide« sogar vom griechischen Wort für Eiche (drys) ab. Mit ihrer Sympathie für Eichen standen die Kelten in der religiösen Landschaft der Antike wiederum nicht allein da. Den Griechen galt, wie man bei Homer und Hesiod nachlesen kann, die Eiche als Ursprung der Menschheit, römische Experten behaupteten sogar, die Eiche sei der Sitz alles Himmlischen.

»Nemeton« war das Wort, mit dem die antiken Schriftsteller, aber wohl auch die Kelten selbst einen heiligen Ort bezeichneten – vor allem einen heiligen Ort, an dem offizielle Kulthandlungen stattfanden. Wie aber sahen diese Plätze konkret aus? Wenn die Druiden oder andere sakrale Würdenträger Gottesdienste veranstalteten, taten sie dies inmitten der Natur, in heiligen Hainen, oder gab es für diese Zwecke spezielle Kultbauten? Von Tempeln, wie sie von den Griechen und von den Römern her bekannt sind, gibt es bei den Kelten keine Spuren, jedenfalls nicht im Sinne steinerner oder hölzerner Bauten, die als Wohnungen der Götter gelten konnten. Diese Aussage gilt allerdings nur für die keltische Zeit an sich. Infolge der Bekanntschaft mit den Römern entwickelten die Kelten später

Kultgebäude, die in ihrer architektonischen Form wesentlich vom römischen Vorbild geleitet gewesen sind (wie der gallo-römische Umgangstempel). Ansonsten wird man für jene Zeit, als die Kelten selbst über ihre Geschicke bestimmten, davon ausgehen können, dass die Kulthandlungen unter freiem Himmel, natürlich aber an heiligen, geweihten Orten stattfanden. Lange Zeit galten die sogenannten Viereckschanzen als Kultstätten – also jene für die Kelten charakteristischen, quadrat- bzw. trapezförmigen Anlagen mit einer Seitenlänge von 60 bis 140 Metern. Davor hielt man sie – deswegen auch der etwas martialische Name – für Gebäude mit einer militärischen Funktion. Heute deutet man sie als Orte landwirtschaftlicher Produktion, versehen mit der argumentativen Hintertür, dass sie gleichzeitig auch Stätten der Kultausübung gewesen sein mögen. Nur die Kelten wussten ganz genau, wozu diese Anlagen dienten, und die Nachwelt steht weiterhin vor einem Rätsel.

Funktion und Lehren der Druiden

Wie bei allen anderen Völkern der Antike, so gab es auch bei den Kelten eine Trennung zwischen offizieller und privater Religion. Die Repräsentanten der offiziellen Religionen waren die – teils geheimnisumwitterten – Druiden. Waren sie, wie Caesar bezeugt, einerseits bestrebt, ihre Kenntnisse als exklusives Herrschaftswissen

▶ Bronzestatue der Göttin Arduinna, auf einem wilden Eber reitend, 1. Jahrhundert n. Chr.

Die Prinzessin von Vix

Sie ist die bekannteste Keltin, obwohl man von ihr kaum etwas weiß. Bei dem kleinen Dorf Vix in Burgund entdeckten Archäologen 1953 ein prachtvoll ausgestattetes Grab, das aus der ersten Hälfte des 5. Jahrhunderts v. Chr. stammt. Bestattet war in dem Grab eine Frau, die zum Zeitpunkt ihres Todes 30 bis 35 Jahre alt gewesen war – für keltische Verhältnisse kein früher Tod. Aufgrund der überaus kostbaren Beigaben darf angenommen werden, dass die Frau zur obersten Adelsschicht gehörte. So nennt man sie auf Verdacht »Prinzessin von Vix«, »Fürstin von Vix« oder auch einfach nur »Dame von Vix«. Das wertvollste Stück des Grabinventars war ein großer Weinkrug, 1,64 Meter hoch und mit einem Fassungsvermögen von 1100 Litern. Der kunstvoll gearbeitete Krug stammte wahrscheinlich aus dem griechischen Raum und dokumentiert somit die engen Handelsbeziehungen zwischen Kelten und Griechen.

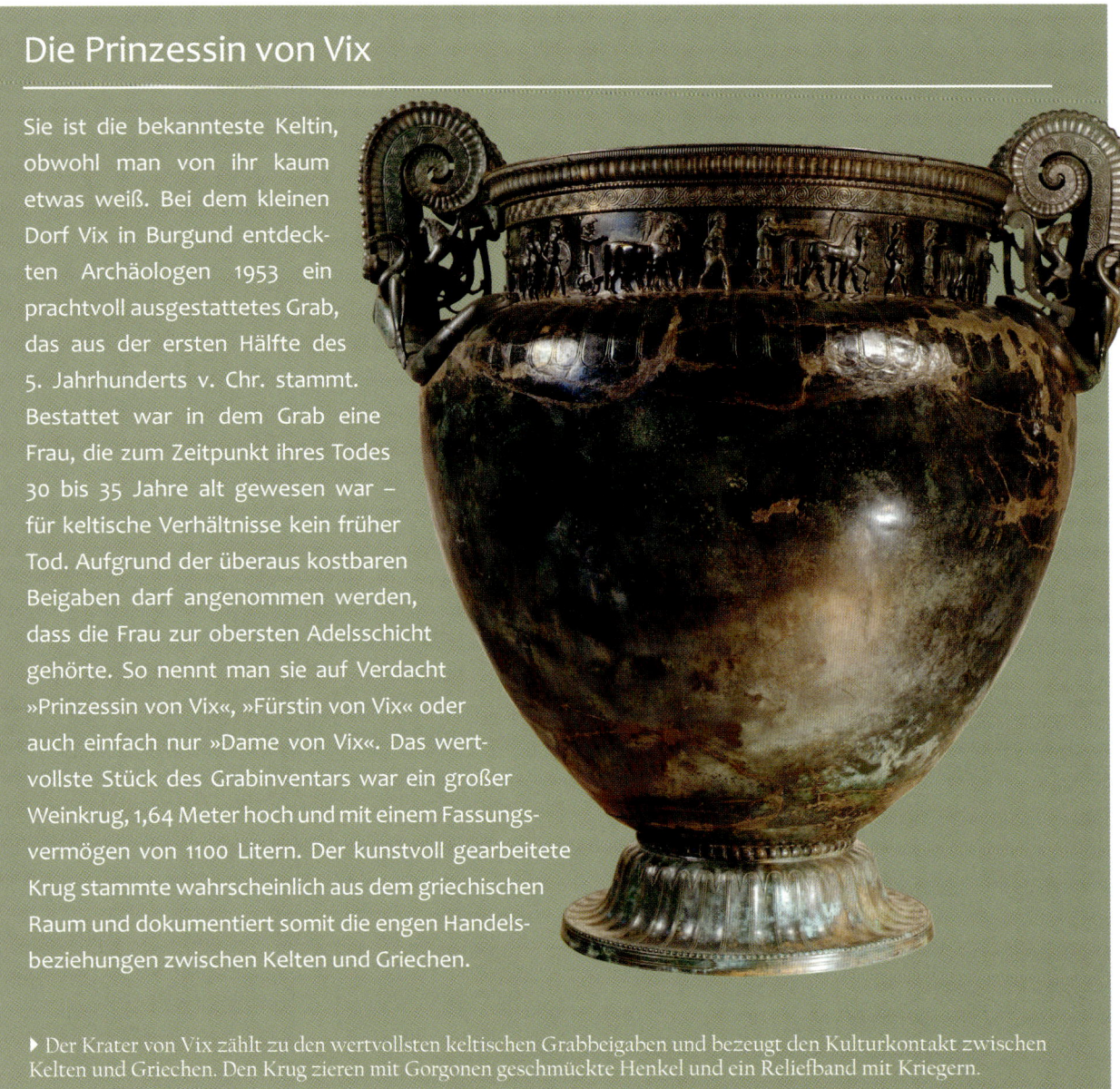

▶ Der Krater von Vix zählt zu den wertvollsten keltischen Grabbeigaben und bezeugt den Kulturkontakt zwischen Kelten und Griechen. Den Krug zieren mit Gorgonen geschmückte Henkel und ein Reliefband mit Kriegern.

zu handhaben, so wirkten sie andererseits als Lehrer und Erzieher. Sie hatten viele Schüler, die unter der Anleitung der Druiden viele Texte auswendig lernten und deren Ausbildung 20 Jahre dauern konnte. Die Ausbildung galt zunächst der Religion, umfasste aber auch Disziplinen wie die Astronomie, die Geografie und die Medizin. Bei den Schülern der Druiden, die auf diese Weise umfassend instruiert wurden, dürfte es sich in der Regel um die Söhne des Adels gehandelt haben. Caesar fasst die Tätigkeit der Druiden mit den Worten zusammen: »Die Druiden sind beim Gottesdienst tätig. Sie besorgen die Staatsopfer und die Privatopfer und befinden über Fragen der Religion.« So nüchtern, wie sich das in dieser Passage anhört, muss man sich wohl auch die theologische Rolle der Druiden vorstellen. Sie waren nicht für das religiöse Gemüt da, sondern für den Vollzug der Opfer. Ansonsten hüteten sie die Geheimnisse der Religion, bei Streitfragen waren sie die entscheidende Instanz. Ihr religiöses Wissen speicherten sie als Herrschaftswissen, das nicht ins Volk getragen wurde. Das Volk durfte nur so viel wissen, wie es brauchte, um genug glauben zu können. Eine solche Konstellation war, wie man sich denken kann, nicht geeignet, ein spirituelles, tiefergehende Bedürfnisse befriedigendes religiöses Klima zu schaffen. Ein solches entwickelte sich eher im Rahmen der privaten Frömmigkeit, für die allerdings kaum direkte Zeugnisse vorliegen.

Vorstellungen vom Jenseits

Machten die Druiden aus ihren religiösen Kenntnissen meistens ein großes Geheimnis, so gab es doch eine wesentliche Ausnahme: Sie klärten das Volk über die Seelenwanderung auf. Wieder darf man sich in dieser Hinsicht auf die Aussagen Iulius Caesars verlassen, der berichtet, dass die Druiden lehrten, dass die Seelen unsterblich seien und nach dem Tod von einem Körper auf den anderen übergingen. Die Erklärung des Römers: »Sie meinen, diese Lehre sei ganz besonders geeignet, zur Tapferkeit anzuspornen, weil man dann den Tod nicht fürchte.«

Andere antike Autoren bestätigen, dass die Seelenwanderung ein wichtiger Bestandteil der religiösen Vorstellungswelt der Kelten gewesen ist. Pomponius Mela, ein gut informierter Geograf und Ethnograf des 1. Jahrhunderts n. Chr., geht über die Informationen Caesars noch hinaus, wenn er sagt: »Um das Volk für den Kampf besser geeignet zu machen, lehren die Druiden, die Seele sei unsterblich und nach dem Tod beginne bei den Verstorbenen ein neues Leben. Daher verbrennen und bestatten sie zusammen mit den Toten für das Leben geeignete Dinge. Früher schrieb man den Unterirdischen auch die Sorge für geschäftliche Angelegenheiten und das Eintreiben von Schulden zu, und mancher stürzte sich gerne in den Scheiterhaufen der Seinen, um gleichsam mit ihnen weiterzuleben.«

Die Griechen glaubten ebenfalls an die Seelenwanderung, jedoch in anderer Weise als die Kelten. Für die Griechen ging die Seele des Menschen nach dem Tod in ein anderes Wesen über und erschien als solches wieder in der irdischen Welt. Keltische Seelenwanderung bedeutete dagegen: Es gibt ein Leben nach dem Tod, jedoch nicht wieder in der Welt der Lebenden, sondern in einer anderen Welt. Wie aber war diese »andere Welt« beschaffen? Auf jeden Fall so, dass die Kelten meinen konnten, ihre Verstorbenen würden dort eben jene Gegenstände gut gebrauchen können, die sie ihnen als Beigaben mit ins Grab legten. Im Kontext des antiken Totenkultes insgesamt war das keine besonders originelle Auffassung. Dennoch hat es den Anschein, als hätten die Kelten eine pragmatische Nähe zu den Toten und zur Totenwelt entwickelt. Jedenfalls spürt man bei ihnen wenig von der

Distanz, von dem Respekt, von der Furcht, mit denen Griechen und Römer etwa dem Jenseits zu begegnen pflegten. Kennzeichnend für diese Einstellung ist eine Information, die dem griechischen Historiker Diodor zu verdanken ist. Demnach war es bei den Kelten üblich, an verstorbene Verwandte adressierte Briefe auf den Scheiterhaufen zu werfen, in der Annahme, die Toten könnten diese Briefe lesen. Aber warum sollte auch ein Volk Furcht vor dem Totenreich haben, das nach eigener Aussage nur eine Furcht hatte: dass ihm der Himmel auf den Kopf fallen könne – eine Aussage, die die Kelten ausgerechnet gegenüber Alexander dem Großen machten.

Formen der Bestattung

Nach Caesar waren Leichenfeiern bei den Kelten prächtig und kostspielig – jedenfalls bei den Reichen und Vornehmen. Alles, was dem Toten zu Lebzeiten wichtig gewesen ist, wurde mit ins Feuer geworfen. Das galt sogar für die Haustiere. Caesar schreibt über die Verhältnisse in seiner eigenen Zeit, im 1. Jahrhundert v. Chr., als es Praxis gewesen ist, die Toten zu verbrennen. In der Hallstattzeit dagegen, in der Epoche der großen Fürstengräber, war die Körperbestattung üblich gewesen. Auffälligerweise wurden die Toten in den Grabkammern regelmäßig mit dem Kopf nach Süden und den Füßen nach Norden gebettet – ein Ritual, dessen Bedeutung unbekannt ist. Die Regel sind, je nach dem sozialen Status des Toten, mehr oder weniger kostspielige Grabbeigaben, wie zum Beispiel Schmuck, Keramik, Schwerter, Lanzen, auch Zaumzeug von Pferden, Wagen und Nahrungsmittel. In der La-Tène-Zeit dominiert zunächst noch die Körperbestattung. Die monumentalen Hügelgräber werden jedoch allmählich durch Flachgräber ersetzt. Gegen Ende des 3. Jahrhunderts setzt sich dann fast überall in der keltischen Welt die Brandbestattung durch. Ob sich hinter diesem Wechsel der Bestattungsform gewandelte Vorstellungen vom Tod und vom Jenseits verbergen, ist schwer zu entscheiden – wie so vieles bei den schriftlosen Kelten.

Jedoch helfen manchmal außerordentliche archäologische Entdeckungen weiter. So vermittelt ein Fundstück aus Jütland wertvollste Einblicke in die Jenseitsvorstellungen der Kelten. Es handelt sich dabei um den berühmten Silberkessel von Gundestrup, der überhaupt für die Erforschung der keltischen Religion und Mythologie eine herausragende Quelle ist. Eigentlich stammt der Kessel nicht aus Jütland, sondern wahrscheinlich aus dem unteren Donauraum. Zu datieren ist er auf das 2./1. Jahrhundert v. Chr., also in die Spätphase der La-Tène-Zeit. Auf einer der Platten ist eine Szene dargestellt, wie ein Verstorbener auf einem Delphin ins Jenseits reitet. Eskortiert wird er auf seiner Reise vom Hirschgott Cernunnos. Ein hilfsbereiter Stier bietet ebenfalls seine Unterstützung an, als derjenige, der Raubtiere, die den Toten auf seinem Weg bedrohen können, in Schach hält. Die Kelten, deren Vorstellungen vom Jenseits auf diesem Kessel bildlichen Ausdruck fanden, wurden von zwei Ideen geleitet: Erstens davon, dass auf der Fahrt ins Jenseits allerorten Gefahren lauerten, denen man sich jedoch – zweitens – getrost stellen konnte, weil es Götter gab, die als Beschützer auftraten.

Die Vercingetorix-Statue in Alesia

Der berühmteste Kelte der Antike war Vercingetorix. Er war der Anführer des Stammes der Arverner und führte gegen Ende des Gallischen Krieges eine geeinte keltische Armee gegen den Römer Iulius Caesar. Bei Alesia erlitten die Gallier die entscheidende militärische Niederlage. Sechs Jahre später wurde Vercingetorix in Rom hingerichtet. Doch sein Mythos lebt – der Mythos vom tapferen Gallier, der den übermächtigen Römern die Stirn bot. Kein Geringerer als Kaiser Napoleon III., der im Nebenberuf Historiker war, veranlasste die Errichtung einer monumentalen Statue des von den Franzosen längst vereinnahmten Nationalhelden. Schon bei der feierlichen Einweihung des Denkmals am mutmaßlichen Schlachtort Alise-Sainte-Reine in Burgund 1864 fiel den Besuchern die Ähnlichkeit der Gesichtszüge des Avernerfürsten mit denen des aktuellen Monarchen Napoleon III. auf. Natürlich war diese Ähnlichkeit kein Zufall, sondern vom Kaiser so beabsichtigt.

▶ Das Denkmal für den Keltenfürsten Vercingetorix, der zum französischen Nationalhelden erklärt wurde, schuf der Bildhauer Aimé Millet.

Die Religion der Germanen

Germanische Götter in römischem Gewand

Im Jahre 98 n. Chr. schrieb der römische Historiker Tacitus sein Werk »Germania«. Seine Angaben haben das allgemeine Bild von den Germanen in hohem Maße geprägt, obwohl der Autor alles andere als ein Kenner der Germanen war. So ist er selbst niemals in Germanien gewesen, sondern bezog seine Kenntnisse aus anderen Werken und fügte ansonsten viele Stereotype hinzu, die die Römer mit den Völkern des Nordens zu verbinden pflegten. Ihm ist die sich hartnäckig haltende Vorstellung zu verdanken, dass die Germanen allesamt raue Gesellen waren, die blond, blauäugig, trinkfest und rauflustig gewesen seien.

Tacitus schrieb über die Natur des Landes, über die einzelnen Stämme, über Sitten und Alltagsleben sowie, wie es sich für ein ethnografisches Werk gehörte, über die Religion. Die Aussagen, die er in diesem Zusammenhang trifft, sind nicht pure Fantasie, sondern konnten in einzelnen Teilen von der archäologischen Forschung und von anderen schriftlichen Quellen bestätigt werden. Sie leiden aber darunter, dass er die Götterwelt der Germanen in der Interpretatio romana beschrieben hat. Gemäß der Auffassung der Römer, dass ihre eigenen Götter auch bei den fremden Völkern vorkommen, nennt er, wo er von den germanischen Göttern spricht, deren (tatsächliche oder angebliche) Entsprechungen. Da ist die Rede von Merkur, den die Germanen am meisten verehren und der vermutlich mit Wodan zu identifizieren ist. Weiter erwähnt er Herkules und Mars, die bei den Germanen Donar und Tyr oder Ziu hießen. Merkur bringen die Germanen laut Tacitus an bestimmten Tagen Menschenopfer dar. Sie kennen keine heiligen Räume wie die Griechen oder die Römer mit ihren Tempeln, sondern vollziehen die religiösen Zeremonien unter freiem Himmel, auf Lichtungen und in

▶ Die Germanenbegeisterung des 19. Jahrhunderts stand im Dienst des Nationalen. Besonders Richard Wagner erschuf in seinen Opern eine germanische Mythologie. Aufnahme des Baritons Franz Betz als Wodan im »Ring der Nibelungen« bei den ersten Bayreuther Festspielen 1876.

Hainen. Auch haben die Götter, anders als bei den Griechen und Römern, keine menschliche Gestalt. Wichtig sind den Germanen Vorzeichen und Losorakel, Letzteres funktioniert nach Tacitus folgendermaßen: Man schneidet von einem Baum einen Zweig ab, zerteilt ihn in kleine Stücke, versieht diese mit Zeichen und verstreut sie auf einem weißen Tuch. Der Priester bei öffentlichen oder der Hausherr bei privaten Veranstaltungen hebt, mit Blick zum Himmel, drei dieser Holzstücke auf und liest aus den Zeichen den göttlichen Willen. Eine Lotterie der dramatischen Art durfte ein Römer namens Gaius Valerius Procillus am eigenen Leib erleben. 58 v. Chr., zu Beginn von Caesars Krieg in Gallien, war er in die Gefangenschaft der germanischen Sueben geraten. In dieser durfte er in banger Erwartung einer Verhandlung beiwohnen, in der die Germanen darüber berieten, ob sie ihn sofort oder erst später verbrennen sollten. Dreimal befragte man das Los, dreimal fiel die Antwort für Procillus günstig aus. Später kehrte er glücklich zu Caesar zurück, der diese Episode sofort in sein Werk über den Gallischen Krieg aufnahm.

Was bei Tacitus über die germanischen Vorzeichen gesagt wird, besaß für die Römer einen hohen Wiedererkennungswert. Besonders die Deutung des Vogelflugs stand bei den Germanen, wie bei den Römern, in hohen Ehren. Aus den Stimmen und der Flugrichtung der Vögel glaubten die Germanen, den göttlichen Willen ablesen zu können. Als germanische Besonderheit bezeichnet Tacitus die Verehrung von Pferden. Sie wurden seiner Schilderung nach auf Hainen und Lichtungen gehalten und genossen das Privileg eines ungestörten Lebens, weil sie den Willen der überirdischen Mächte kannten

und diesen durch Wiehern und Schnauben verkündeten. Vor Kriegen nahmen die Germanen, so Tacitus weiter, einen Angehörigen des Volkes, mit dem sie Krieg führen wollten, gefangen und ließen ihn gegen einen eigenen Mann antreten. Der Ausgang des Duells wurde als Zeichen dafür gewertet, wie der Krieg insgesamt ausgehen würde. Es ist offensichtlich, dass sich aus diesen Informationen des Tacitus keine umfassende Geschichte der Religion der Germanen erstellen lässt. Und so sind sie denn auch, trotz mancher zutreffender Beobachtungen, nicht unbedingt als tiefe Einblicke in das sakrale und kultische Leben der Germanen zu werten, sondern vor allem als Beleg dafür, wie es um deren Außenwahrnehmung vonseiten der Römer bestellt gewesen ist. Tacitus hatte auch gar nicht vor, ein Lehrbuch über die Germanen zu schreiben, sondern den seiner Meinung nach degenerierten Beherrschern der Welt das idealisierte Bild eines angeblich noch unverbrauchten Volkes als Spiegelbild vorhalten.

Politik und Gesellschaft der Germanen

Wer aber waren diese Germanen eigentlich? Schon die Verwendung des Sammelbegriffs »Germanen« suggeriert eine Einheitlichkeit, die es in der Realität nicht gegeben hat. »Die« Germanen als einheitliches Volk sind eine Erfindung des 19. Jahrhunderts, als der deutsche Nationalstaat sich in Gestalt der »alten Germanen« auch eine (vermeintlich) historische Identität zulegen wollte. Die antike Wirklichkeit sah anders aus. Bei dem, was man in unzulässiger Verallgemeinerung »Germanen« nennt,

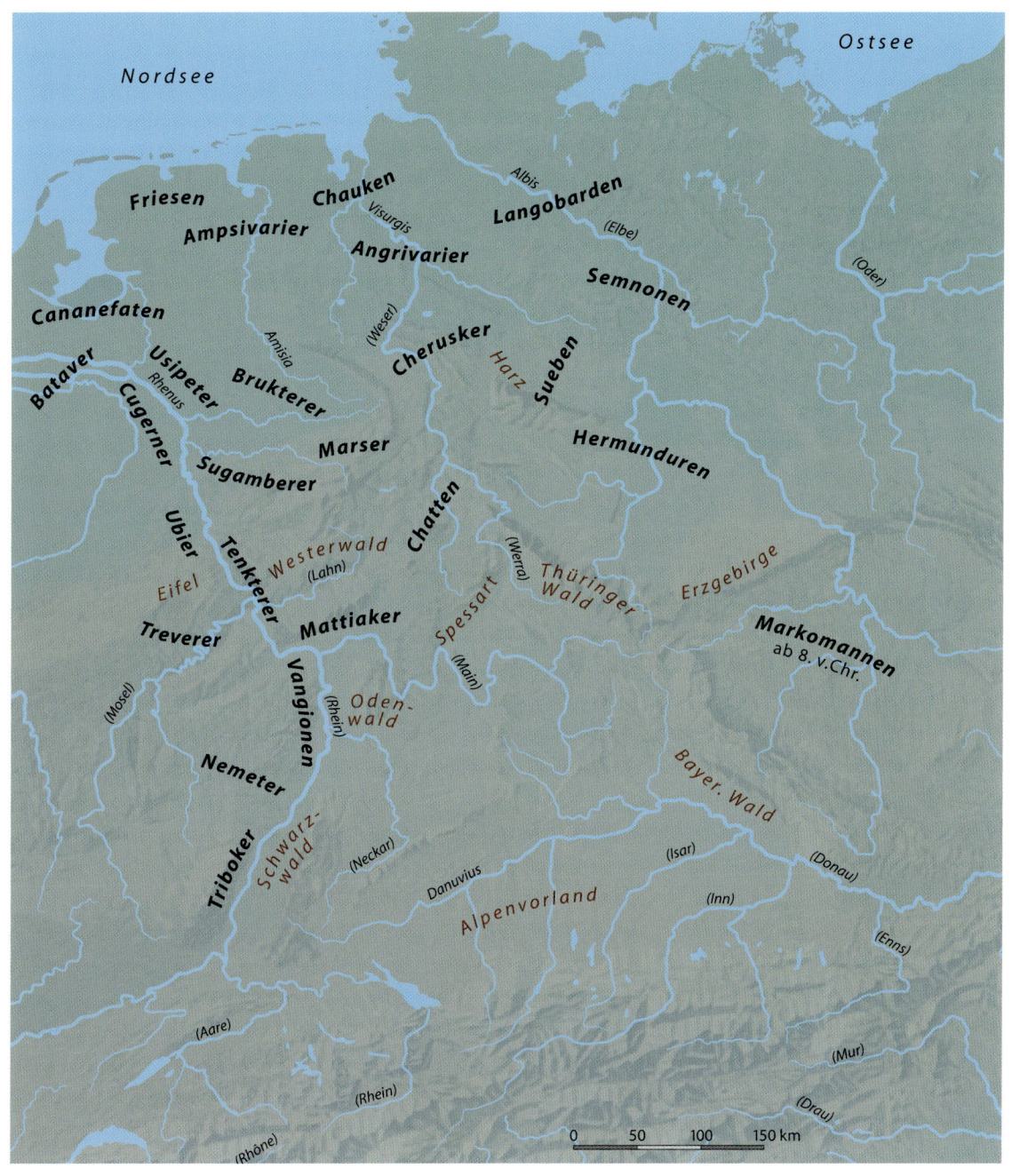

Nordsee

Ostsee

Friesen
Chauken
Langobarden
Ampsivarier
Angrivarier
Albis
(Elbe)
(Oder)
Semnonen
Cananefaten
(Weser)
Cherusker
Visurgis
Batater
Usipeter
Brukterer
Amisia
Harz
Sueben
Cugerner
Rhenus
Marser
Hermunduren
Sugamberer
Ubier
Chatten
Tenkterer
Westerwald
(Lahn)
(Werra)
Thüringer
Wald
Erzgebirge
Eifel
Mattiaker
Spessart
Markomannen
ab 8. v.Chr.
Treverer
Vangionen
(Rhein)
Oden-
wald
(Main)
(Mosel)
Bayer. Wald
Nemeter
Triboker
Schwarz-
wald
(Neckar)
Danuvius
(Isar)
(Donau)
Alpenvorland
(Inn)
(Enns)
(Aare)
(Mur)
(Rhein)
(Drau)
(Rhône)

0   50   100   150 km

handelte es sich um eine Vielzahl von einzelnen Stämmen. Und diese Verbände verhielten
sich auch nicht friedlich zueinander: Vielmehr
gab es ständige, auch gewaltsam ausgetragene

Konflikte, die unterschiedliche Gründe hatten. Meistens ging es aber um
die besten Siedlungsplätze
für Viehzucht und Ackerbau.

▶ Siedlungsgebiet germanischer Stämme im 4. Jahrhundert n. Chr.

Deshalb waren die Germanen auch häufig auf der Wanderschaft und führten ein Leben zwischen Nomadentum und Sesshaftigkeit – so, wie sie es seit jenen, vielleicht um 1000 v. Chr. anzusetzenden, Zeiten gewohnt waren, als sie ihre ursprünglichen Aufenthaltsorte im skandinavisch-norddeutschen Raum aufgegeben hatten und sich Richtung Süden, Westen und Osten ausbreiteten. Die Siedlungsgebiete der Germanen erstreckten sich bis zum 3. Jahrhundert n. Chr. vom Rhein bis an die Weichsel und von der Donau bis an die Küsten von Nord- und Ostsee. Danach begannen einzelne germanische Stämme damit, die römischen Reichsgrenzen massiv zu bedrängen.

Intern wiesen die germanischen Stämme ähnliche Strukturen auf. Sie waren streng hierarchisch organisiert: An der Spitze stand ein monarchisch regierender Herrscher, dem meist nicht mehr als 1000 oder 2000 Menschen unterstanden. Größer waren die einzelnen Stämme in der Regel nicht. Unterhalb der Führungsebene entwickelte sich eine ausgeprägte soziale Differenzierung, für deren Rekonstruktion weniger die literarischen Quellen von Griechen und Römern als vielmehr die Grabfunde aussagekräftig sind. Wegen der vielen Wanderschaften kam es immer wieder vor, dass sich einzelne Gruppen vom Hauptstamm lösten und sich anderen Stämmen anschlossen. So ist es gar nicht so leicht, bei der Betrachtung der germanischen Stammeswelt den Überblick zu behalten. Um wenigstens im Nachhinein eine Systematik zu schaffen, teilt man die Germanen in der Forschung gewöhnlich in vier große Gruppen ein: die Nord-, West-, Ost- und Südgermanen. Damit fasst man allerdings wiederum Stämme zu einer Einheit zusammen, die selbst aller Wahrscheinlichkeit nach ein solches solidarisches Empfinden niemals entwickelt hatten. Friesen, Sachsen und Chauken, die man heute zu den Nordgermanen zählt, besaßen zu Lebzeiten wenige Gemeinsamkeiten. Sie wussten vermutlich nicht einmal, dass sie »Germanen« waren. Bis heute ist nicht vollständig geklärt, woher dieser Name eigentlich stammt und wer ihn geprägt hat. Auf germanische Quellen kann man bei der Lösung dieser Frage nicht zurückgreifen, wie auch bei allen anderen Themen, die die antiken Germanen betreffen. Denn bis auf die geheimnisvollen Runen haben die Germanen keine eigenen Schriftzeugnisse hinterlassen. 222 v. Chr. erscheint der Name der Germanen auf einem römischen Triumphverzeichnis. In der ersten Hälfte des 1. Jahrhunderts v. Chr. erwähnt der griechische Autor Poseidonios den Namen »Germanoi« in einem ethnografischen Zusammenhang, indem er betont, die Essgewohnheiten dieser Germanen würden sich nur wenig von denen der Gallier unterscheiden. Die gleichsam kanonische Trennung von Galliern (Kelten) und Germanen hat dann Iulius Caesar vollzogen. Während seines Gallischen Krieges (58–51 v. Chr.) machte er bei zwei Überquerungen des Rheins die Bekanntschaft mit germanischen Stämmen und notierte seine Eindrücke in seinen Kommentaren, die er für die Senatoren in Rom verfasste und die in der Neuzeit zur lateinischen Schullektüre wurden. Für ihn war die Grenzlinie zwischen den Galliern und den Germanen der Rhein. Diese Vorstellung blieb über die gesamte Antike hinweg wirksam, auch wenn man heute weiß, dass Germanen auch links des Rheins siedelten. Die antiken Ethnografen legten bei der Unterscheidung von einzelnen Völkern das etwas diffuse Kriterium

Die Externsteine

Schon immer übte die germanische Religion eine große Faszination auf Mystiker und Esoteriker aus. Das liegt vor allem an den vielen ungelösten Rätseln, die mit dieser Religion verbunden sind. Ein gutes Beispiel dafür sind die Externsteine im östlichen Teutoburger Wald. Gerne hat man diese Felsgruppe aus Kreidesandstein mit geheimnisvollen Botschaften aus der Zeit der alten Germanen in Verbindung bringen wollen. Populär ist bis heute die Deutung als eine frühgeschichtliche Opferstätte für den Sonnenkult. Karl der Große, so heißt es, habe sie zerstört. Nachgewiesen werden konnte inzwischen eine aus germanischer Zeit stammende Feuerstelle in der Kuppel. Alle weiteren Interpretationen müssen jedoch Spekulation bleiben.

▶ Die Externsteine im Teutoburger Wald galten lange fälschlicherweise als germanisches Heiligtum. Besonders während der Zeit des Nationalsozialismus wurde die Felsgruppe in dieser Hinsicht instrumentalisiert.

der »Lebensweise« zugrunde. Unselige Rassentheorien, wie sie im Dritten Reich über die Germanen verbreitet wurden, spielten bei ihnen glücklicherweise noch keine Rolle. Wichtig waren bei der Unterscheidung von Stämmen indes Kategorien wie die Sprache und auch die Religion. In dieser Hinsicht unterschieden sich die Germanen tatsächlich nicht unwesentlich von den Kelten.

Caesar hat im Übrigen mit seinen Ausführungen zur germanischen Religion in seiner Schrift »De bello Gallico« eindrucksvoll unter Beweis gestellt, dass dies ein Gebiet war, auf dem er sich nicht auskannte. Das muss betont werden, weil Caesar auch in modernen Darstellungen immer noch als antiker Kronzeuge für die Religion der Germanen herangezogen wird. Besonders verkehrt liegt er mit seiner Behauptung, die Germanen verehrten als Götter nur diejenigen, »die sie sehen und deren Walten ihnen offenkundig eine Hilfe ist«. Namentlich führt er die Sonne, den Mond und das Feuer an, um dann mit typisch römischer Überlegenheit hinzuzufügen: »Die übrigen kennen sie nicht einmal vom Hörensagen.«

Germanen und Römer

Die Germanen blieben seit den Zeiten Caesars im Visier der Römer und damit auch der griechischen und römischen Quellen. Eine erste kriegerische Begegnung hatte gegen Ende des 2. Jahrhunderts v. Chr. in den Kriegen gegen die Kimbern und Teutonen stattgefunden. In der Zeit des Kaisers Augustus kam es dann zu massiven Auseinandersetzungen, die in der legendären Schlacht im Teutoburger Wald im

Jahre 9 n. Chr. ihren Höhepunkt fanden. Teile der Germanen wurden später in das Imperium Romanum integriert, indem die beiden Provinzen Germania Superior (Obergermanien mit der Hauptstadt Mainz) und Germania Inferior (Niedergermanien mit der Hauptstadt Köln) entstanden. Ab der Mitte des 2. Jahrhunderts n. Chr. begann sich das machtpolitische Verhältnis allmählich zugunsten der Germanen zu wenden. Waren die Angriffe von Markomannen, Quaden und Sarmaten an der mittleren Donau noch erste Signale, so machte den Römern im 3. Jahrhundert n. Chr. der Vormarsch germanischer Völker wie Franken und Alemannen schwer zu schaffen. Vollends wendete sich das Blatt während der großen Völkerwanderungen des 4. und 5. Jahrhunderts, deren Protagonisten germanische Stammesgruppen wie die Westgoten, die Ostgoten, die Vandalen und wiederum die Franken waren. Am Ende behielten die Germanen, nach dem Untergang des Weströmischen Kaiserreiches im Jahre 476, die Oberhand. Unter der Ägide der Franken und der führenden Dynastien der Merowinger und der Karolinger wurden die Germanen zu Erben des Römischen Reiches. Zu diesem Zeitpunkt hatte sich mit der Übernahme des Christentums auch ihre religiöse Umwelt völlig verändert.

Germanische Götter

So wie man nicht von »den« Germanen sprechen kann, so hat es auch nicht »die« germanische Religion gegeben im Sinne eines geschlossenen Systems, das bei allen Stämmen verbindlich war. Diese Aussage darf man auch dann treffen, wenn die Germanen selbst als

Informanten über ihre Glaubensvorstellungen und religiösen Gebräuche ausfallen. Das Fehlen germanischer Schriftquellen wird, wenn auch nicht in unproblematischer Weise, durch Aussagen griechischer und römischer Autoren einigermaßen kompensiert. Spätere Überlieferungen wie die aus der isländischen Edda-Tradition stammenden Schriften, deren Ursprung auf das 13. Jahrhundert zu datieren ist, sind für die nordische Religion und Mythologie bedeutsam. Für die Rekonstruktion frühgermanischer Glaubensvorstellungen sind sie jedoch nur bedingt verwertbar, vor allem, weil sie nicht auf die gesamte germanische Welt übertragbar sind.

Auf jeden Fall aber teilten die Germanen ein typisches Element antiker Religiosität: Sie glaubten an einen Pantheon von göttlichen Mächten, die arbeitsteilig die irdischen Geschicke lenkten. Gemäß den Aussagen des Tacitus darf man annehmen, dass es eine göttliche Trias gewesen ist, die die Hierarchie der germanischen Götter anführte. Die einzelnen Stämme wiederum scheinen sich aus diesem Angebot jeweils einen speziellen Hauptgott ausgesucht zu haben. Ebenfalls typisch für die Antike ist die Zuweisung bestimmter Zuständigkeitsbereiche. Wodan, auch bekannt unter dem altnordischen Namen Odin, war der universale Himmelsgott. Da Krieg und Kampf bei den Germanen immer eine wichtige Rolle spielten, war Wodan auch jener Gott, von dem man glaubte, dass er den Ausgang von Schlachten beeinflusste. Entsprechend groß war die Aufmerksamkeit, die man ihm schenkte. Krie-

gerisch ist auch sein Aussehen, wie skandinavische Darstellungen aus dem frühen Mittelalter zeigen: Dort erscheint Wodan als Reiter mit Helm, Schild und Speer. Neben der Funktion als Himmelsgott war Wodan auch für das Reich der Toten verantwortlich.

Wie ihre Gegenstücke bei den Griechen und den Römern, so gingen auch die Götter der Germanen feste Partnerschaften ein. An Wodans Seite stand in der germanischen Mythologie Freyja, die zuweilen auch als germanische Aphrodite bzw. Venus auftrat: Manche germanische Stämme verehrten sie als die Göttin der Schönheit und der Liebe – ein Beweis dafür, dass es in der Lebenswelt der Germanen nicht ausschließlich so

▶ Dieser skandinavische Bronzestempel aus dem 6. Jahrhundert mit dem Kriegsgott Tyr und einem gefesselten Tier, vermutlich dem Wolf Fenrir, diente zum Prägen von Folien, mit denen Helme verziert wurden.

Wagner-Opern

Der Komponist Richard Wagner verhalf im 19. Jahrhundert mit seinen Opern der germanischen Mythologie zur Popularität. Zugleich prägte er auch das Bild von den alten Germanen in einer Weise, wie es zuvor nur dem Römer Tacitus gelungen war. Ob im »Ring des Nibelungen«, dem »Lohengrin« oder in einer seiner vielen anderen »deutschen« Opern – immer schickte der Meister das mythische Personal der alten Germanen, sei es aus der Antike, sei es aus dem Mittelalter, auf die Bühne und stilisierte es dabei in dämonisch-mystischer Weise. Gelegentlich trat Wagner dabei auch als Erfinder auf. So kreierte er für den Opernzyklus »Der Ring der Nibelungen« eine nie existente germanische Göttin namens Erda.

DAS RHEINGOLD.
e Rheintöchter: Rheingold! Reines Gold, um dich, du klares,
n wir klagen! Gebt uns das Gold, o gebt uns das reine zurück!

▶ Historische Postkarte mit einer Darstellung der Rheintöchter aus Wagners »Der Ring der Nibelungen«.

rau zuging, wie es die griechischen und römischen Schriftsteller behaupteten.

Obwohl Wodans Aufgabengebiet der Krieg war, verehrten die Germanen auch noch einen speziellen Kriegsgott, den sie Tyr oder Ziu nannten. Wahrscheinlich hatte er diese martialische Rolle schon inne, bevor sie auch auf Wodan übertragen wurde. Dieser scheint dabei Tyr in die zweite Reihe verdrängt zu haben, doch wenigstens konnte Tyr diesen Platz bis ins

Mittelalter hinein behaupten. Dritter im Bunde der göttlichen Trias war Donar, auch unter der Bezeichnung Thor bekannt, der in erster Linie für das Wetter verantwortlich war. Seinen Platz in der germanischen Götterwelt verdankte er dem Umstand, dass die Germanen nicht nur Krieger, sondern auch Bauern waren. In dieser Eigenschaft war ihnen göttlicher Beistand ebenso wichtig wie in Schlachten, denn von einem günstig gestimmten Donar hing es ab, ob die Ernte erfolgreich verlief.

Außerhalb des Kreises der großen Drei befand sich eine Göttin namens Nerthus. Sie ist die einzige bedeutende Gottheit, die der Römer Tacitus unter ihrem germanischen Namen kannte. Daraus kann man schließen, dass seine Angaben über diese Göttin, anders als bei den Hauptgöttern, auf fundierten Informationen beruhen, die vielleicht von Händlern oder von Soldaten geliefert worden waren. Von ihrem sakralen Wirkungsbereich her war Nerthus eine chthonische – d. h. erdverbundene – Fruchtbarkeitsgöttin. Tacitus kommt auf die Göttin zu sprechen, als er seine Leser zu einem Ausflug zu den an der Ostsee angesiedelten Germanen mitnimmt: »Von den einzelnen Stämmen ist nichts Besonderes zu berichten, außer dass sie gemeinsam die Nerthus, die Erdmutter, verehren und glauben, diese nehme am Leben der Menschen teil und komme zu den Stämmen gefahren.« Die »Terra Mater«, wie sie im lateinischen Text genannt wird, durfte sich bei denjenigen Germanen, die sie verehrten, auch einer besonderen Aufmerksamkeit in Form einer Prozession erfreuen, so Tacitus: »Auf einer Insel im Ozean liegt ein heiliger Hain, und in ihm steht, mit einem Tuch zugedeckt, ein geweihter Wagen, den

nur ein Priester berühren darf. Er registriert, wenn sich die Göttin in dem Heiligtum eingefunden hat. Der Priester begleitet die Göttin, unter vielen Ehrenbezeugungen, wenn ihr Wagen, von Kühen gezogen, durch die Gaue fährt. Dann gibt es Festtage, und festlich geschmückt sind alle Stätten, welche die Göttin mit ihrem Besuch und mit ihrem Aufenthalt ehrt.« Während des Festes herrschte, wie Tacitus weiter mitteilt, eine Friedenspflicht: Man zog nicht in den Krieg und es war verboten, zu den Waffen zu greifen. Dieser paradiesische Zustand endete jedoch abrupt, wenn die Feierlichkeiten vorbei waren. Zum Abschluss der ritualisierten Handlungen reinigten Sklaven den Wagen, die Decke und die Göttin selbst in einem See. Auch diese Erkenntnis beruht auf einer Aussage des Tacitus, der sich dabei – sicher unbewusst – selbst widerspricht. Denn zuvor hatte er behauptet, die Germanen würden keine Götterbilder kennen und darauf verzichten, ihnen einen »menschlichen Gesichtsausdruck« zu verleihen. Die rituelle Säuberung der Nerthus in einem See ist jedoch nicht anders vorstellbar, als dass dabei ein Kultbild der Göttin verwendet wurde. Welche Insel der Schauplatz der Nerthus-Prozession gewesen ist, lässt sich nicht mit Sicherheit beantworten – zur engeren Wahl gehören die Ostseeinseln Fehmarn und Rügen. Die Beschreibung des Tacitus dokumentiert, dass es bei den Germanen auch, zumindest in Einzelfällen, eine organisierte Ausübung des Kultes gegeben hat. Bei der Nerthus-Prozession handelte es sich aller Wahrscheinlichkeit nach um ein Frühlingsfest, bei dem es darum ging, sich der Unterstützung der für die Fruchtbarkeit der Erde zuständigen Göttin zu versichern.

Gemeinschaftliche Kultausübung

Tacitus berichtet genau, welche Stämme sich an der Nerthus-Verehrung beteiligten: Es waren Ostseeanrainer namens Reudigner, Avionen, Anglier, Variner, Eudosen, Suardonen und Nuitonen. Sie bildeten eine Kultgemeinschaft, die sich um die Fruchtbarkeitsgöttin herum scharte. Dieses Phänomen lässt sich auch in anderen Fällen beobachten. So schlossen sich die Stämme der Marser, Brukterer, Tubanten und Usipeter zusammen, um einer Göttin namens Tanfana (oder Tamfana) die kultische Reverenz zu erweisen. Davon berichtet wiederum Tacitus, jedoch nicht in der »Germania«, sondern in den »Annalen«, einem Geschichtswerk, in dem er die römische Geschichte vom Tod des Augustus bis zum Tod Neros beschreibt. Hier ist davon die Rede, dass der römische Feldherr Germanicus bei seinen Feldzügen in Germanien zu Beginn der Regierungszeit von Kaiser Tiberius unter den Germanen ein regelrechtes Blutbad anrichtete. Dazu gehörte auch der Frevel im Heiligtum der Tanfana: »Menschliche wie göttliche Stätten, darunter auch das bei jenen Stämmen hoch berühmte Heiligtum der Tanfana, wurden dem Erdboden gleichgemacht.« Die friesischen Stämme versammelten sich unter der Obhut der Baduhenna, von der jedoch nicht viel mehr bekannt ist als der Name. Jedenfalls zeigt sich an diesen Fällen, dass die Religion bei den Germanen auch dazu dienen konnte, eine stammesübergreifende Identität herzustellen. Angesichts der Konflikte und Auseinandersetzungen, die es immer wieder gab, war dies eine nicht zu unterschätzende Eigenschaft. Eine ähnlich integrative Wirkung hatte die Religion bei den Griechen. Hier war sie das verbindende Element, das unter dem Dach der olympischen Götterwelt der politisch zersplitterten Polis-Welt eine gemeinsame Grundlage darstellte.

Heilige Orte

Tempel kannten die antiken Germanen nicht. Sie sperrten, wie es Tacitus ausdrückte, ihre Götter bzw. die Bilder dieser Götter nicht in Häuser ein. Damit verharrten sie auf einer Stufe der Religiosität, auf der sich auch Tempelbauer wie die Griechen und die Römer befunden hatten, bevor sie ihren Göttinnen und Göttern künstliche Sakralzonen mit steinernen Heiligtümern errichteten. Die Germanen dagegen vollzogen auch noch zu jenem Zeitpunkt ihre kultischen Handlungen in der freien Natur, als sie durch enge Kontakte mit den Römern deren religiöse Praktiken näher kennengelernt hatten. Tatsächlich haben die bisherigen Ausgrabungen keine Spuren von germanischen Tempeln zum Vorschein gebracht. Die religiösen Handlungen wurden in Hainen und Lichtungen und gerne auch an Gewässern wie Seen und Flüssen vollzogen. Sie bestanden aus Opfern, die aus den verschiedensten Anlässen dargebracht wurden – etwa um den Göttern zu danken, sie um etwas zu bitten oder um Sühne zu leisten.

Zu den bevorzugten heiligen Orten gehörten auch die Moore, die es besonders in den skandinavischen und den norddeutschen Siedlungsgebieten der Germanen in großer Zahl gab. Immer wieder kommen, per Zufall oder durch gezielte Untersuchungen, im Moor Zeugnisse aus der Zeit der Germanen zum Vorschein. Aus dem skandinavischen Raum sind viele Beispiele

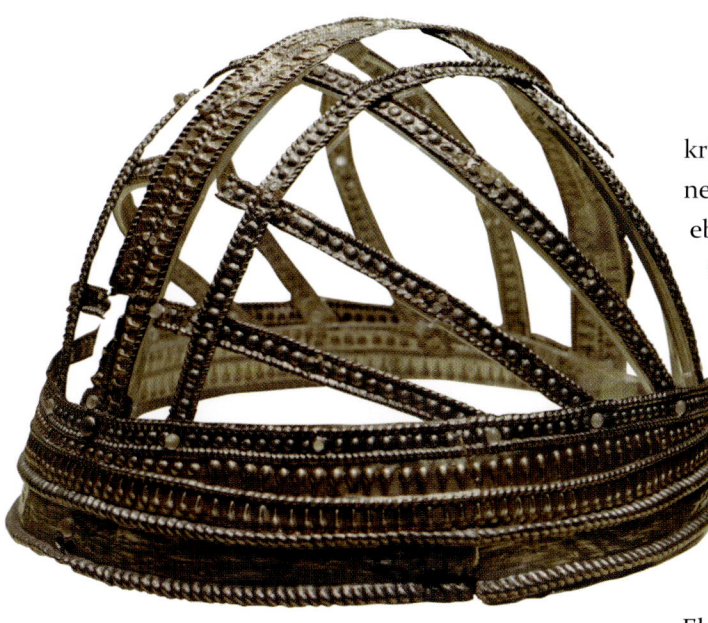

kriminelle Handlung anzunehmen. Manchmal war aber eben auch die Religion im Spiel. Nach den Angaben des Tacitus und anderer antiker Autoren war bei den Germanen die Praxis des Menschenopfers üblich. Dieses traurige Schicksal erlitten nicht nur Kriegsgefangene, geahndet und gesühnt wurden mit der Versenkung des Körpers im Moor auch moralische Verfehlungen wie Diebstahl oder Ehebruch. Offenbar wollte man damit potenzielle Nachahmer abschrecken und zugleich die Götter beruhigen.

▶ Im Moor von Thorsberg wurde diese Spangenkappe als Teil eines germanischen Opferhorts gefunden. Sie ist aus Silber und teilweise vergoldet.

Nicht häufig gibt es in der germanischen Altertumskunde Glücksfälle wie den Fundkomplex von Oberdorla. In der Nähe dieses Ortes in Thüringen wurde eine der aussagekräftigsten Kultstätten entdeckt. Über einen Zeitraum von gut 1500 Jahren – vom 6. Jahrhundert v. Chr. bis ins 10. Jahrhundert n. Chr. – unterhielten hier die Germanen ein sogenanntes Seeheiligtum, an dem sie Opferhandlungen vollzogen. Sie schufen dabei auf dem See und am Seeufer heilige Zonen, die mit Ruten, Hölzern, Stangen und Flechtwerk von der Umgebung abgegrenzt wurden. Auf Pfählen und Stöcken wurden die Felle und Schädel von Tieren, meistens Rindern und Pferden, befestigt. Bemerkenswerterweise brachten die archäologischen Forschungen in Oberdorla auch einfache Behausungen zum Vorschein, die man nicht als Tempel, wohl aber als Kulthütten bezeichnen darf. In ihnen waren vermutlich einfache figürliche Darstellungen der hier verehrten Gottheiten untergebracht. Das ist ein weiterer Gegenbeweis für die von den Römern beharrlich kolportierte Behaup-

dafür bekannt, dass Germanen, vermutlich aus kultischen Gründen, Waffen ins Moor warfen. Dabei handelte es sich wahrscheinlich um Beutegut, das man besiegten Gegnern im Krieg abgenommen hatte. Offenbar handelte es sich dabei um Geschenke an die Götter, von denen man glaubte, dass man ihnen das Schlachtenglück zu verdanken hatte. Im Moor von Thorsberg in der Nähe von Schleswig kamen neben Waffen auch Pferdegeschirr und Kleidung zum Vorschein. Zu datieren sind diese Gegenstände auf die Zeit vom 2. bis zum 4. Jahrhundert n. Chr., was für eine lange Nutzungsdauer spricht.

Der größten Aufmerksamkeit erfreuen sich stets und regelmäßig die Funde von Moorleichen, die in den Medien als Sensation gefeiert und in den Museen, in denen man sie nach der wissenschaftlichen Untersuchung ausstellt, oft zum Besuchermagnet werden. Jedoch muss man der Versuchung widerstehen, bei jeder Moorleiche einen kultischen Hintergrund zu vermuten. Viele der Menschen, deren sterbliche Überreste in einem Moor geborgen wurden, dürften schlicht, aus eigener Unachtsamkeit, ertrunken sein. In einzelnen Fällen ist auch eine tung, die Germanen würden keine Götterbilder kennen. Doch Oberdorla war nicht nur eine Opfer-, sondern auch eine Begegnungsstätte. Hier trafen sich Germanen, um sich gemeinsam religiösen Aktivitäten zu widmen. Funde von Knochen, die in einem weiten Radius entdeckt wurden, dürfen mit einiger Berechtigung als Hinweise auf Kultmähler gedeutet werden.

Priesterinnen und Priester

Die antiken Quellen berichten häufig von Priestern, die für die Durchführung religiöser Zeremonien verantwortlich gewesen seien. Jedoch verfügten die Germanen nicht, wie Ägypter, Juden, Griechen oder Römer, über ein fest organisiertes Kultpersonal. Wahrscheinlich gab es in den Stämmen Persönlichkeiten, die man bei Bedarf mit der Leitung religiöser Handlungen betraute, ohne dass sie dieser Tätigkeit gewissermaßen im Hauptberuf nachgingen. Einen Priesterstand, wie bei den Kelten die Druiden, hat es bei den alten Germanen allem Anschein nach nicht gegeben.

Angesichts der patriarchalischen Struktur der germanischen Stammesgesellschaften ist es bemerkenswert, dass auch Frauen im religiösen Bereich wichtige Funktionen ausüben konnten. Ein klassisches Beispiel liefern die Kimbern, die den Römern am Ende des 2. Jahrhunderts v. Chr. im Verbund mit den Teutonen militärisch so erhebliche Probleme bereitet hatten. Aus Jütland kommend, zogen sie Richtung Süden und brachten den sieggewohnten römischen Legionen empfindliche Niederlagen bei, bevor es dem erfahrenen Feldherrn Marius gelang, die kampfstarken Germanen in zwei Schlachten zu besiegen. Zur großen Überraschung der Römer, die sich Frauen als Angehörige einer Armee allenfalls im mythischen Zusammenhang der Amazonen vorstellen konnten, befanden sich im Heer der Kimbern Priesterinnen, die angeblich über die Fähigkeit verfügten, die Zukunft vorherzusagen. Als Erster hat an der Wende vom 2. zum 1. Jahrhundert v. Chr. der in seiner Eigenschaft als Germanenkenner bereits erwähnte griechische Schriftsteller und Wissenschaftler Poseidonios über dieses Phänomen berichtet. Die Frauen der Kimbern, so teilte er seinen staunenden Zeitgenossen mit, nahmen an den Kriegszügen ihrer Männer teil und wurden dabei von Priesterinnen begleitet: »Es waren weißgekleidete Frauen mit grauem Haar, die ihre Gewänder aus Leinen mit Spangen befestigt hatten, Bronzegürtel trugen und barfuß unterwegs waren. Diese Priesterinnen gingen mit einem Schwert in der Hand den Kriegsgefangenen durch das Lager entgegen, bekränzten sie und führten sie zu einem Kessel aus Bronze, der ungefähr 20 Amphoren fasste. Sie bestiegen dort ein Gerüst und schnitten dann, über den Kessel gebeugt, jedem Gefangenen, den man zu ihnen emporhob, die Kehle durch. Aus dem Blut, das in den Kessel floss, sagten sie die Zukunft voraus.« Poseidonios kennt auch noch eine Variante, bei der die Wahrsagung im Mittelpunkt steht. Demnach sollen andere Priesterinnen den Gefangenen den Bauch aufgeschnitten haben und in einer Art von Eingeweideschau ihren eigenen Leuten den Sieg verkündet haben. Und während die Schlachten tobten, so der Grieche weiter, schlugen die Priesterinnen auf Häute, die über das Flechtwerk ihrer Wagen gespannt waren, wodurch ein gigantischer Lärm entstand.

Spuren der Schlacht im Teutoburger Wald

Im Jahre 9 n. Chr. besiegte der Cherusker Arminius, den die Deutschen später »Hermann« nannten, die Römer in der berühmten Schlacht im Teutoburger Wald, die in Wirklichkeit vermutlich beim heutigen Kalkriese in der Nähe von Osnabrück stattfand. Ein paar Jahre später kam der römische Feldherr Germanicus in das Kampfgebiet. Unbestattet lagen dort noch die im Kampf gefallenen Römer, man entdeckte Köpfe, die an Baumstämme genagelt worden waren. In benachbarten Hainen standen von den Germanen errichtete Altäre, auf denen man römische Offiziere getötet hatte. So lauten jedenfalls die römischen Berichte, unwahrscheinlich sind sie nicht. Denn die Germanen opferten auf diese Weise ihren Göttern und statteten zugleich ihren Dank ab.

▶ Die Kriegsaltäre der Germanen haben die Zeit nicht überdauert, jedoch zeugen Fundstücke wie diese römischen Münzen von der berühmten Schlacht im Teutoburger Wald, die tatsächlich bei Kalkriese nahe Osnabrück stattgefunden hat.

Darf man aber solche Geschichten für glaubhaft halten? Oder sind sie das imaginäre Produkt mediterran geprägter Fantasie, die in den Germanen ungehobelte, blutrünstige Barbaren sah? Empfehlenswert ist es, einen goldenen Mittelweg zu beschreiten. Manches ist übertrieben dargestellt, aber die Substanz des Berichtes ist authentisch. Das beweisen davon unabhängige, andere Fälle betreffende Informationen. Bei den Sueben soll es im 1. Jahrhundert v. Chr. Brauch gewesen sein, zuerst die Familienmütter zu befragen, bevor man in den Krieg zog. Mithilfe von Losorakeln und Prophezeiungen entschieden diese Wahrsagerinnen, ob man sich ins Gefecht stürzen sollte oder ob die göttlichen Zeichen zur Zurückhaltung und Vorsicht gemahnten.

Im 1. Jahrhundert n. Chr. rebellierten die westgermanischen Bataver gegen die römische Herrschaft. Eine prominente Rolle spielte dabei eine Seherin namens Veleda. Sie gehörte zum Stamm der Brukterer und residierte in einem hohen Turm an der Lippe. Sie genoss bei den Germanen in der Gegend einen herausragenden Ruf und wurde häufig als Vermittlerin zur Schlichtung interner Streitigkeiten eingesetzt. Als es zum Konflikt mit den Römern kam, suchten die kampfbereiten Männer wie selbstverständlich den Rat der Veleda. Sie antwortete der Delegation, die bei ihr erschien, jedoch nicht persönlich. Vielmehr beauftragte sie einen Verwandten, der ihre Auskunft weitergab – ein Verhalten, das an die Funktionsweise griechischer Orakelstätten erinnert, wo ebenfalls Medien (in Delphi etwa die Pythia) den göttlichen Willen übermittelten. Am Anfang scheint Veleda die Dinge noch richtig gedeutet zu haben, denn die Germanen eilten gegen die Römer von Sieg zu Sieg. Dann aber wendete sich das Blatt, die Römer behielten die Oberhand und Veleda geriet in römische Gefangenschaft.

Besonders die Berichte über die Priesterinnen der Kimbern erwecken im Übrigen den Eindruck, dass es sich dabei um stark ritualisierte Kultakte handelte. Deren konkrete Hintergründe werden in den Quellen jedoch nicht thematisiert. Die griechischen und römischen Autoren begnügten sich damit, das Phänomen an sich zu beschreiben, verzichteten aber auf Erklärungen. Gleichwohl zeigt sich hier eine Religiosität, die als nur barbarisch und primitiv zu bezeichnen sich nicht nur deshalb verbietet, weil sie von Außenstehenden angeführt wurde, um die kulturelle und zivilisatorische Unterlegenheit der Germanen zu demonstrieren. Auch bei den Römern war es üblich, aus den Eingeweiden die Zukunft zu deuten, wenn auch nicht aus den Innereien von Menschen, sondern von Tieren. Von Menschenopfern indes ist auch bei den Kelten die Rede. Und die Römer pflegten Priesterinnen oder Priester, die gegen ihre Pflichten verstoßen hatten, nicht selten mit dem Tod zu bestrafen. Und man darf auch darauf hinweisen, dass es für einen antiken Krieger alles andere als ratsam war, den kulturell angeblich so hochstehenden Griechen oder Römern als Gefangener in die Hände zu fallen. Zudem ist zum Schluss die Versicherung hinzuzufügen, dass germanische Priesterinnen auch andere, weniger blutrünstige Mittel und Wege kannten, um den Göttern Angaben über die Zukunft zu entlocken. So ist bekannt, dass die Seherinnen auch in der Lage waren, aus den Strudeln und Wirbeln der Flüsse den Ausgang einer Schlacht vorherzusagen.

Jenseitsvorstellungen und Totenkult

In Bezug auf die Bestattungsriten der Germanen hat wieder einmal Tacitus die falsche Richtung vorgegeben. In seiner »Germania« gibt er sich scheinbar sehr wissend und kenntnisreich, wenn er ausführt: »Bei Bestattungen gibt es keinerlei Aufwand. Nur darauf achtet man, dass die Leichen bedeutender Männer mit bestimmten Holzarten verbrannt werden. Den Scheiterhaufen überladen sie nicht mit Tüchern und Duftstoffen, doch jedem werden seine Waffen und manchen auch das Pferd ins Feuer mitgegeben. Rasenstücke bilden einen Grabhügel, aber die Ehrung durch hochragende, kunstvolle Denkmäler verschmähen sie, weil das für die Verstorbenen eine Last sei. Von Wehklagen und Weinen lassen sie schnell, von Trauer und Schmerz nur langsam ab. Frauen sollen bei ihnen laut klagen, bei den Männern ist stilles Gedenken erwünscht.«

Tacitus, der problematische Auskunftsgeber über die Sitten der alten Germanen, will und kann an dieser Stelle keine authentische Schilderung dessen geben, wie bei den Germanen Begräbnisfeierlichkeiten abliefen. Vielmehr präsentiert er hier ein zumindest teilweise fiktives Gegenmodell zu den in dieser Zeit von den Römern praktizierten Gebräuchen. Die archäologischen Befunde sprechen eine andere Sprache: Untersuchungen an germanischen Gräbern haben ergeben, dass diese durchaus nicht bescheiden gestaltet waren, wenn dort Fürsten oder Adlige begraben waren. Auch dominierte nicht die Brandbestattung, genauso häufig kam es zu Körperbestattungen. Als Grabbeigaben dienten Waffen, Kleidung oder Keramik, gelegentlich auch Speisen und Getränke. Indem die Germanen den Toten diese Gegenstände mit auf den Weg gaben, teilten sie also die den antiken Völkern – bis auf wenige Ausnahmen – gemeinsame Vorstellung von einem

Jenseits, in dem die Verstorbenen irgendwie weiterexistierten. Im Einzelnen ist aber auch in Bezug auf Grabkult und Jenseitsvorstellungen von Stamm zu Stamm mit unterschiedlichen Auffassungen zu rechnen. Anders als bei den Juden und bei den Christen war die germanische Religion eben kein in sich geschlossenes, verbindlich vorgegebenes System.

Daher war auch die bis heute populäre Vorstellung von einem Ort namens »Walhall« als letzter Station eines verdienten germanischen Kämpfers nicht allgemeines Glaubensgut. Sie kursierte vor allem in der nordisch-skandinavischen Mythologie. Wörtlich bedeutet der Name Walhall »Wohnung der Gefallenen« (im Germanischen war der Name der Unterwelt »halja« – ein Vorläufer des englischen Begriffs »hell« für »Hölle«). Verstorbene Krieger kamen nach Walhall, wo sie von Odin/Wodan empfangen wurden, der neben seiner Funktion als Himmelsgott auch

▶ Auf diesem gotländischen Steinfragment aus dem 8. oder 9. Jahrhundert n. Chr. ist im oberen Register Walhall, im unteren ein Schiff abgebildet.

als Totengott tätig war. Nach den skandinavischen Quellen war das Leben der Krieger in Walhall ausgefüllt mit Kriegen und allerlei Genüssen. Es überrascht nicht, dass sich die germanischen Kämpfer bei solchen Aussichten gerne in das irdische Kampfgetümmel stürzten. Genau das war aber auch die Absicht derjenigen, die diese Vorstellung von Walhall geschaffen hatten.

161

Die Jul-Tanne

Im nationalsozialistischen Deutschland unternahm die politische Führung den letztlich vergeblichen Versuch, den Weihnachtsbaum durch eine Jul-Tanne zu ersetzen. Dieses Vorhaben entsprach dem kruden Verständnis des Dritten Reiches von der Vorbildhaftigkeit altgermanischer Kultur und Religion. Historisch ist das Jul-Fest besonders in Skandinavien fest verwurzelt und fungiert dort als Weihnachtsfest. Gehalten haben sich dabei viele »heidnische« Bräuche, wie etwa der Jul-Block, ein Holzblock, der während der Weihnachtszeit dauernd am Herdfeuer brennt, oder das Jul-Brot, das als spezielle Köstlichkeit auf dem Speisezettel steht. Aus der vorchristlichen Zeit der Germanen stammt auch der Jul-Bock – eine Maske mit Fell und Hörnern eines Bocks, die vor tiergestaltigen Dämonen schützen soll.

▸ Während der Zeit des Nationalsozialismus wurde auch der Tannenbaum zum Gegenstand der Ideologie. Eine Familie unter dem mit Runenzeichen geschmückten Weihnachtsbaum, Fotopostkarte aus dem Jahr 1932.

Aus Germanen werden Christen

Seit dem 1. Jahrhundert n. Chr. gab es freie Germanen und römische Germanen. Die römischen Germanen lebten in den beiden überwiegend linksrheinischen Provinzen Obergermanien und Untergermanien. Die freien Germanen besiedelten jene Plätze zwischen Rhein, Weser, Elbe und Weichsel, die Kaiser Augustus zumindest teilweise hatte erobern wollen. Diesen Plänen hatte das Desaster in der Schlacht im Teutoburger Wald im Jahre 9 n. Chr. ein Ende bereitet. Der politischen Trennung der Germanen entsprach auch eine religiöse Trennung: Die Germanen, die in Köln, in

Mainz oder an anderen Orten der römischen Provinzen lebten, übernahmen manche Inhalte der römischen Religion, wie umgekehrt die Römer sich auf indigene germanische Götter einließen. Das Ergebnis waren Mischgottheiten, in denen sich beide Seiten religiös wiedererkennen konnten.

Im Verlauf des 4. Jahrhunderts wurde das Römische Reich christlich. Trotz aller Verfolgungen war das Christentum auch vorher schon stark gewesen. Konstantin der Große machte das Christentum zu einer erlaubten, privilegierten Religion. Unter Kaiser Theodosius avancierte es schließlich zur Staatsreligion, mit der Konsequenz, dass alle Bewohner des Imperium Romanum und somit auch die auf Reichsboden lebenden Germanen Christen werden mussten.

Das war die erste Phase der Christianisierung der Germanen gewesen. Die zweite Phase setzte in der Völkerwanderungszeit des 4. und 5. Jahrhunderts ein. Massiv bedrängten germanische Stämme wie Ostgoten, Westgoten, Sueben, Vandalen, Franken oder Burgunder die marode gewordenen Grenzen des Römischen Reiches. Als sie unterwegs waren, hielten diese Völker noch an den tradierten »heidnischen« Glaubensinhalten fest. Als sie das Römische Reich betraten, nahmen die meisten der Stammesführer den christlichen Glauben an. Entgegen manchem, auch noch modernem Zerrbild kamen die Germanen nicht als Zerstörer der römischen Kultur. Vielmehr suchten sie nach Siedlungsland und waren daher prinzipiell integrationswillig. Und so waren sie auch bereit, die im Reich vorherrschende Religion anzunehmen und den Akt der Taufe zu vollziehen. Jedoch wählten viele der germanischen Völker leider das falsche Christentum. Sie wurden, wie

die Ostgoten, die Westgoten und die Vandalen, Arianer. So hießen die von den Mehrheits-»Katholiken« als Abweichler diskriminierten Anhänger des Theologen Arius aus Alexandria, der gelehrt hatte, dass Jesus, der Sohn, nicht von gleicher göttlicher Qualität wie Gott, der Vater, war. Die Franken, die sich inzwischen als neue Führungsmacht etabliert hatten, waren noch »Heiden« geblieben. Indem sich wahrscheinlich 497 der aus der Dynastie der Merowinger stammende Frankenherrscher Chlodwig nach katholischem Ritus taufen ließ, setzte sich auch im Westen das Christentum nach Lesart der Katholiken durch. Doch hielt sich der Arianismus noch für längere Zeit – am längsten bei den Westgoten in Spanien. Um die Germanen zu echten Christen zu machen, ließ die Kirche nichts unversucht. Eine wichtige Rolle spielte dabei der Westgote Wulfila (ca. 310–383). Seine Pioniertat war die Übersetzung der Bibel aus dem Griechischen ins Gotische.

Die dritte Phase der Christianisierung der Germanen ist mit dem Stichwort »gezielte Mission« verbunden. Bereits christianisierte Germanen zogen in die germanische Welt hinaus, um ihre noch nicht christlichen Stammesschwestern und -brüder für den Glauben aus dem fernen Palästina zu gewinnen. So wurden im 6. Jahrhundert die Angeln und die Jüten bekehrt. Die iro-schottische Mission sorgte etwas später dafür, dass auch Stämme wie die Alemannen, Thüringer, Hessen und Bayern unter dem Dach des Christentums eine neue (wenn auch ungewohnte) religiöse Heimat fanden. Mit am längsten blieben die Sachsen resistent. Erst Karl der Große überzeugte in jahrzehntelangen Kriegen auch dieses germanische Volk von den Qualitäten des Christentums.

Antikes Christentum

Der Beginn einer Erfolgsgeschichte

Die Geschichte des antiken Christentums ist, trotz aller Schwierigkeiten und Rückschläge, eine Erfolgsgeschichte. Entstanden in einem entlegenen Winkel des Römischen Reiches, brauchte das Christentum etwa 300 Jahre, um zu einer offiziell geförderten, und weitere 60 Jahre, um zur einzig erlaubten Religion auf dem Gebiet des Römischen Reiches zu werden. Neben dem Judentum ist das Christentum darüber hinaus die einzige Religion der Antike, die bis heute existiert. Weltweit bekennen sich heutzutage mehr als zwei Milliarden Menschen zu jener Religion, die einst ihren Anfang nahm, als in Rom Kaiser Augustus regierte. Das Christentum geht auf eine zentrale Gründerfigur zurück: Jesus von Nazaret, der die Religion stiftete und im Mittelpunkt der christlichen Theologie steht. So muss jede Beschäftigung mit dem Christentum ihren Ausgang bei Jesus und seiner Um-welt nehmen – der jüdischen Kultur. Diese war seit den Zeiten Alexanders des Großen starken griechischen Einflüssen ausgesetzt und wurde politisch von den weltbeherrschenden Römern bestimmt.

Die Geburt des Religionsstifters

»Es begab sich aber zu der Zeit, dass ein Gebot von dem Kaiser Augustus ausging, dass alle Welt geschätzt würde. Und diese Schätzung war die allererste und geschah zur Zeit, da Cyrenius Landpfleger in Syrien war.« So heißt es am Anfang des Lukas-Evangeliums (Lk 2,1–2,2), das regelmäßig zu Weihnachten in den christlichen Kirchen verlesen wird und sich dabei den Ruf der »Weihnachtsgeschichte« erworben hat. In deren weiterem Verlauf ziehen Maria und Josef nach Betlehem, die Stadt des einstigen Königs David.

▶ Die Figur des guten Hirten gehört seit Beginn des Christentums zu dessen Bildsprache. Frühchristliche Wandmalerei aus der Giordani-Katakombe in Rom, um 350.

Dort kommt in einem Stall Jesus zur Welt, dem die Heiligen Drei Könige ihre Ehrerbietung erweisen.

Die Ereignisse um die Geburt Jesu sind nicht zeitgenössisch dokumentiert. Die Evangelien als die zeitnächsten Hauptquellen entstanden gegen Ende des 1. und zu Anfang des 2. Jahrhunderts n. Chr. Die in ihnen geschilderten Vorgänge lagen zu dem Zeitpunkt also mehrere Jahrzehnte zurück. Darüber hinaus wollten weder Matthäus noch Markus, Lukas oder Johannes als geschichtliche Quellen gelesen werden. Vielmehr sollten sie in einer Zeit, als das Christentum einerseits dabei war, sich zu stabilisieren, der Missionserfolg andererseits aber ins Stocken geraten war, das Vertrauen in Jesus Christus stärken. So kam es weniger auf historische Präzision als vielmehr auf die Vermittlung zentraler Glaubensinhalte an.

Vor diesem Hintergrund besteht auch keine Klarheit über das Geburtsdatum Jesu. Als sicher kann nur gelten, dass er zur Welt kam, als in Rom Augustus regierte (27 v. Chr. – 14 n. Chr.). Der bei Lukas erwähnte, von Luther mit »Cyrenius« übersetzte römische Statthalter in Syrien hieß in Wirklichkeit Quirinius. Dieser versah seinen Posten aller Wahrscheinlichkeit nach erst ab 6 n. Chr. Seit dieser Zeit gehörte Judäa, die Heimat Jesu, auch administrativ zur Provinz Syria. Die Angabe des Lukas steht auch im Widerspruch zu dem, was der Evangelist Matthäus (Mt 2) berichtet. Demnach habe der Vasallenkönig Herodes den »Kindermord von Betlehem« angeordnet, als Reaktion auf Meldungen, der von den Juden sehnsüchtig erwartete Messias sei mit der Geburt Jesu endlich erschienen. Herodes starb aber nachweislich 4 v. Chr. Die Diskrepanz zwischen beiden Angaben erklärt sich möglicherweise dadurch, dass Lukas nach einer Erklärung suchte, warum sich Josef und die schwangere Maria vom Heimatort Nazaret aus auf die beschwerliche Reise nach Betlehem gemacht hatten. Die auf Anordnung des Augustus erstmals durchgeführte Volkszählung mag ihm dabei als ein plausibler Anlass erschienen sein.

Dass Jesus tatsächlich am 25. Dezember zur Welt kam, wie es das auf dieses Datum terminierte Weihnachtsfest vermuten lassen könnte, wäre ein großer Zufall. Prinzipiell käme jeder andere Tag im Kalender ebenfalls infrage. Die Festlegung auf den 25. Dezember geht auf den römischen Kaiser Konstantin zurück, den die Christen den »Großen« nannten. Dieser ebnete den Christen im 4. Jahrhundert den Weg in die Legalität und sorgte darüber hinaus für die Privilegierung dieser Religion, die zuvor massiven Verfolgungen ausgesetzt gewesen war. Der 25. Dezember, den Konstantin als Tag der Geburt Jesu festsetzte, war auch der Feiertag des Sonnengottes Sol Invictus, dem bis dahin die Sympathien des Kaisers gegolten hatten. So brauchte er sich in seinen Feiertagsgewohnheiten nicht umzustellen.

Jesus, der Prediger

In Judäa waren damals viele Prediger unterwegs, die versuchten, ihre Botschaften zu verbreiten, und sich im bewussten Gegensatz zu den Dogmatikern um den jüdischen Hohepriester in Jerusalem sahen. Verschiedene Gruppierungen und Sekten wie die Pharisäer oder die Essener propagierten eigene religiöse, vom konventionellen Judentum gelegentlich auch radikal abweichende Ideen. In diesen Kontext gehört auch das Wirken jenes Johannes, der als »der Täufer« in die christliche Tradition eingegangen ist. Die Lehren, die er verkündete, bereiteten wichtige Bestandteile der Lehre Jesu vor, so das eindringliche Plädoyer an die Menschen, Buße zu leisten, und die endzeitlich-apokalyptischen Visionen. Auch Jesus unterzog sich, wie berichtet wird, der Taufe im Jordan. Die Taufe sollte sich zu einem zentralen Element in der christlichen Liturgie entwickeln. War sie bei Johannes gedacht als symbolische Rettung vor dem nahenden Weltgericht, so wurde sie im Christentum zum Kriterium der Aufnahme in die Gemeinschaft der Christen.

Jesus war viel unterwegs, um den Menschen seine Botschaften zu übermitteln. Dabei war der geografische Radius eher klein, er erstreckte sich im Wesentlichen auf Galiläa und im engeren Sinn auf das Gebiet am See Gennesaret. Die Bevölkerung bestand überwiegend aus einfachen Bauern, Hirten und Handwerkern, die wirtschaftlich nicht auf der Sonnenseite des Lebens standen und die deswegen empfänglich waren für religiöse Lehren, die sich in vielem so ganz anders anhörten, als man es gewohnt war. Jesus rief nicht nur, im Sinne von Johannes dem Täufer, zur Buße auf und verkündete das baldige Nahen des Reiches Gottes. Er sprach auch von Nächstenliebe und davon, dass man sogar seine Feinde lieben solle. Das ging weit über jene Lehren hinaus, die traditionell den Kanon des Judentums bildeten.

Daneben kursierten Wundergeschichten: Jesus mache aus wenig Brot und Wein viel Brot und Wein, er heile Lahme und Blinde und erwecke sogar Tote wieder zum Leben. Wörtlich

muss man diese Erzählungen allerdings nicht nehmen: Sie dienten dazu, die Allmacht Gottes und die Allmacht Jesu unter Beweis zu stellen. Außerdem besaßen Wundergeschichten in der jüdischen Religion eine lange Tradition, an die man anknüpfen konnte. Unterstützt wurde Jesus bei dem Werben für seine Lehren von einer Schar von Helfern, für die sich die Bezeichnung »Jünger« eingebürgert hat. Dabei handelte es sich um ständige Begleiter, in der Mehrzahl einfache Fischer vom See Gennesaret. Unter ihnen war Petrus derjenige, der den Status des engsten Vertrauten des Meisters genoss.

▶ Die Taufe als Aufnahme in die christliche Gemeinschaft gehört seit dem Frühchristentum zu den zentralen Riten. Detail eines römischen Sarkophagreliefs aus dem 3. Jahrhundert.

167

Prozess, Kreuzigung und Tod

Auch wenn es sich um einen Vorgang von zunächst nur lokaler Bedeutung handelte, waren Prozess und Hinrichtung des Religionsstifters Jesus von Nazaret ein Ereignis, das sogar in der fernen Reichshauptstadt Rom seine Resonanz fand. So klärt der Historiker Tacitus in seinem Geschichtswerk »Annalen« dort, wo er über die Christenverfolgungen unter Kaiser Nero nach dem Brand von Rom 64 n. Chr. berichtet, seine Leser in der Weise über die Identität der vermeintlichen Brandstifter auf, indem er ausführt: »Es waren jene Leute, die das Volk wegen ihrer Schandtaten hasste und mit dem Namen ›Christen‹ belegte. Dieser Name stammt von Christus, der unter (Kaiser) Tiberius vom Prokurator Pontius Pilatus hingerichtet worden war.«

Mit dieser Aussage eines der Sympathien für das Christentum komplett unverdächtigen Zeugen können etwaige Zweifel an der Historizität des gewaltsamen Todes Jesu zu den Akten gelegt werden. Wohl im Jahre 30 n. Chr., als in Rom Tiberius regierte, der Stiefsohn des seligen Kaisers Augustus, wurde Jesus von Nazaret in Jerusalem der Prozess gemacht, der mit dem Tod am Kreuz endete. Was die Details angeht, so ist man bei der Rekonstruktion der faktischen Ereignisse weitestgehend auf die Evangelien angewiesen. Demnach zog Jesus zum Passah-Fest nach Jerusalem, wo ihm eine

▶ Nach der christlichen Überlieferung wurde die Jerusalemer Grabeskirche an der Stelle errichtet, an der sich das Kreuz und das Grab des Religionsstifters Jesus von Nazaret befanden.

jubelnde Menge einen begeisterten Empfang bereitete. Abwechselnd wird er als Messias, als Erlöser, als König der Juden begrüßt. Weitaus weniger angetan sind der jüdische Hohepriester und die Mitglieder des Hohen Rates. Sie sehen in Jesus einen lästigen Rivalen, einen Abtrünnigen und einen Hochstapler. Mithilfe des Verräters Judas gelingt es ihnen, Jesus, nachdem dieser zuvor mit seinen Jüngern das Passah-Mahl eingenommen hat, in ihre Gewalt zu bekommen. Vor dem Hohen Rat kommt es zu einem förmlichen Prozess. Gefragt, ob er der Messias sei, antwortet Jesus: »Ich bin es.« Und er sagt voraus, er werde zur Rechten Gottes sitzen und als Menschensohn zur Erde wiederkehren. Daraufhin wird er vom Hohen Rat wegen Gotteslästerung zum Tode verurteilt.

Da im römischen Palästina nichts ohne die Römer ging, wird der Fall auch vor den Statthalter Pontius Pilatus gebracht, der aus seiner Residenz Caesarea nach Jerusalem gekommen war, um während des Passah-Festes mögliche Unruhen zu verhindern. Der Prozess vor dem Präfekten (nicht, wie Tacitus sagt, Prokurator) Pilatus lief nun nach römischem Recht ab. Die religiösen Streitigkeiten waren für die Römer dabei nicht von Belang. Sie interessierten sich nur dafür, dass Ruhe und Ordnung herrschte. Auf die Frage des Pilatus »Bist du der König der Juden?« antwortet der Angeklagte: »Du sagst es.« (Lk 23,3) Er versichert aber auch: »Mein Reich ist nicht von dieser Welt.« (Joh 18, 36) Der Präfekt findet keine konkreten Punkte, die man Jesus zur Last legen könnte. Um Tumulte zu vermeiden, entschließt er sich dazu, Jesus zum Tod am Kreuz zu verurteilen – nach römischem Recht die Strafe für Verbrecher, die nicht das römische Bürgerrecht besitzen.

Die angebliche Schuld der Juden am Tod Jesu ist bis heute einer der Hauptkonfliktpunkte zwischen Juden und Christen. Jedoch ist es wenig wahrscheinlich, dass der Hohe Rat Jesus bereits vor Pilatus zum Tode verurteilt hatte, denn er hatte nicht das Recht und die Kompetenz, in Kapitalprozessen zu urteilen. Jedoch wurde die von Pilatus ausgesprochene Strafe wenige Stunden nach dem Prozess am Nachmittag vor dem jüdischen Passah-Fest vollzogen. Bevor er auf dem Hügel von Golgota starb, soll Jesus gesagt haben: »Vater, vergib ihnen, denn sie wissen nicht, was sie tun.« (Lk 23,34) Jesus wurde in einem Felsengrab außerhalb Jerusalems bestattet, dort, wo sich heute die Grabeskirche befindet. Nach christlicher Lehre ist er drei Tage später wieder auferstanden und wandelte noch für kurze Zeit auf Erden, bevor er gen Himmel fuhr.

Jesus Christus: Sohn Gottes und Erlöser

Kreuzigung und Auferstehung wurden zu zentralen Glaubensinhalten der christlichen Lehre. Nach dieser thront Jesus seit der Himmelfahrt als Sohn Gottes an dessen Seite. Dieser sandte seinen eigenen Sohn auf die Welt, um die Menschheit zu retten: Christus nahm die Bürde auf sich, mit seinem Tod für die Sünden und Verfehlungen der Menschen zu büßen. Doch die christliche Botschaft ist eine »frohe Botschaft« – nichts anderes bedeutet das griechische Wort »Evangelium«: Jesus wird zurückkehren, um die Menschen zu erlösen, dann wird das Reich Gottes Wirklichkeit werden. Doch zuvor wird es die Apokalypse, die große Weltkatastrophe, geben, die zum Untergang der Welt führt. Danach weckt Jesus die Toten auf und führt sie in das Reich Gottes, wo sie im Zustand der ewigen Seligkeit leben werden – jedoch nicht alle. Mit erstaunlichen, aber auch nicht zufälligen Anklängen an das Totengericht bei den alten Ägyptern etablierte sich im frühen Christentum die Vorstellung vom Jüngsten Gericht. Bei diesem entscheidet Jesus als Richter darüber, wer im irdischen Leben zu den Gerechten und wer zu den Sündern zählte und somit entweder in den Himmel oder in die Hölle kommt.

Die Vorstellung, dass der Sohn Gottes als Mensch auf Erden wandelt und durch seinen Tod für alles Leid der Welt büßt, ist in dieser Form in der Geschichte der antiken Religionen einzigartig. Gleichwohl lässt sich diese Lehre von bestimmten Voraussetzungen ableiten. Zunächst muss man sie im Kontext der jüdischen Kultur betrachten: In Jesus kulminierten die uralten messianischen Hoffnungen der Juden, verbunden mit der Sehnsucht nach Erlösung. Ganz neu war auch die Idee von der Gottessohnschaft nicht. Allerdings kam sie hier nicht in der einfachen Form zum Tragen, wie sie die archaische Adelsgesellschaft der Griechen konstituiert hatte, die eine Götterfamilie mit Vätern, Müttern, Söhnen und Töchtern ganz nach dem Vorbild irdischer Familien auf den Olymp geschickt hatte. Wichtiger ist der Punkt, dass der Anspruch, der Sohn Gottes zu sein, in der vorderorientalischen Tradition fest verankert war. Die Spur führt dabei in das Palästina benachbarte Ägypten, wo die Pharaonen sich als Sohn des Gottes Re bezeichneten und in dieser Eigenschaft auch allgemein anerkannt

wurden. Als der makedonische König Alexander der Große 331 v. Chr. nach der Eroberung Ägyptens in die Oase Siwa zog, ließ er sich im dortigen Heiligtum des Ammun-Zeus attestieren, dass er der Sohn des Gottes sei – dies in der völlig zutreffenden Erkenntnis, dass die Ägypter daran gewöhnt waren, in dem Herrscher zugleich auch den Sohn eines Gottes zu sehen. Konsequenterweise führten auch die griechisch-makedonischen Ptolemäer, die nach den Diadochenkriegen die Herrschaft in Ägypten übernahmen, diese Tradition fort, indem sie einen ausgeprägten Herrscherkult entwickelten. Auch bei anderen hellenistischen Monarchen ist dieser Trend zu beobachten. Bezeichnend ist auch der Beiname »Soter«, den sich die Könige zulegten: Der Herrscher als »Retter« ist nicht weit entfernt von der Konnotation »Christós«, der griechischen Entsprechung des jüdischen »Messias«, durch Martin Luthers Bibelübersetzung auch unter dem Begriff »Heiland« etabliert. Auf den Zusammenhang zwischen der Kultur und dem Kult des Hellenismus und dem Christentum wies bereits im 19. Jahrhundert der berühmte Historiker Johann Gustav Droysen hin. Und sogar bei den Römern etablierte sich gerade in jener Zeit, als in Palästina Jesus von Nazaret wirkte, die Gewohnheit, Menschen als Söhne von Gottheiten zu betrachten. Anders als bei den hellenistischen Königen musste ein römischer Kaiser allerdings erst tot sein, bevor man ihn zum Gott machen konnte. Als Erstem widerfuhr diese Ehre der Divinisierung dem 44 v. Chr. ermordeten Diktator Iulius Caesar. Dessen Adoptivsohn Octavian, der nachmalige Kaiser Augustus, nannte sich entsprechend divi filius, der »Sohn Gottes«.

Orientalische Vorbilder und Mission

Rückblickend betrachtet gehörte Alexander der Große zu den Wegbereitern des Christentums. Denn mit seinem Feldzug gegen die Perser, an dessen Ende er weite Teile Asiens, bis hin zum Indus, unter seine Kontrolle gebracht hatte, schuf er die Voraussetzungen für einen regen kulturellen Austausch zwischen dem Orient und dem Okzident. So wie griechische Ideen in Richtung Orient strömten, empfing der Okzident Impulse aus dem Orient. Diese Impulse waren auch und insbesondere religiöser Art. Das Christentum hätte es sicher schwerer gehabt, sich zu entwickeln und so viele Anhänger zu gewinnen, wären die Menschen nicht durch orientalische Erlösungs- und Mysterienreligionen auf Lehren, wie sie Jesus und seine Propagandisten formulierten, bereits vorbereitet gewesen. Zum Glaubensinventar von Kulten wie der ägyptischen Isis, der kleinasiatischen Kybele oder dem persischen Mithras gehörte ganz zentral der Gedanke der Erlösung und der Auferstehung. So hat das Christentum sich aus seiner jüdischen Umwelt heraus mit hellenistisch-orientalischen Glaubensinhalten verbunden und damit eine kreative Mixtur aus bereits bekannten und neuen religiösen Elementen geschaffen.

Vermutlich wäre das Christentum jedoch, trotz der attraktiven Lehre und eines charismatischen Religionsstifters, nie zu einer Weltreligion geworden, hätte es als die bis dahin einzige Religion nicht eine organisierte, zielgerichtete Mission betrieben. Tatsächlich war den anderen antiken Religionen der Gedanke der systematischen Überzeugungsarbeit bei Menschen, die andere oder auch (was in der Antike allerdings so gut wie nie vorkam) keine religiöse Präferenzen hatten, völlig fremd. Warum also kamen ausgerechnet die Christen auf die Idee, in so massiver Weise für die Lehren ihres Herrn zu werben?

Laut dem Evangelisten Matthäus (Mt 28,19) ist es Jesus selbst gewesen, der seinen Jüngern die Anweisung gab, seine Lehre in alle

▸ Alexander der Große, der sich als Sohn des Zeus verehren ließ, prägte den hellenistischen Herrscherkult, der das Christentum wesentlich beeinflussen sollte. Marmorbüste aus Pergamon, um 200–150 v. Chr.

Die erste Christengemeinde

Der erste Zusammenschluss von Christen zu einer Gemeinde fand nicht in Jerusalem, nicht in Konstantinopel und schon gar nicht in Rom statt. Jedenfalls gilt diese Aussage für eine Gemeinde, deren Mitglieder sich auch bereits »Christen« nannten. Das Privileg, namentlich die ersten Christen gewesen zu sein, gebührt den Anhängern Jesu, die sich im Jahre 45 in Antiochia zu einer Gemeinde zusammenfanden. So wird es in der Apostelgeschichte (Apg 11,26) bezeugt. Antiochia war eine Metropole im damaligen Syrien, heute heißt die Stadt Antakya und liegt in der südöstlichen Türkei. Indem die Gemeindeglieder sich als Christen bezeichneten, als die »Anhänger des Gesalbten«, trugen sie dem engen Gemeinschaftsgefühl Rechnung, dass die Glaubensgemeinschaft zu Anfang prägte.

▶ In dieser Höhlenkirche in Antiochia, dem heutigen türkischen Antakya, kam nach der Apostelgeschichte die erste christliche Gemeinde zusammen. Die Fassade wurde im 12./13. Jahrhundert durch Kreuzritter errichtet.

Welt hinauszutragen: »Darum gehet hin und machet zu Jüngern alle Völker. Taufet sie auf den Namen des Vaters und des Sohnes und des Heiligen Geistes und lehret sie zu halten alles, was ich befohlen habe. Und siehe, ich bin bei euch alle Tage bis an der Welt Ende.« Ob diese Stelle authentisch ist, wird man mit Fug und Recht bezweifeln dürfen. Vielmehr

hat es den Anschein, als hätten die Christen ihrer Mission noch mehr Gewicht beilegen wollen, indem sie sich auf einen angeblichen Missionsbefehl, den Jesus persönlich ausgesprochen habe, beriefen. Denn letztlich waren die Missionare deutlich motivierter, wenn sie meinten, auf direkte Anweisung Jesu zu handeln.

Die Gründe für die Mission aber dürften realistisch woanders zu suchen sein und vielmehr im Zusammenhang mit den Kontroversen zwischen den alten jüdischen Autoritäten und den ganz frühen Christen, die ebenfalls alle aus dem Judentum kamen, stehen. Diesen frühen Christen ging es zunächst weniger um die Welt als vielmehr um Palästina. Die »Bollwerke« Hohepriester und Hoher Rat samt der sie unterstützenden Gruppierungen konnten nach Ansicht der christlichen Protagonisten aber nur gestürmt werden, wenn die christliche Basis erweitert würde. Diese Idee findet sich explizit dokumentiert im Römerbrief des Paulus (11,25): Wenn alle Völker zum Christentum bekehrt seien, werde man auch das »verstockte« und »mit Blindheit geschlagene« Israel für die christliche Lehre gewinnen. Die frühen Christen gingen also nach draußen, um drinnen stärker zu werden.

Die Bedingungen für eine systematische Mission waren günstig. Judäa war Teil des Römischen Reiches und insofern an die ausgezeichnete Infrastruktur dieses Imperiums angeschlossen. Die Verbreiter des Christentums konnten sich sicher, schnell und bequem auf den berühmten Römerstraßen fortbewegen. Und es kam ihnen zugute, dass gerade im Osten des Reiches die Städte einen hohen Grad von Urbanität aufwiesen, sodass in diesen die christliche Lehre sehr viel einfacher verbreitet werden konnte als auf dem Land. Bezeichnenderweise bürgerte sich schon früh der Begriff »Pagani« für Menschen ein, die nicht zur christlichen Gemeinschaft gehörten. Abgeleitet ist dieser Name vom lateinischen »pagus«, womit ein ländlicher Bezirk gemeint war.

Judenchristen und Heidenchristen

Die Mission beschränkte sich zunächst auf die Juden. Aus ihnen sollten Judenchristen gemacht werden, auch, um die Vorherrschaft des Hohepriesters in Jerusalem zu brechen. Die frühesten Anhänger Jesu glaubten zwar an seine Lehren, hielten aber an den alten jüdischen Traditionen wie der Beschneidung oder den Speisevorschriften fest. Von den übrigen Juden unterschieden sich die Judenchristen allein dadurch, dass sie an Jesus als den Messias glaubten.

Die Diaspora-Juden, deren Hochburgen Kleinasien, Ägypten und Mesopotamien waren, bildeten von ihrer Anzahl her ein großes Kontingent und waren im Gegensatz zu den Traditionalisten in Palästina stärker hellenisiert. Sie passten die christliche Lehre, so wie sie Jesus formuliert hatte, ihrer eigenen Mentalität und Vorstellungswelt an. So sahen sie in Jesus die Epiphanie, d. h. die Erscheinung des erlösenden Gottes, wie sie aus den hellenistischen Mysterienreligionen bekannt war, wo sich eine Gottheit in Menschen- oder Tiergestalt zeigte. Das Abendmahl (Eucharistie) als eine der frühesten liturgischen Einrichtungen der jungen Christengemeinden kannten sie von den Kultmählern der hellenistischen Religionen her. Schon in diesem frühen Stadium bewies das Christentum seine große Anpassungsfähigkeit: Es kam nicht als eine dogmatische, monolithische Religion daher, sondern als eine flexible, auf die Bedürfnisse und Erwartungen der Gläubigen weitgehend Rücksicht nehmende Lehre. So umfasste das Christentum auch in den ersten

Jahrhunderten seines Bestehens eine dynamische Glaubenswelt, die sich immer weiterentwickelte.

Der Apostel Paulus

Neben Jesus selbst war Paulus die wichtigste Figur des frühen Christentums. Der Mann aus Tarsus im südlichen Kleinasien, aus einer jüdischen Diaspora-Familie stammend, wandelte sich vom Christenjäger zum gro-

▶ Die ersten beiden Missionsreisen des Apostels Paulus.

ßen Christenfreund, oder, in einer bekannteren Sentenz formuliert, vom Saulus zum Paulus. In seinen Briefen an einzelne christliche Gemeinden formulierte er wesentliche theologische Grundsätze der neuen Religion. Zusammen mit Petrus war er außerdem einer der wichtigsten Apostel im Sinne der Verbreitung der Lehre unter den Nichtchristen.

Paulus sorgte dafür, dass die Christen den globalen Durchbruch schafften, indem er der Religion den Weg über das Judentum hinaus ermöglichte. Dies geschah auf dem sogenannten Apostelkonvent von Jerusalem im Jahre 48

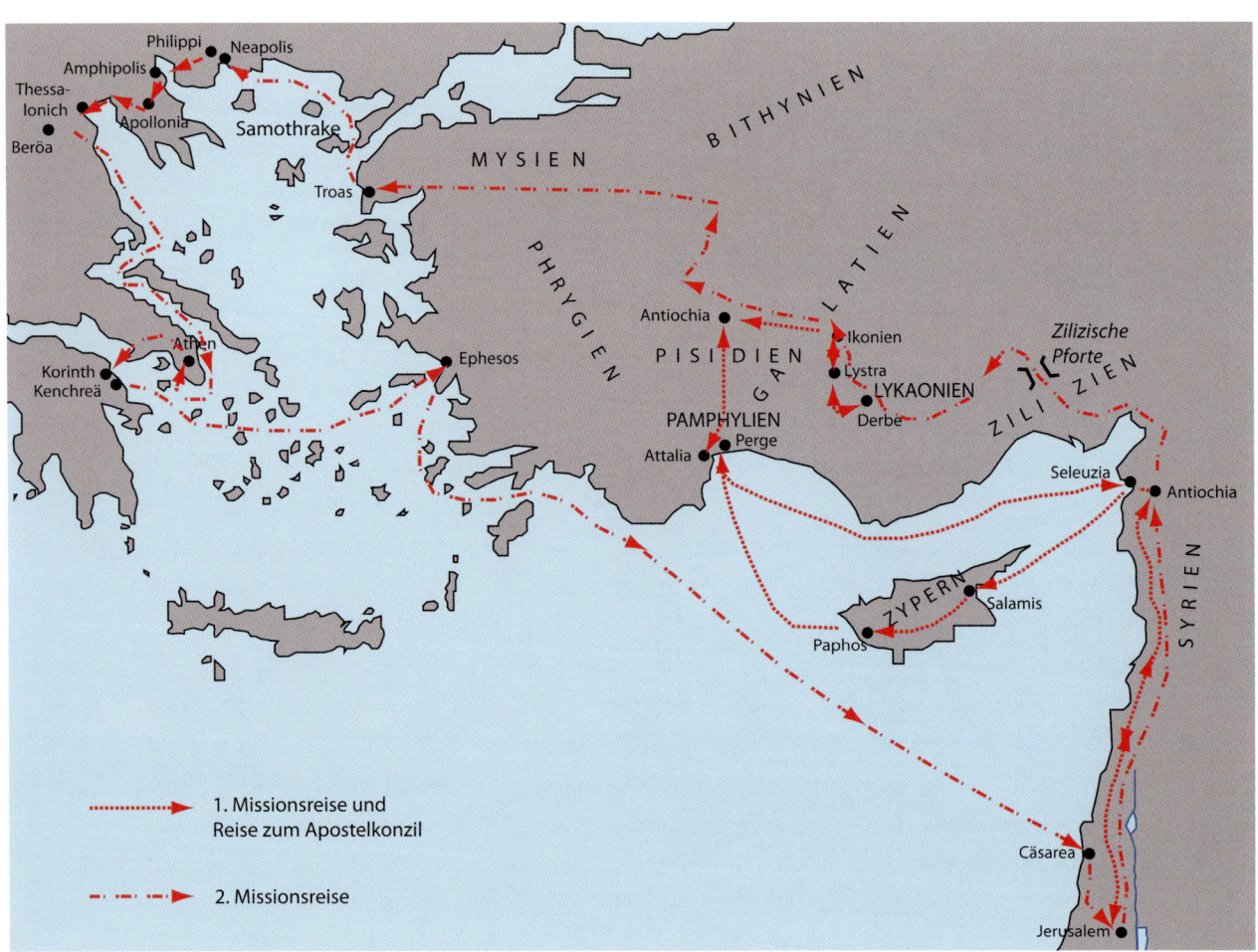

Philippi
Neapolis
Amphipolis
Thessalonich
Apollonia
Beröa
Samothrake
MYSIEN
BITHYNIEN
Troas
PHRYGIEN
GALATIEN
Antiochia
Ikonien
Zilizische Pforte
Athen
PISIDIEN
Lystra
LYKAONIEN
ZILIZIEN
Korinth
Kenchreä
Ephesos
Derbe
PAMPHYLIEN
Perge
Attalia
Seleuzia
Antiochia
ZYPERN
Salamis
SYRIEN
Paphos
Cäsarea
Jerusalem

............▶ 1. Missionsreise und Reise zum Apostelkonzil

— · —▶ 2. Missionsreise

n. Chr. Hier löste sich auf Initiative des Paulus und gegen den Widerspruch des Petrus das Christentum vom Judentum. Die Mission, so wurde damals beschlossen, sollte sich nicht mehr nur, wie bisher geschehen, auf Juden innerhalb und außerhalb Palästinas beschränken. Wer Christ werden wollte, war befreit von der Vorschrift, die jüdischen Gesetze beachten zu müssen. Gleichzeitig wurden in Jerusalem die künftigen Missionsgebiete aufgeteilt: Petrus als Verfechter des Judenchristentums sollte sich um die Juden kümmern, Paulus um die »Heiden«. Und so ging Paulus in den folgenden Jahren auf seine berühmten Missionsreisen, die ihn nach Kleinasien, Griechenland und schließlich nach Rom führten. Als Apostel zu wirken war, wie das Beispiel des Paulus-Besuches in Ephesos zeigt, nicht ohne Risiken (Apg 19, 21–40). Dort machten die einheimischen Silberschmiede gute Geschäfte mit Souvenirs vom berühmten Artemis-Tempel, einem der sieben Weltwunder der Antike. Als Paulus im Theater von Ephesos für seinen Gott warb, kam es fast zum Aufstand, weil damit eine sprudelnde Geldquelle zu versiegen drohte. Denn von dem Gott der Christen, so wurden die Schmiede belehrt, dürfe man kein Bildnis machen.

Entstehung einer kirchlichen Organisation

War bereits die Mission, die sich wegen der Suggestion und der Attraktivität der Lehre bald als sehr erfolgreich erwies, ein Bonus des Christentums gegenüber den anderen, insbesondere auch gegenüber den konkurrierenden Mysterienreligionen, so galt dies gleichermaßen für die Ausbildung einer kirchlichen Organisation. Auch andere Religionen kannten Gemeinden im Sinne von regelmäßig zu liturgischen Zwecken zusammenkommenden, von Priestern angeleiteten Gläubigen. Die Christen aber setzten in dieser Hinsicht ganz neue Maßstäbe: Sie gründeten Gemeinden, die in sich perfekt strukturiert und zudem reichsweit vernetzt waren. Die frühesten Gemeinden entstanden in Syrien, Kleinasien und Griechenland (letztere Bereiche waren demzufolge auch bevorzugte Briefpartner des Apostels Paulus). Sie bedienten sich in der Kommunikation untereinander und mit der Außenwelt des Griechischen, also jener Sprache, die seit den Eroberungen Alexanders Verkehrssprache im Osten war. Gott bzw. der Messias wurde zu Kyrios, der »Herr«. Der Raum, in dem sich die Gemeinde traf, war »das dem Herrn gehörende Haus«, die Kyriake, ein Begriff, der etymologisch auch am Anfang der Bedeutungsgeschichte des deutschen Wortes »Kirche« steht. Die Versammlung der Gläubigen an sich hieß Ekklesia, eine Anleihe bei den alten griechischen Volksversammlungen, die gemäß der archaischen Praxis, die Menschen zu den politischen Treffen »herbeizurufen«, ebenfalls so genannt worden waren.

Die Gemeinden bildeten sich nicht von selbst, sondern es gab bei den führenden Kreisen den erklärten Willen, dass sich die Christen zu solchen Gemeinschaften zusammenschlossen. Denn die Vertreter des Christentums hatten, je mehr Zeit verstrich, ein immer größer werdendes Problem: Viele Neuchristen hatten sie mit der Zusicherung gewonnen, dass die Rückkehr des Herrn (Griechisch »Parusie«) nicht mehr lange auf sich warten lassen würde. Hatte Jesus nicht selbst gesagt, viele der Menschen, die zu jener Zeit lebten, als er noch auf Erden wandelte, würden noch vor ihrem Tod das Reich Gottes kommen sehen (Mk 9,1 und Lk 9,27)? Viele Christen waren verunsichert, andere, die man werben wollte, zögerten. Die Antwort auf diese Herausforderung war die forcierte Gründung von Gemeinden. Die Gemeinde als fester Verbund auf lokaler Ebene und als flächendeckende Organisation in Form einer »Kirche« entstand, als man sich darüber im Klaren wurde, dass die erwartete Rückkehr des Religionsstifters und der Eintritt des Gottesreiches erst zu einem späteren Zeitpunkt stattfinden würden. Bis dahin hatten die Gemeinde und die Kirche den Glauben an Jesu Christi wachzuhalten und die Wartezeit bis zu seiner Rückkehr zu verkürzen.

Zur selben Zeit wurde aus dem anfangs noch weitgehend egalitären Urchristentum ein hierarchisch geordneter Verband. Mit der dauerhaften Zuweisung bestimmter Aufgaben innerhalb der Gemeinde entwickelten sich einzelne Ämter. An der Spitze stand der Episkopos als Gemeindevorsteher – erst später wurde dies zur Bezeichnung für einen Bischof, der über mehrere Gemeinden präsidierte. Die erforderlichen Eigenschaften für das Amt eines Bischofs hat Paulus im Brief an Titus, den ersten Bischof von Gortyn auf Kreta, mit all seiner Autorität formuliert (Tit 1,7): »Ein Bischof muss unbescholten sein, weil er das Haus Gottes verwaltet. Er darf nicht überheblich und jähzornig sein, kein Trinker, nicht gewalttätig oder habgierig.« Vom Zölibat ist noch keine Rede, das sollte erst im späteren Mittelalter als Bedingung hinzukommen. In der Regel blieben die von der Gemeinde gewählten Vorsteher bis an ihr Lebensende im Amt. Unterstützt wurde der Episkopos von den »Presbytern«, dem Rat der Älteren. An dritter Stelle standen die Diakone, wörtlich die »Helfer«. Diese widmeten sich, gemäß dem christlichen Gebot der Nächstenliebe, den Außenseitern der Gesellschaft – den Armen, den Kranken, den Witwen und Waisen. Da es so gut wie keine staatliche Fürsorge gab, waren die Christen fast die Einzigen, die sich um Menschen auf der Schattenseite des Lebens kümmerten. Das karitative Engagement war nicht nur die Sache von Diakonen, sondern auch von Diakonissen. Frauen spielten innerhalb der Gemeinden eine größere Rolle, als dies in der Gesellschaft an sich der Fall war. Bei den Christen konnten sie sich aktiv an der Pflege der Bedürftigen beteiligen, was im Übrigen die christlichen Gemeinschaften für viele Frauen attraktiv machte. Jedoch wurde nicht jede Frau in den Kreis der Diakonissen aufgenommen. Paulus waren hochgeachtete Witwen am liebsten, über 60 Jahre alt, mit einem enthaltsamen Lebenswandel, bereit, sich Gebeten und guten Taten zu widmen.

Die Christen wirkten aber nicht nur nach außen, sondern kümmerten sich auch intensiv um das Innenleben der Gemeinden. Außer den regelmäßigen Kulthandlungen sorgten sie sich um die Begräbnisse verstorbener Glaubensgenossen. Dafür kaufte man aus Spenden der Mitglieder geeignete Grabstellen, wie in Rom die bekannten Katakomben an der Via Appia. So konnten auch ärmere Gemeindeangehörige, die sich die ansonsten teuren Bestattungen nicht leisten konnten, würdige Grabstätten finden.

Christliche Symbole

Das frühe Christentum entwickelte eine reiche Symbolsprache, die vor allem der Kommunikation unter den Christen diente. An erster Stelle steht das Kreuz als Zeichen für Tod und Auferstehung. Die beiden griechischen Buchstaben X (Chi) und P (Rho) bildeten das Christogramm, mit den Initialen des Namens Christus. Sie erscheinen häufig in Kombination mit den griechischen Buchstaben A (Alpha) und Ω (Omega), dem ersten und letzten Buchstaben des Alphabets, nach dem Jesuswort »Ich bin der Anfang und das Ende« (Offb 21,6). Unter den Tieren und Pflanzen, die als christliche Symbole fungieren, ragt der Fisch hinaus. Dieser heißt auf Altgriechisch IXΘΥΣ. Die Christen sahen darin die Anfangsbuchstaben des griechischen Namens »Jesus Christus Sohn Gottes Retter«.

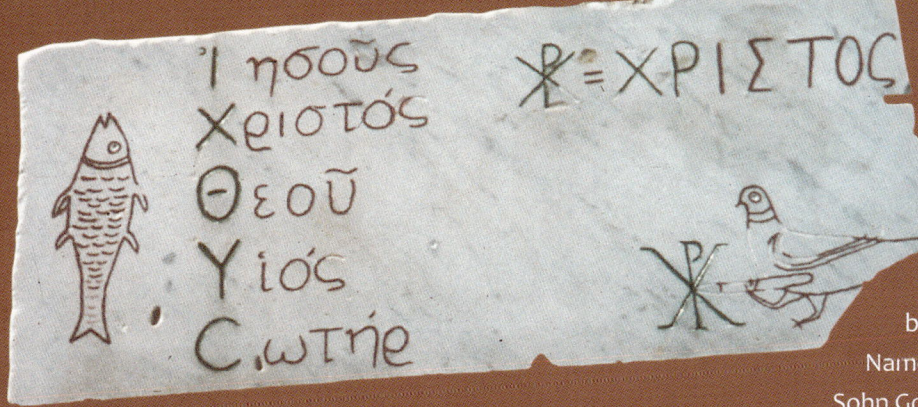

▶ Grabdeckel mit christlichen Symbolen aus der Kallistus-Katakombe in Rom.

Schriften und Theologen

Das Christentum war bereits in der Antike keine statische Religion. Im Gegenteil: Es war von einer großen Dynamik geprägt, was auch daran lag, dass, je mehr sich die Ideen des Jesus von Nazaret in der römischen Welt verbreiteten, ein umso höherer Aufklärungsbedarf hinsichtlich der fundamentalen Elemente dieser Lehre bestand. Die vielen Neuchristen, die bald nicht mehr nur aus dem jüdisch-hellenistischen Kulturkreis stammten und die von anderen religiösen Mentalitäten geprägt waren, wollten ein Christentum, das sich mit ihren Traditionen und Gewohnheiten vereinbaren ließ.

Jesus von Nazaret hatte mit seinen Predigten die Grundlagen der neuen Religion geschaffen. Paulus war nach ihm die erste große Autorität, die zu zentralen Fragen des Christseins Stellung nahm und wegweisende theologische Erläuterungen gab. Er tat dies in Form von Briefen an die Gemeinden etwa von Korinth, Philippi und Thessaloniki. Sie fanden Aufnahme in das »Neue Testament«, wie die in griechischer Sprache verfasste Sammlung wichtiger religiöser Texte aus dem 1. und 2. Jahrhundert n. Chr., in Abgrenzung

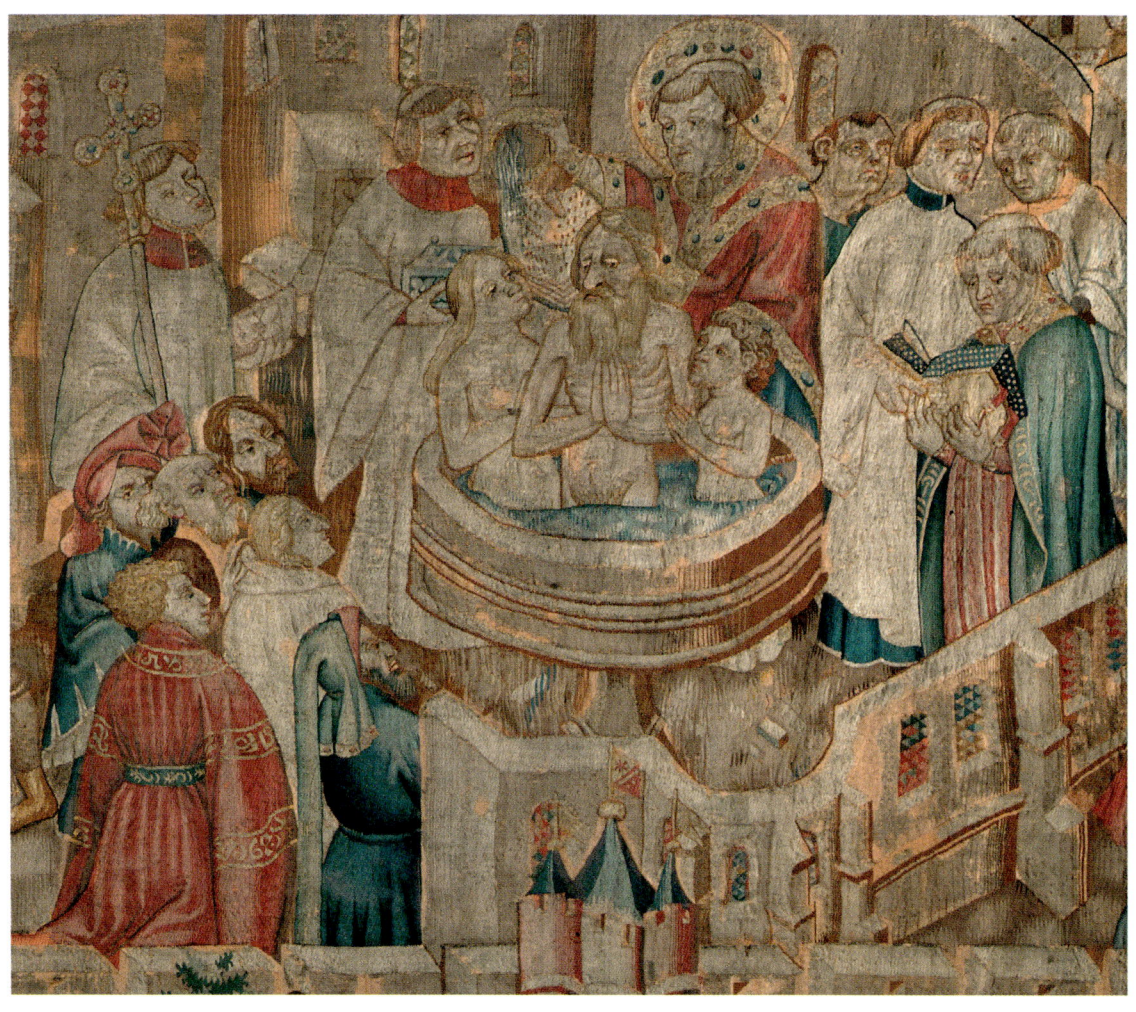

▶ Taufe des Kirchenvaters Irinäus. Detail eines Bildteppichs aus Tournai zum Leben der Heiligen Piatus und Eleutherius von Tournai, um 1402.

zum »Alten Testament« mit den heiligen Schriften der Juden, genannt wird. In das Neue Testament fanden viel gelesene und viel zitierte Schriften Aufnahme, die im Laufe der Zeit eine kanonische Bedeutung erhielten. Neben den Paulus-Briefen schafften es auch die vier Evangelien (Matthäus, Markus, Lukas, Johannes) in den elitären Zirkel der bevorzugten Lehrmaterialien. Ihre Aufgabe war es, in Zeiten der stagnierenden Mission an der

Wende vom 1. zum 2. Jahrhundert durch die Erinnerung an Jesu Leben, Taten und Worte den christlichen Glauben neu zu fundieren. Entsprechend der Mentalität der Menschen in der hellenistisch-orientalischen Welt kam es dabei weniger auf geschichtliche Genauigkeit als vielmehr darauf an, die Allmacht Jesu auch durch Erzählungen über Wundertaten zu unterstreichen, die nicht wörtlich, sondern symbolisch verstanden werden wollten. Zum Inventar des Neuen Testaments gehörte weiterhin die Apostelgeschichte. Sie stammt aus der Feder des Evangelisten Lukas und widmet sich dem Wirken jener missionsbereiten Persönlichkeiten um Paulus, die es sich zur Aufgabe gemacht hatten, die Lehre Jesu zu verbreiten. Die Apostelgeschichte vermittelte ein Bild von den Bedingungen, unter denen sich die Ausbreitung des Christentums in den ersten Jahrzehnten seines Bestehens vollzog. Jene Schriften, die für die frühe christliche Theologie ebenfalls von Bedeutung waren, ohne in das Neue Testament aufgenommen zu werden, firmieren unter der Sammelbezeichnung »Apokryphen«, was etwa die »verborgenen Schriften« bedeutet. Sie standen deswegen nicht im Abseits, sondern beinhalteten ebenfalls zentrale Botschaften der christlichen Lehre.

Daneben gab es eine Reihe von klugen Köpfen, die, ausgestattet mit der notwendigen Autorität, zu Fragen Position bezogen, die die entstehende Christenheit bewegten. Zu diesen frühen Protagonisten gehörte in der zweiten Hälfte des 2. Jahrhunderts ein Grieche namens Irenaios, den man im Westen Irenäus nannte. Dieser Kirchenvater, der aus Kleinasien stammte, wanderte in den Westen aus und ließ sich in Lugdunum (Lyon) nieder, wo er zum Bischof avancierte, im Jahr 177 eine Christenverfolgung miterleben musste und in Schriften gegen sogenannte Häretiker wetterte. Auch in seinen Anfangsjahren als Bischof war die christliche Gemeinschaft kein Hort der Harmonie und der unverbrüchlichen Herzlichkeit. Vielmehr gab es in wichtigen Fragen der Deutung und der Auslegung der Lehre deutliche Kontroversen. Der Zorn des Irenäus richtete sich insbesondere gegen die Anhänger einer an sich philosophischen Richtung, die man unter dem griechischen Namen »Gnosis«, was so viel wie »Erkenntnis« heißt, zusammenfasste. Populär waren die Bestrebungen der Gnostiker, zu einer höheren Wahrheit zu gelangen, vor allem bei den gebildeten Oberschichten im griechisch geprägten Osten des Römischen Reiches. Sie sahen in der christlichen Lehre ein reizvolles Exerzierfeld zur Erprobung und Erweiterung ihrer eigenen Vorstellungen. Die Hüter der reinen Lehre unter den christlichen Autoritäten (wie Irenäus) wurden nun aber von erschreckenden Thesen eifriger Gnostiker beunruhigt, die beispielsweise behaupteten, Jesus Christus habe die Menschen durch seinen Tod am Kreuz nicht wirklich erlöst. Er habe nur scheinbar gelitten und sei nur scheinbar gestorben, denn nach gnostischer Überzeugung musste das Göttliche den Körper vor dem Tod verlassen haben. Auch die für das Christentum so zentrale Auferstehungslehre konnte von den Gnostikern daher nicht akzeptiert werden.

Sorgen bereitete den Bischöfen und Klerikern, die versuchten, das christliche Schiff nach den Anweisungen des Paulus auch durch stürmisches Wetter zu steuern, eine anfangs kleine, dann beständig wachsende christliche Sekte, die sich nach ihrem Gründer Montanus »Montanisten« nannte. Diese von seinen Anhängern fast wie ein Messias verehrte Lichtgestalt der innerkirchlichen Opposition begründete in der Mitte des 2. Jahrhunderts in der zentralanatolischen Landschaft Phrygien eine Bewegung, die von der Überzeugung geleitet war, die Rückkehr Jesu stehe unmittelbar bevor. Montanus trat dabei als der ultimative Prophet vor der Parusie des Herrn auf. Dies war noch nicht die konventionelle Kirchenkreise schockierende Ansage, erwarteten doch auch sie, allerdings ohne zeitlich präzise Vorgabe, die Wiederkehr Jesu und den damit verbundenen Eintritt des Gottesreiches. Schlimm war dagegen, dass Montanus nicht Jerusalem, sondern den Ort Pessinus in Phrygien zum Schauplatz der Parusie deklarierte. In den dortigen Felshöhlen, die jüngst von Archäologen entdeckt wurden, sammelte er eine Schar von Glaubensgenossen um sich, die nach strengen asketischen Grundsätzen lebten, um dem Herrn in seelisch gereinigtem Zustand entgegentreten zu können. Zudem spielten Frauen bei den Montanisten eine größere Rolle, als es die normalen Gemeinden bei den Diakonissen zuzugestehen bereit waren. Zwei Frauen namens Priscilla und Maximilla, die zu den Montanisten gehörten und sich unbescheiden als letzte Prophetinnen vor dem Weltende in Szene zu setzen wussten, versetzten die Kritiker der Montanisten besonders in Rage.

Zu den einflussreichsten Autoren der frühen Periode des Christentums gehörte der aus Karthago stammende Tertullian (ca. 160–220). Seine Heimatstadt, einst Zentrum eines großen punischen Imperiums, war eine der ersten Hochburgen des Christentums. Dazu trug die Verwandtschaft zwischen der traditionellen, vorderorientalisch geprägten Religion der Karthager und der jungen Lehre aus Palästina bei. Tertullian war nicht von Haus aus Christ, sondern konvertierte im reiferen Alter. Er veröffentlichte zahlreiche Schriften, die bezeichnenderweise immer gegen etwas gerichtet waren. Das gilt auch für das »Apologeticum«, eine Rechtfertigungsschrift, die beweisen sollte, dass Vorwürfe, wie sie von

Anhängern der römischen Staatsreligion gegen die Christen erhoben wurden, nicht zutreffend waren – wie etwa der Vorwurf, die Christen würden die alten Götter provozieren, weil sie sich nicht an den staatlichen Opfern beteiligten.

Ein weiterer Autor war Origines (185–252), einer der produktivsten unter den ohnehin schon sehr fleißigen Kirchenvätern. Sein Werkverzeichnis umfasst gut 2000 Schriften, die seinen Beitrag zur theologischen Festigung der Christenheit dokumentieren. Seine Heimat war die einst von Alexander dem Großen gegründete Stadt Alexandria in Ägypten, deren Kleriker bei den großen theologischen Debatten des antiken Christentums immer mit an vorderster Stelle standen.

Aus Karthago stammte auch Cyprianus (ca. 205–258), der einen der wichtigsten Sätze des frühen Christentums prägte: Extra ecclesiam salus non est – außerhalb der Kirche gibt es kein Seelenheil. Damit reagierte der Theologe auf einen für die damalige Kirche gefährlichen Trend: Viele Menschen wandten sich von der hierarchisierten Amtskirche ab und widmeten sich ihrem Glauben zu Hause mittels privater Frömmigkeit. Um solche Gläubigen aber weiterhin zu erreichen, wie auch Abweichler vom Schlage der Gnostiker und der Montanisten, erinnerte man sie daran, dass das wahre Seelenheil nur im Schoße der »richtigen« Kirche zu erlangen sei.

Der einflussreichste Denker und Lenker nach Jesus und Paulus war jedoch Augustinus (354–430). Er lebte in der Spätantike und damit zu einer Zeit, als das Christentum zur dominierenden Religion im Römischen Reich geworden war. Seine Schriften lieferten Gläubigen auch in den folgenden Jahrhunderten theologische Argumentationshilfen, so etwa in Bezug auf die schwierige Frage, ob ein Christ zu den Waffen greifen dürfe (was Augustinus unter bestimmten Umständen als erlaubt ansah). Sein wichtigstes Werk trägt den Titel »De Civitate Dei« (Vom Gottesstaat). Ausgehend von der Diskussion der Frage, welche Rolle Rom und das Römische Reich für das Christentum spielten, entwickelte er hier ein umfassendes heilsgeschichtliches Konzept.

▶ Der Kirchenvater Augustinus wurde oft mit Schreibwerkzeug dargestellt, um seine Funktion als Gelehrter zu unterstreichen. Deckenfresko aus der Kirche Santa Maria dei Servi in Venedig, um 1370.

Christenverfolgungen

Grundsätzlich hatte der römische Staat nichts gegen andere Religionen einzuwenden, wenn zwei Bedingungen erfüllt waren: Erstens sollten die Gläubigen auch den römischen Staatsgöttern ihre Reverenz erweisen, was vor allem (wie auch das Opfer für den Kaiser im Rahmen des Kaiserkultes) als ein Akt der politischen Loyalität gewertet wurde. Zweitens sollten die Glaubensgemeinschaften mit ihren religiösen Ritualen und Praktiken nicht die öffentliche Ruhe und Ordnung gefährden. In beiden Punkten konnte bei den Christen keine Entwarnung gegeben werden: Ihr Glaube verbot es ihnen, andere Götter als den eigenen anzubeten. Am Staatskult beteiligten sie sich nicht, ihre Gottesdienste fanden separat, nicht für jeden frei zugänglich, statt, was allerlei Gerüchten Nahrung gab. So gerieten die Christen immer wieder in das Visier der Kritiker, wobei es zunächst nicht Kaiser und Senat gewesen sind, von denen die Initiative ausging. Die berühmt-berüchtigten Christenverfolgungen unter Kaiser Nero 64 n. Chr. nach dem Brand von Rom waren eher die Ausnahme und auch nicht im eigentlichen Sinne »Christenverfolgungen«. Ein verheerendes Feuer hatte damals große Teile der Metropole am Tiber vernichtet. Der exzentrische Kaiser geriet in Verdacht, selbst für die Katastrophe gesorgt zu haben. Um sich aus der Schusslinie zu bringen, gab er der damals noch sehr kleinen Christengemeinde die Schuld, gemäß der Devise, dass diesen seltsamen Menschen alles zuzutrauen sei – auch ein Großfeuer, das gemäß ihren apokalyptischen Vorstellungen das Ende der Welt einleiten würde. Tatsächlich wurden die Christen dann auf grausame Weise getötet. Um wirkliche Christenverfolgungen aber handelte es sich deswegen nicht, weil der Kaiser auch jede andere stigmatisierte Gruppe hätte wählen können.

Berühmte Märtyrer

In der christlichen Kirche gibt es über 6600 Heilige und über 7400 Märtyrer, wobei viele Heilige auch zugleich Märtyrer sind. Als erster christlicher Märtyrer gilt ein Anhänger Jesu namens Stephanos. Er starb um das Jahr 40 herum in Jerusalem, als ihn eine aufgebrachte Menge steinigte. Zu den ersten Frauen, die das Martyrium erlitten, gehörten die in der Kirche hoch verehrten Perpetua und Felicitas. Sie wurden nach der christlichen Überlieferung 203 in Karthago getötet, weil sie sich taufen lassen wollten. Die meisten Märtyrer der Antike stammen aus der Zeit der Christenverfolgungen des Kaisers Diokletian, wie etwa der heiliggesprochene römische Soldat Sebastian.

▶ Das Martyrium des Heiligen Sebastian zählt zu den häufig dargestellten christlichen Leidensszenen. Detail eines Freskos aus dem 15. Jahrhundert aus der Kathedrale Santa Maria Assunta in Atri, Italien.

Die Maßnahmen eines Nero blieben zunächst auch singulär und zogen keine weiteren Verfolgungen nach sich. Aversionen gegen die Christen gingen auch eher von den unteren und mittleren Bevölkerungsschichten aus. Ein herausragendes Zeugnis ist der Brief, den zu Beginn des 2. Jahrhunderts Plinius, Statthalter der Provinz Bithynia et Pontus (Südküste des Schwarzen Meeres), an Kaiser Trajan schrieb. Plinius bat den Kaiser um Hilfestellung bei der Frage, wie er die Christen in seiner Provinz behandeln solle. Waren sie schon Verbrecher, bloß weil sie Christen waren? Oder mussten sie erst Verbrechen begehen, bevor man sie belangen konnte? Deutlich wird, dass die Klagen über die Christen von einfachen Menschen an den Statthalter herangetragen wurden. Sozialpsychologisch spielte dabei das Bestreben eine Rolle, den eigenen niedrigen Status durch den Verweis auf Leute aufzuwerten, die angeblich eine noch unrühmlichere Rolle in der Gesellschaft spielten. Der Brief enthält auch eine Reihe wertvoller Angaben über das liturgische Leben in den frühen Christengemeinden. So rechtfertigten sich Gläubige, die dem Druck nicht standhielten und das als Test erkorene Opfer vor dem Altar des Kaisers darbrachten, mit dem Argument, ihre »Schuld« habe darin bestanden, dass sie sich an einem bestimmten Tag vor Sonnenaufgang zu versammeln pflegten und sich durch Eid versicherten, keinen Diebstahl, keinen Raub und keinen Ehebruch zu begehen, ein gegebenes Wort zu halten und eine angemahnte Schuld nicht abzuleugnen. Danach seien sie wieder auseinandergegangen und dann wieder zusammengekommen, um Speise zu sich zu nehmen.

Erst im 3. Jahrhundert kam es zu staatlich gelenkten, reichsweiten und systematischen Verfolgungen der Christen. Verbunden sind sie mit den Namen der Kaiser Decius (reg. 249–251), Valerian (reg. 253–260) und Diokletian (reg. 284–305). Christ zu sein, bedeutete in diesen Zeiten, um sein Leben, sein Vermögen, seine Zukunft fürchten zu müssen. Dabei ging es auch bei diesen Verfolgungen nicht in erster Linie um die Religion. Die Christen wurden als die geeigneten Sündenböcke angesehen, um die Krisen zu erklären, von denen das gar nicht mehr so stolze Imperium Romanum erschüttert wurde. Wirtschaftliche Schwierigkeiten und die Bedrohung der Grenzen durch auswärtige Völker wurden als eine von den Christen verursachte Störung der pax deorum, des Friedens mit den alten römischen Staatsgöttern, hingestellt. Die damit verbundene Logik war, dass weil die Christen die Opfer an die Götter verweigerten, diese verstimmt waren und den Menschen die Katastrophen schickten. Deshalb dienten die Christen nun ihrerseits als Opfer an die Götter, um diese wieder zu besänftigen. Auch wirtschaftliche Motive spielten bei den Verfolgungen eine Rolle. Durch das Konfiszieren des Vermögens der Gemeinden hoffte man, einen Beitrag zur Sanierung der maroden Staatskasse leisten zu können. Es war auch die Zeit, in der viele Christen,

die bei den Verfolgungen ums Leben kamen, den Status von Märtyrern erlangten – wörtlich von »Zeugen« der Sanktionen vonseiten des römischen Staates. Sie wurden später zu Heiligen und zu Namenspatronen vieler Kirchengründungen.

Die Wende unter Konstantin dem Großen

Konstantin (reg. 306–337) ging als erster christlicher Kaiser in die Geschichte ein. Unter seiner Herrschaft wandelte sich das Christentum von einer gerade noch intensiv verfolgten zu einer erlaubten – mehr noch: zu einer privilegierten – Religion. Christ zu sein, bedeutete jetzt nicht mehr, einer kriminalisierten Glaubensgemeinschaft anzugehören. Über die Motive, die den Kaiser dazu bewogen haben, sich für die Christen einzusetzen, herrscht keine völlige Klarheit. War Konstantin wirklich ein Christ? Immerhin ließ er sich selbst erst auf dem Sterbebett taufen. Und keinesfalls bedeutete die Förderung des Christentums den Verzicht auf die Pflege des alten Staatskultes und anderer Religionen. Im Übrigen darf man von einem römischen Kaiser keine christliche Einstellung erwarten, wie sie aus späteren Entwicklungsphasen dieser Religion bekannt ist. Vor allem fehlte es an einer inneren Einstellung, an Spiritualität. Für einen Römer war ein Gott gut, wenn er sich als hilfreicher Gott erwies. Der christlichen Legende zufolge, wie sie sich vor allem bei den Autoren Eusebius und Laktanz widerspiegelt, wandte sich Konstantin dem Christentum im Vorfeld der berühmten Schlacht an der Milvischen Brücke (28. Ok-

▶ Silbermünze mit dem Porträt Konstantin des Großen, um 315.

tober 312) zu, in der er seinen römischen Rivalen Maxentius besiegte. Vor dieser Schlacht habe er ein göttliches Zeichen in Form eines himmlischen Kreuzes empfangen, das ihm die Unterstützung Christi in diesem Kampf signalisiert habe. Tatsächlich gewann Konstantin und wurde so zu einem christlichen Kaiser.

Augenscheinlich standen hinter Konstantins Entscheidung praktische Erwägungen. Es war nicht so, dass ein Starker sich einer schwachen Gemeinschaft angenommen hätte. Vielmehr war es umgekehrt: Ein schwacher Kaiser hatte die Hilfe einer starken Gemeinschaft gesucht. Konstantin befand sich mitten in einem erbitterten Kampf um die Macht in Rom. Da konnte er jeden Partner gebrauchen – vor allem auch jene Christen, die trotz der Verfolgungen dank ihres reichsweiten Netzes von Gemeinden und einflussreichen Bischöfen zu einem wichtigen Faktor geworden waren. So machte sich Konstantin daran, im Gegenzug für politische und moralische Unterstützung die Christen und deren Institutionen nach Kräften zu fördern. Der Maßnahmenkatalog umfasste die Rückgabe der während der Verfolgungen konfiszierten Kirchengüter, die Befreiung der Kleriker von Steuerzahlungen und den Bau von Kirchen. Zu den frühesten im Westen des Römischen Reiches belegten Gotteshäusern gehören die römische Lateransbasilika und die Petersbasilika auf dem Mons Vaticanus. Beim Bau dieser Kirchen übernahm man den weltlichen Typus der dreischiffigen Markt- und Gerichtsbasilika.

Tatkräftig unterstützt wurde Konstantin bei seiner Fürsorge für die christlichen Partner von seiner Mutter Helena, die in der Kirche ebenfalls Heiligenstatus genießt. Sie unternahm 330 eine Wallfahrt nach Palästina, wo sie mit der Entdeckung des heiligen Kreuzes einen wahren Boom an Pilgerreisen auslöste.

Zerfall der Ökumene

Paradoxerweise bedeutete der Aufstieg des Christentums zu einer privilegierten Religion zugleich auch den Beginn des Zerfalls der christlichen Einheit. Vollendet wurde dieser Schritt, als am Ende des 4. Jahrhunderts Kaiser Theodosius (reg. 379–394) durch das Verbot aller anderen Religionen das Christentum praktisch zur Staatsreligion machte. Nun aber wurden jene theologischen und machtpolitischen Gegensätze innerhalb der großen Gemeinschaft der Christen sichtbar, die in den Zeiten der Konstituierung und der Verfolgung unter der Oberfläche geblieben waren. Es zeigte sich, dass das Christentum, das einst aus dem jüdischen Milieu Palästinas entstanden war und mit einem hohen Maß an Flexibilität die Vorstellungen der hellenistischen Welt zu bedienen versucht hatte, von den vielen Gläubigen sehr unterschiedlich interpretiert wurde. So verliefen nun Konfrontationslinien zwischen den Gemeinden des Ostens, aber auch zwischen den Gemeinden des Ostens und des Westens. Im »christlichen Abendland« gab es ganz andere religiöse Traditionen als im Osten, sodass es hier vielen schwer fiel, die Religion aus Palästina, an die man seit Theodosius glauben musste, zu verstehen.

Die Folge war der Zerfall der Ökumene. Dieser Begriff stammte ursprünglich aus der Geografie der Griechen und bezeichnete die bewohnte Welt. Die Christen adaptierten ihn für die globale Gemeinschaft aller Christen. Der Zerfall der Ökumene begann, als Konstantin 325 die Bischöfe nach Nizäa in Kleinasien zum 1. Ökumenisches Konzil einberief, auf dem der Arianismus als Häresie verurteilt wurde. Die Arianer leugneten die Gleichwertigkeit von Gottvater und Gottsohn. Ihre Lehre blieb aber für viele Christen attraktiv, insbesondere für germanische Völker wie die Ostgoten, die Westgoten und die Vandalen. Ein weiterer schwerer Konfliktpunkt war der »christologische Streit«, in dem es um das Verhältnis der göttlichen zur menschlichen Natur Christi ging. Es siegten schließlich die Vertreter der Zwei-Naturen-Lehre (Dyophysiten) über ihre Gegner (die Monophysiten), was zur Entstehung monophysitischer Sonderkirchen wie der Kopten in Ägypten und der Jakobiten in Syrien führte. Die Aufteilung des Römischen Reiches nach dem Tod von Kaiser Theodosius im Jahr 395 leitete zudem die Aufteilung der Ökumene in einen griechisch-orthodoxen Osten und einen römisch-katholischen Westen ein.

Der erste Papst

Der erste Papst war der Apostel Petrus. So lautet die gängige Darstellung der katholischen Kirche, doch war Petrus vermutlich nie in Rom, auch wenn unter der Peterskirche sein Grab gezeigt wird. Bis ins 5. Jahrhundert hinein hatte der Bischof von Rom rechtlich und faktisch keine stärkere Position als Amtskollegen beispielsweise in Mailand oder Karthago. Erst Leo »der Große« (Papst von 440–461) verschaffte dem Primat der römischen Kirche die allgemeine Anerkennung. Als »Princeps Apostolorum« trat der Kirchenfürst in die Fußstapfen des Petrus und war somit real der erste Papst.

▶ Kolossalstatue des Apostels Petrus vor dem Petersdom in Rom.

3000–800 v. Chr.

3000 v. Chr.	Entstehung der ersten Hochkulturen in Mesopotamien und Ägypten
um 2500 v. Chr.	Bau der Pyramiden von Gizeh (Cheops, Chephren, Mykerinos)
2000 v. Chr.	Beginn der minoischen Hochkultur auf Kreta mit dem Palast von Knossos
16. Jahrhundert v. Chr.	Bestattung der ägyptischen Pharaonen im Tal der Könige
ca. 1400–1200 v. Chr.	Mykenische Phase der griechischen Geschichte
1377–1358 v. Chr.	Echnaton führt in Ägypten den Aton-Kult ein (Amarna-Zeit)
ca. 1900 v. Chr.	»Abraham-Wanderung« von Ur nach Palästina
ca. 1250 v. Chr.	»Moses-Wanderung« von Ägypten nach Palästina
ca. 1000–960 v. Chr.	Herrschaft des Königs David
960–932 v. Chr.	Herrschaft des Königs Salomo. Bau des Ersten Tempels in Jerusalem
800–500 v. Chr.	Archaische Zeit der griechischen Geschichte
776 v. Chr.	Zu Ehren des Gottes Zeus werden in Olympia die ersten Olympischen Spiele veranstaltet
753 v. Chr.	Traditionelles Gründungsdatum der Stadt Rom

800–400 v. Chr.

750–450 v. Chr.	Hallstattzeit mit erster Entfaltung der keltischen Kultur
2. Hälfte 8. Jahrhundert v. Chr.	Schriftliche Fixierung der homerischen Epen
um 700 v. Chr.	Hesiod verfasst die »Theogonie«
7. Jahrhundert v. Chr.	Athen übernimmt die Mysterien von Eleusis
605–562 v. Chr.	Herrschaft des Königs Nebukadnezar II. Bau des Ischtar-Tores in Babylon
um 600 v. Chr.	Keltischer Fürstensitz Heuneburg
587 v. Chr.	Zerstörung des Ersten Tempels der Juden in Jerusalem durch die Babylonier. Beginn des Babylonischen Exils
6. Jahrhundert v. Chr.	Entstehung einer germanischen Kultstätte bei Oberdorla (Thüringen)
Mitte 6. Jahrhundert v. Chr.	Bau des ersten Artemis-Tempels in Ephesos
515 v. Chr.	Einweihung des Zweiten Tempels in Jerusalem
ca. 500 v. Chr.	Beginn der römischen Republik. Tempel des Iuppiter auf dem Kapitol in Rom
ca. 500 v. Chr.	Anlage des Grabhügels für den Keltenfürsten von Hochdorf
5. Jahrhundert v. Chr.	Blütezeit der griechischen Polis-Religionen
Mitte 5. Jahrhundert v. Chr.	Herodot beschreibt die Religion der Ägypter
458 v. Chr.	Ankunft Esras in Israel. Entstehung der Thora und der jüdischen Reinheitsgebote
450 – ca. 50 v. Chr.	La-Téne-Zeit als zweite Phase der keltischen Zivilisation
432 v. Chr.	Vollendung des Parthenon in Athen
404 v. Chr.	Beginn des griechischen Herrscherkultes (Verehrung des Spartaners Lysandros)

400–4 v. Chr.

399 v. Chr.	Prozess und Tod des Philosophen Sokrates
334–323 v. Chr.	Feldzüge Alexanders des Großen. Bekanntschaft des Westens mit orientalischen Mysterienreligionen
323–30 v. Chr.	Zeitalter des Hellenismus
300 v. Chr.	Ptolemaios I. führt in Ägypten den Serapis-Kult ein
205 v. Chr.	Die Römer übernehmen den Kult der phrygischen Kybele (Magna Mater)
165–160 v. Chr.	Makkabäer-Aufstand in Palästina
Mitte 2. Jahrhundert v. Chr.	Griechenland kommt unter die Herrschaft der Römer
113–101 v. Chr.	Kriege der Römer gegen die germanischen Kimbern und Teutonen
63 v. Chr.	Die Römer erringen die Vorherrschaft in Palästina
Mitte 1. Jahrhundert v. Chr.	Ausbreitung der Verehrung des persischen Lichtgottes Mithras und der ägyptischen Mysteriengöttin Isis im Westen
58–51 v. Chr.	Gallischer Krieg
44 v. Chr.	Ermordung und Vergöttlichung Iulius Caesars
30 v. Chr.	Ägypten wird Teil des Römischen Reiches
27 v. Chr. – 14 n. Chr.	Herrschaft des Augustus. Beginn der römischen Kaiserzeit
4 v. Chr.	Geburt Jesu

4 v. Chr. – 500 n. Chr.

9 n. Chr.	Die Germanen besiegen die Römer in der Schlacht im Teutoburger Wald
14–37 n. Chr.	Herrschaft des Kaisers Tiberius
ca. 30 n. Chr.	Prozess und Tod Jesu
48 n. Chr.	Apostelkonvent in Jerusalem. Beginn der »Heidenmission«
64 n. Chr.	Brand von Rom und Christenverfolgungen unter Kaiser Nero
70 n. Chr.	Die Römer zerstören den Zweiten Tempel in Jerusalem
98 n. Chr.	Tacitus veröffentlicht die »Germania«
117–138 n. Chr.	Herrschaft des Kaisers Hadrian
132–135 n. Chr.	Bar-Kochba-Aufstand in Palästina
249–305 n. Chr.	Unter den römischen Kaisern Decius, Valerian und Diokletian kommt es zu reichsweiten Christenverfolgungen
306–337 n. Chr.	Herrschaft des Kaisers Konstantin. Das Christentum wird zu einer erlaubten und privilegierten Religion
325 n. Chr.	1. Ökumenisches Konzil in Nizäa, Verurteilung der Arianer
um 370 n. Chr.	Wulfila übersetzt die Bibel ins Gotische
379–395 n. Chr.	Herrschaft des Kaisers Theodosius, das Christentum wird zur Staatsreligion, Verbot der Olympischen Spiele, Schließung des Orakels von Delphi
476 n. Chr.	Ende des Weströmischen Reiches
497 (oder 498) n. Chr.	Taufe des Merowingers Chlodwig nach katholischem Ritus

Bibliografie

Allgemeine Literatur

Kai Brodersen (Hg.): Gebet und Fluch, Zeichen und Traum. Aspekte religiöser Kommunikation
   in der Antike. Münster 2001.
Walter Burkert: Antike Mysterien. Funktion und Gehalt. München 1990.
Marion Giebel: Das Geheimnis der Mysterien. Antike Kulte in Griechenland, Rom und Ägypten.
   Düsseldorf 2003.
Bernhard Linke: Antike Religion. München 2013.
Veit Rosenberger: Religion in der Antike. Darmstadt 2012.
Holger Sonnabend: Religion/Antike. In: Peter Dinzelbacher (Hg.): Europäische Mentalitäts-
   geschichte. Stuttgart 1993, S. 104–120.
Paul Veyne: Die griechisch-römische Religion. Kult, Frömmigkeit und Moral. Stuttgart 2008.

Literatur zu den Kapiteln

Die Religion der Griechen
Jan Bremmer: Götter, Mythen und Heiligtümer im antiken Griechenland.
   Darmstadt 1996.
Walter Burkert: Griechische Religion der archaischen und klassischen Epoche. 2. Auflage.
   Stuttgart 2011.
Martin Nilsson: Geschichte der griechischen Religion. 2 Bände. München 1940/41.
Jean-Pierre Vernant: Mythos und Religion im alten Griechenland.
   Frankfurt am Main 1995.

Antikes Judentum
Manfred Clauss: Das alte Israel. Geschichte, Gesellschaft, Kultur. 3. Auflage.
   München 2008.
Alfred Paffenholz: Tora, Sabbat und Shalom. Alltag und Tradition im Judentum.
   Ostfildern 2011.
Peter Schäfer: Geschichte der Juden in der Antike. 2. Auflage.
   Stuttgart 2010.

Die Religion der Ägypter

Jan Assmann: Tod und Jenseits im Alten Ägypten. 2. Auflage. München 2010.

Jan Assmann: Ägyptische Religion. Frankfurt am Main 2008.

Erik Hornung: Der Eine und die Vielen. Darmstadt 1971.

Die Religion der Sumerer und Babylonier

Brigitte Groneberg: Die Götter des Zweistromlandes. Kulte, Mythen, Epen.
   Stuttgart 2004.

Manfred Krebernik: Götter und Mythen des Alten Orients. München 2012.

Walther Sallaberger: Das Gilgamesch-Epos. Mythos, Werk und Tradition. München 2008.

Die Religion der Römer

Kurt Latte: Römische Religionsgeschichte. München 1960.

Jörg Rüpke: Die Religion der Römer. Eine Einführung. München 2001.

Georg Wissowa: Religion und Kultus der Römer. 2. Auflage. München 2012.

Die Religion der Kelten

Alfred Haffner (Hg.): Heiligtümer und Opferkulte der Kelten. Stuttgart 1995.

Bernhard Maier: Die Religion der Kelten. Götter, Mythen, Weltbild. München 2004.

Holger Sonnabend: Die Kelten. In: Peter Dinzelbacher (Hg.): Handbuch der Religionsgeschichte
   im deutschsprachigen Raum. Band 1: Altertum und Frühmittelalter. Paderborn 2011, S. 13–32.

Die Religion der Germanen

Bernhard Maier: Die Religion der Germanen. Götter, Mythen, Weltbild. München 2003.

Rudolf Simek: Der Glaube der Germanen. Limburg 2005.

Rudolf Simek: Götter und Kulte der Germanen. München 2004.

Antikes Christentum

Klaus Berger: Die Urchristen. München 2008.

Adolf von Harnack: Die Mission und Ausbreitung des Christentums in den ersten drei Jahrhunderten. 4. Auflage. Leipzig 1924.

Christoph Markschies: Das antike Christentum. Frömmigkeit, Lebensformen, Institutionen.
   München 2006.

Paul Veyne: Als unsere Welt christlich wurde. München 2008.

Bildnachweis

2 akg-images/Tristan Lafranchis; 10 akg-images/Andrea Baguzzi; 12 akg-images/CDA/Guillot; 15 akg-images/Erich Lessing; 16 akg-images/CDA/Guillot; 19 akg-images/De Agostini Picture Lib./G. Dagli Orti; 20–23 Hervé Champollion/akg-images; 24 akg-images/Erich Lessing; 27 akg-images/Gisela Stappenbeck; 28–31 akg-images/Erich Lessing; 32 akg-images/Werner Forman; 35 akg-images; 36 akg-images/CDA/Guillot, akg-images, akg-images/Erich Lessing; 39 akg-images; 40 akg-images/Erich Lessing; 43 akg-images; 44 akg-images/Erich Lessing; 47–50 akg-images; 53 Roland and Sabrina Michaud/akg-images; 54 akg-images/Erich Lessing; 57 akg-images; 58 Bildarchiv Pisarek/akg-images; 61 akg-images/Bible Land Pictures/www.BibleLandPictures. com; 64 akg-images/Werner Forman; 67 akg-images/Suzanne Held; 68 akg-images/François Guénet; 71 akg-images/James Morris; 72 akg-images; 75 akg-images/François Guénet; 76 akg-images/Nimatallah; 78 akg-images/De Agostini Picture Lib./G. Dagli Orti; 81 akg-images/Erich Lessing; 85 akg-images; 86 akg-images/Erich Lessing; 89 akg-images; 90 akg-images/Erich Lessing; 93 akg-images/Cameraphoto; 94 akg-images; 97 akg-images/De Agostini Picture Lib./A. De Gregorio; 99 Bruno Pérousse/akg-images; 100 akg-images/Werner Forman; 103 akg-images/ Erich Lessing; 105 akg-images/Cameraphoto; 106 akg-images/Werner Forman; 107 akg-images/ Hilbich; 108 akg-images/Gilles Mermet; 110–113 akg/Bildarchiv Steffens; 114 akg-images/Erich Lessing; 117 akg-images/De Agostini Picture Lib./A. Dagli Orti; 121 akg-images/Erich Lessing; 122 akg-images/Album/BBC/LONDON FILM PRODUCTIONS; 125 akg/Bildarchiv Steffens; 126 akg-images; 128–133 akg-images/Erich Lessing; 134 akg-images; 137–138 akg-images/Erich Lessing; 141–142 akg-images/De Agostini Picture Lib./G. Dagli Orti; 145 Hervé Champollion/akg-images; 146 akg-images; 151 Fotolia.com/Martina Berg; 153 akg-images/Werner Forman; 154 akg-images/ De Agostini Picture Lib./G. Dagli Orti; 157 akg-images; 159 akg-images/Museum Kalkriese; 161 akg-images; 162 akg-images/Peter Weiss; 164 akg-images/André Held; 167 akg-images/Erich Lessing; 168 Palmedia Publishing Services, Berlin; 171 Roland and Sabrina Michaud/akg-images; 172 akg-images/Leo G. Linder; 177 akg-images/Bible Land Pictures/WWW.BibleLandPictures; 178 akg-images/Erich Lessing; 181 akg-images/Cameraphoto; 182 akg-images/Tristan Lafranchis; 184 akg-images; 185 akg-images/Hilbich

Karten: 62, 82, 118, 130, 149 Peter Palm, Berlin; 174 Palmedia Publishing Services, Berlin